臺灣歷史與文化研究輯刊

九 編

第 **24** 冊

龍潭客庄詩社社群發微：
以陶社、龍吟詩社為例

劉金花 著

花木蘭文化出版社

國家圖書館出版品預行編目資料

龍潭客庄詩社社群發微：以陶社、龍吟詩社為例／劉金花 著
— 初版 — 新北市：花木蘭文化出版社，2016〔民 105〕
目 6+284 面；19×26 公分
（臺灣歷史與文化研究輯刊 九編；第 24 冊）
ISBN 978-986-404-492-4（精裝）
1. 臺灣詩 2. 客家文學 3. 機關團體
733.08   105001822

臺灣歷史與文化研究輯刊
九　編　第二四冊　　　　　　　ISBN：978-986-404-492-4

龍潭客庄詩社社群發微：
以陶社、龍吟詩社爲例

作　　者　劉金花
總 編 輯　杜潔祥
副總編輯　楊嘉樂
編　　輯　許郁翎
出　　版　花木蘭文化出版社
社　　長　高小娟
聯絡地址　235 新北市中和區中安街七二號十三樓
　　　　　電話：02-2923-1455／傳眞：02-2923-1452
網　　址　http://www.huamulan.tw 信箱 hml810518@gmail.com
印　　刷　普羅文化出版廣告事業
初　　版　2016 年 3 月
全書字數　189038 字
定　　價　九編 24 冊（精裝）台幣 50,000 元

龍潭客庄詩社社群發微：
以陶社、龍吟詩社為例

劉金花　著

作者簡介

劉金花，民國 41 年（1952）出生於嘉義阿里山，國立中央大學客家語文暨社會科學學系客家研究碩士在職專班畢業。現職為企業負責人。歷任：中華民國企業領袖協進會秘書長、常務理事等。熱衷於地方文史，曾參與龍潭鄉公所、國立中央大學、行政院客家委員會等，專案之田野調查和撰述。如：龍潭鄉人物特寫調查計劃、龍潭鄉家族調查計劃；南桃園家族與寺廟基礎調查計劃、南桃園家族與地方社會基礎調查計劃、南桃園水圳人文歷史調查研究計劃等。2011～ 2013 擔任行政院客家委員會客庄文化資源普查龍潭區顧問、社區大學講師、平鎮市志編撰委員、龍潭鄉志編撰委員。暇餘喜遊藝於古典詩文中，偶作詩文抒懷以紀之。

提　　要

　　「詩社」創社背景、組織特質、活動樣貌與社會之發展息息相關，由於傳統文學的社群向來較為封閉，加上作品曲高和寡，一直未受媒體青睞，以致作品鮮少在坊間流通。本研究寫作方向係以龍潭詩社之組織、發展及脈絡為根基，探討創始於農業社會之「陶社」與工商社會之「龍吟詩社」，在不同的時空背景下之文學作品和社會觀察。

　　本研究以理論為經、實務為緯，藉由田野調查、文獻史料之爬梳，探討詩社活動對文化傳承之影響及在詩教推展上之貢獻，並試著從陶社與龍吟詩社詩人作品中，探究其思想內容及隱藏在龍潭傳統詩社中之文化底蘊。

　　本研究共分為五章，章節安排如次：

　　第一章是緒論：包括研究動機與目的、研究範圍、文獻回顧與研究方法。以陶社與龍吟詩社詩人作品為核心，透過實地之田野調查蒐集第一手資料，再利用相關歷史文獻（如報紙、期刊、公報、地方志書……等），並以不同族群之詩人為取樣，選取學術地位和藝術成就較高者，剖析其作品，除彰顯文學特色之外，更希望藉由本研究採擷傳統詩人之文本反映相當程度之社會面向。並試圖以呂西安‧高德曼（Lucien Goldmann 1913-1970）所創立之文學理論「發生論結構主義」之研究方法進行分析，探討其超越文學、社會學、心理學的思考架構與影響及成就。

　　第二章主要參考地方志書與史書，概述龍潭之地域環境與歷史人文。自然資源是形成當地人文環境之重要前提，在不同歷史時期和經濟環境影響下，觀察其文學之形式、傳承與進展之影響。再加上周密的田野調查，發掘珍貴文獻，以期瞭解龍潭傳統文學發展之時空背景。

　　第三章就陶社成立背景、命名與組織、活動樣貌、支部成立因素、往來互動、發展歷程……等，進行觀察，並以龍潭地區傳統詩家為主軸，淺析其文學作品意涵。

　　第四章就龍吟詩社成立背景、命名與組織、活動樣貌、往來互動、與「楚騷研究會」合併成「中華楚騷研究會」（通稱楚騷吟社）之發展歷程……等，進行觀察，並以歷任社長為主軸，淺析其文學作品意涵。

　　第五章總結本論文研究成果、提出尚待持續研究之建議與未來展望。

　　綜觀本研究之時間置換，從日治時期迤至臺灣光復到國民政府遷臺後，不同時期、不同角度，豐富多樣之傳統詩社內涵。在空間上，則由臺灣 319 鄉鎮市中之一個客家小鄉鎮——龍潭，以發揚漢學道統為宗旨之「陶社」，涵容由大陸各省徙居臺灣以「楚騷吟社」為圓心之傳統詩人，其社群組織歷程、時代背景、運作方式、作品分析，所產生互動、共鳴和文學成就。由於時間與篇幅之限制，未能完整敘述龍潭區域傳統文學完整風貌，遺珠之憾實在太多。

　　陶社、龍吟詩社（楚騷吟社）組成份子盡是社會賢達，作品琳瑯滿目，每個詩人、每一篇作品，都是一個可以值得深究之題材。筆者才疏學淺，期待透過本論文之拋磚引玉，能夠喚起研究者對區域傳統文學史之重視。

致　謝

　　睽違 40 年，再重拾書本當學生，能一圓年輕時之夢想，首先要感謝小女珮珊（Susan）的鼓勵與支持，小女說：「媽媽，以前您很辛苦地賺錢，供我在國外讀書，而今，我們角色易位，換我賺錢供您讀書。」這句話好貼心，感動之餘，怎能不全力以赴？

　　記得，從民國 93 年起，我有幸跟隨清華大學陳祥水教授與中央大學傅寶玉老師一起參與南桃園家族與寺廟基礎調查計劃、南桃園水圳人文歷史調查研究計劃等。從旁觀察學習中，看到他們研究態度之熱忱、認真、負責與嚴謹，讓我肅然起敬。受到這兩位學者的人格特質感染，同時，也在傅寶玉老師的建言下，我毅然進入中央大學就讀，接受學術的洗禮。

　　進入中央大學學習，是我莫大的福氣，感謝審查委員姚振黎博士、孫煒博士、鍾國允博士、李世暉博士的費心審查，提供精闢寶貴之批評與建議，得以匡正缺失，使本論文更臻完善，造化功深，感恩無已。

　　就學過程中，師長們的耐心栽培教導，讓我獲益良多。感謝求學期間，所有教過我的老師，羅肇錦院長、王俐容老師、陳定銘老師、周錦宏老師、陳欽春老師……等，感謝您們學養淵深，讓我如沐春風、如飲甘霖。還有，張翰璧老師，在我學分修滿離校後，還不時託政宏帶來口信，關懷我的論文進度，還有亦師亦友的傅寶玉老師，教導我如何利用搜尋引擎，尋找學術資料庫，取得正確之資料來源，對我的指導鉅細靡遺。感謝蘭州大學西北少數民族研究中心李靜教授，在臺灣訪學期間，給予的精神鼓勵與與關懷。感謝師長們的提攜教誨，為我奠定學術根基，此恩此情，永誌難忘。

　　同學間相互鼓勵與扶持之濃厚情誼，也是讓我十分感念的。在學習過程

中，因爲有論文雅集團隊中之學長姐及同學相伴，研究路上並不孤單。感謝雪霞學姊連續兩年風雨無阻，接送我到政治大學上「論文專題討論課程」，君玉學長、台興學長、順胤學長、政治大學世鴻、嘉慧、麗瓊，以及同班同學政宏等不吝將心得共同分享，相互切磋。感謝您們，在學習旅程中陪伴我渡過很充實、很珍貴、很美好的一段回憶。

本論文能順利產出，除了有幸能獲得師長的指導、同學的關心之外，在龍潭、關西地區田野訪查過程中，得到了許多前輩的鼎力協助，給了我極大之溫暖和鼓舞。感謝游日光老師慷慨贈送其所珍藏之《東寧擊鉢吟》、《臺灣擊鉢詩選》外，並提供《陶社詩集》，《以文吟社詩集》等。感謝游金華耆老生前與游日光老師陪同我到臺中拜會吳錦順老師，並蒙吳錦順老師惠贈《臺灣詩壇》全套電子檔。感謝徐玉鏡詞長熱心提供《昭和年間陶社支部手抄本》、陶社先哲詩集多本及陶社詩人珍貴手稿、照片文獻等外，並與代理會長羅慶堂老師陪同我至關西紅茶公司拜訪羅慶士常務董事，蒙羅慶士先生惠贈《南盧紀集》。感謝魏新林老師、呂元鳳老師伉儷陪同拜訪黃文相老師，使我得以在黃文相老師生前親近他，並拍下他之手稿及其家族手抄本族譜。感謝劉治慶耆老、陳旡藉耆老贈書並提供楚騷吟社會員資料及詩刊等資料。感謝古靜江女士提供諮詢，讓我釐清龍吟詩社、楚騷吟社的關係。感謝曾經接受我訪問或提供書寫資料之各方人士，如：張祿森校長、翁仁炫先生、魏新端先生、曾盛芳老師、蕭培墩先生、曾水棠老師、曾水鯨先生、詹煥章先生、曾立德先生、邱清盛先生、楊煥彩詞長、彭湘玲老師……等。

感謝鍾肇政耆老協助我郢正日文部分及下標點，並以客家話吟誦杜甫所作之《蜀相》：「丞相祠堂何處尋，錦官城外柏森森，映階碧草自春色，隔葉黃鸝空好音；三顧頻煩天下計，兩朝開濟老臣心，出師未捷身先死，長使英雄淚滿襟。」讓我領會客語吟誦之美，並告訴我詩詞是老祖先留下之智慧財產，我們要重視。

另外，特別要感謝吳家勳校長，傾囊協助我的論文寫作，借給我《大新吟社詩集》、《桃園縣志》等許多相關書籍，並協助聯絡甚至陪同實地田野訪查，帶我拜訪詩人裔孫，並蒙邱逢幹老師提供珍貴資料，同時走訪銅鑼圈，拜訪平埔族詩人蕭慶壽老家及裔孫蕭培墩等；也引薦黃文信老師，再次讓我有機會深研黃氏手抄本族譜。人稱文學校長的吳家勳校長以其對古典文學的專業素養，頂著剛開完白內障的雙眼，細心地、逐字逐句的幫我校正論文，

並提供寶貴意見,讓我銘感五內。

　　還有,學妹淑宜在百忙中仍放下自己的論文及婚禮籌備事宜,耐心地為我的論文體例、圖表作檢視與修正,讓本論文更完美,在此致上萬分誠摯之感謝!同時,也要感謝博士班彥蓉學姊給予排版技術上之協助。

　　總之,要感謝的人實在太多,如果問我這本論文真能有什麼貢獻的話,就是清華大學陳祥水所長耳提面命的告誡,要我秉持學術良心與道德,一步一腳印,踏踏實實訪談,用心求證,免得別人引用文獻時發生錯誤。這是容易忽略但卻非常重要之環節。學生謹遵教誨,不敢或忘。另外,最要感謝姚振黎教授,謝謝您抱持著認真嚴謹的態度,孜孜不倦的教導,從論文選題、問題與研究方向的分析,總有獨特見解;在英文摘要上也花費許多時間與精力,給予指正與協助。因為一路上有這些師長與親朋好友們的教導和鼓勵,協助與支持,本論文才能順利完成。

　　最後,感謝祝福所有關心過我的師長親朋好友們!

劉金花　謹誌於

中央大學客家語文暨社會科學學系

中華民國 104 年 6 月 25 日

目
次

圖目錄

表目錄

第一章　緒　論

在臺灣，雅聚賦詩，結社吟唱之風由來已久。明鄭時期，先後流亡來臺寓居之明末遺臣、儒士眾多，但以明末遺老太僕寺卿沈光文對臺灣傳統文學的影響力最爲深厚。清康熙 24 年（1685），流寓文人沈光文邀集諸羅縣令季麒光等 14 人成立「福臺閒詠」，爲臺灣第一個詩人結社的組織，後改名爲「東吟社」〔註1〕。東吟社開啓臺灣文學之先河，致力於傳統文學的播種，是臺灣詩社之濫觴。

連橫《臺灣通史》卷二十四藝文志，開宗明義即說道：「臺灣三百年間，以文學鳴海上者，代不數睹。鄭氏之時，太僕寺卿沈光文始以詩鳴」。又於《臺灣詩乘》中亦提到：「清人得臺，遊宦漸集，斯庵亦老矣，猶出而結社，名曰『東吟』，所稱『福臺新詠』者也。」〔註2〕

清末唐景崧主政臺灣，光緒 11 年（1885）十月出任臺灣兵備道，兼理學政。唐氏雅好文學，創「斐亭吟社」，常邀僚屬、詩友飲酒賦詩。臺人士之能詩者，悉禮致之，扢雅揚風，於斯爲盛，一時臺士競爲詩作。又禮聘臺南進士施士洁〔註3〕任海東書院山長，挑選臺士之秀異者如丘逢甲、許南英、汪春源等入海東書院就讀，對當地文風之鼓倡，頗具影響力。光緒 17 年（1891），

〔註1〕1、龔顯宗主編《沈光文全集及其研究資料彙編・東吟社序》，臺南：臺南縣立文化中心，1998，頁 138～139。2、連雅堂，《臺灣詩乘》，南投：臺灣省文獻會，1992，頁 17～18。

〔註2〕余文儀，臺灣文獻叢刊第 121 輯，《續修臺灣府志・東吟社序》，臺北：大通書局，1958，頁 770。

〔註3〕施士洁，宇澐舫，號芸況，又號喆園，晚號耐公。清臺灣縣治（今臺南市）人，爲進士施瓊芳之次子。未冠補博士弟子員，縣、府、院三試均名列第一。光緒 2 年（1876）中舉，次年（1877）捷成進士。

唐氏陞臺灣布政使，駐省會臺北。公餘復屢邀文士百數十人集於官署，爲詩酒之會，尤以競作詩鐘爲能。適因安溪人林鶴年辦理茶釐船捐等局務來臺，贈以數十盆牡丹，故取名爲「牡丹吟社」〔註4〕。

光緒 20 年（1894），清日甲午戰爭爆發，清廷戰敗，割讓臺灣予日本，日本治臺長達五十年期間，據許俊雅提及日治時期本島成立的詩社高達二百九十幾個〔註5〕，黃美娥近年來查閱日治時代報刊，發現當時以詩社、吟社或詩學研究會爲名的詩社群體，總數超過370個以上〔註6〕，是臺灣詩社發展的全盛時期。日本統治階層極力推行皇民化運動，唯獨對結社吟詩未加干預，主因除利用詩社作爲懷柔工具籠絡文人外，由於日本在唐朝時大量吸收漢文化，對詩詞歌賦、書法……等中原文化內涵極其推崇，千餘年來，已融入其日常生活中，故對臺灣之漢詩亦抱持鼓勵態度，總督府甚至積極與本島文人仕紳，共同唱酬，大肆舉辦文教性質的揚文會。自此而後，臺灣詩壇更爲流風所播，全省詩社林立，蔚爲文學主流。

戰後，跟隨國民政府撤退來臺之外省籍詩人，〔註7〕也積極參與臺灣民間詩社，並組織詩社，與本土詩人往來唱和，爲臺灣詩社注入新的風貌。這群外省詩人離鄉背井，又懷著戰亂顛沛流離家破人亡的悲憤，藉著詩寫下許多感懷。

第一節　研究動機與目的

本研究所關注之題材，爲龍潭日治大正年間由客家、學老詩人所創立之

〔註4〕《臺灣通史・卷三十六》：「臺爲海中奧區，人材蔚起，景崧雅好文學，聘進士施士洁主講海東書院，庠序之士，禮之甚優。道署舊有斐亭，葺而新之，暇輒邀僚屬爲文酒之會。又建萬卷堂，藏書富。太夫人能詩，每一題成，主評甲乙，一時臺人士競爲詩學。十七年，升布政使，駐臺北。臺北新建省會，遊宦寓公，簪纓畢至。景崧又以時勗之，建牡丹詩社，飭纂通志，自爲監督，未成而遭割臺之役」。國學寶庫 http://www.confucianism.com.cn/detail.asp?id=19800 檢索日期：（2014/02/28）

〔註5〕許俊雅，《臺灣寫實詩作之抗日精神研究》臺北：國立臺灣師範大學國文所碩士論文，1987，頁 291。

〔註6〕黃美娥，〈日治時代臺灣詩社林立的社會考察〉，收錄於黃美娥，《古典臺灣：文學史・詩社・作家論》臺北：國立編譯館，2007，頁 184。

〔註7〕外省籍詩人，大致以民國 38 年（1949）後，因國共內戰失利而隨國民政府遷臺之移民。由於他們來自臺灣省之外，因此被稱爲「外省人」。

「陶社」及戰後由客家詩人、外省詩人共組織「龍吟詩社」，詩人藉詩社以凝聚彼此之力量，又藉發行詩刊，維護傳統文學之命脈。兩社創始年代相差半世紀有餘，詩人成長之背景懸殊，前者生長在異族統治之時代；後者經歷國共戰爭，離鄉背井退守臺灣。本土詩人沒有經歷時代之大變動及戰爭之洗禮，而外省詩人恰恰相反，兩者間之作品也產生極大的反差。

　　本研究基於對傳統詩社未來發展之憂心，藉由史料的爬梳，觀察龍潭傳統詩社之生成與發展，試圖整理出隱藏在龍潭傳統詩社中之文化底蘊。

　　在兩大詩社敘事發展過程中，透過詩人之集體記憶，詩人作品、報紙、期刊與論者論述之下呈現原始面貌。並在「傳統文學」、「現代文學」論戰中，重構傳統詩社歷史觀點之論證。

　　大正 13 年（1924）在龍潭庄成立之「陶社」，後來在今之新竹縣關西鎮成立支部，迄今缽韻不絕。近一個世紀來，其所積累之豐富文學、史料，已引起學界的廣大關注。

　　民國 71 年（1982）冬至日，創辦龍吟詩社（楚騷吟社），本土客籍詩人大量融合了外省族群，兩者地域差異性極大的族群，共同激盪出之火花值得作進一步探討。

　　本研究經由文本解析以詮釋時代脈動、文學風潮影響下不同族群的詩人相輔相成的卻又獨特之精神。希冀本論文的研究與整理，可望呈現日治至戰後臺灣傳統文學社群活動及其文學表現之局部風貌，並重新省察地方詩社在區域文學中所扮演之角色，期能對後續研究者提供另一種思考方向。

第二節　研究範圍與限制

　　「詩」，是生活的細節，深入心靈的內層，有時比史更真實，「詩」可以補「史」的不足。「詩社」是文人風雅之聚會，我們可以從詩社斷簡殘編中，拼湊起臺灣與中州文化「血脈相接，心靈交融」，最後又走出自己風格之景況。龍潭相較於桃園其它地區，開發較晚，然而長久以來一直是人文薈萃之地。特別是傳統文學之領域，不僅後來居上，甚至發光發亮，引領騷壇。本論文切入之範圍，著重於農業社會中之「陶社」與工商社會裏之「龍吟詩社」，探究其社群活動及作品。「陶社」創立於日治時期，又因關西庄地方人士之努力推動，在鄰郡新竹關西庄成立支部，後來支部活絡取代本部。龍吟詩社（楚

騷吟社）創立於戰後，龍吟詩社因外省族群大量的加入，由地區性社團變成全國性社團，活動領域甚至擴及全臺及海內外。

本論文試圖在兩大社群之歷史脈絡耙梳中，觀察不同時代、不同族群之詩人，內容針對龍潭陶社與龍吟詩社（楚騷吟社）組織、經營模式及其文學場域和社會脈動、文學表現作比較與闡述。

龍潭之傳統文學，早期並未受到學界重視，蓋傳統文學社群，是個很封閉之社群，作品鮮少在坊間流通。筆者訪談期間，有他遷不知去向者、有因家產爭執而不願受訪者、絕大部分之裔孫則不知文獻之可貴，付之於灰燼。民間及先哲裔孫也未能妥善保存文獻，導致資料多所佚失或損毀，且因居住環境、社會變遷等因素使然，田野調查工作極為艱困，資料搜羅不易。誠如連橫《臺灣通史序》所云：

> 「顧修史固難，修臺之史更難，以今日修之尤難，何也？斷簡殘編，
> 蒐羅匪易；郭公夏五，疑信相參；則徵文難。老成凋謝，莫可諮詢；
> 巷議街譚，事多不實；則考獻難。重以改隸之際，兵馬倥傯，檔案
> 俱失；私家收拾，半付祝融，則欲取金匱石室之書，以成風雨名山
> 之業，而有所不可。然及今為之，尚非甚難，若再經十年二十年而
> 後修之，則真有難為者。是臺灣三百年來之史，將無以昭示後人，
> 又豈非今日我輩之罪乎？」〔註8〕

最令人痛心的莫過於有不肖研究者假學術研究之名，將其先賢遺稿占為己有，對方基於信任，未問其名，使後來欲研究者無法探其奧微，徒呼負負！

第三節　文獻回顧

明治40年（1907），龍潭地區文人仕紳成立「龍潭吟社」，為南桃園詩壇盛事。是文獻上最早出現之詩社，開啟了龍潭古典詩壇興盛之風氣。

陳欣慧引《漢文台灣日日新報》消息，認為龍潭地區有龍潭吟社比陶社更早創立。〔註9〕

〔註8〕 連橫，《臺灣通史·臺灣通史藝文志》，臺北：眾文圖書公司，1978。
〔註9〕 陳欣慧，《「詩」的權力網絡：日治時期桃園吟社、以文吟社的文學／文化／
　　　社會考察》，2008，中央大學客家社會文化研究所碩論，頁101～103。

壹、龍潭吟社

　　《臺灣日日新報》漢文版，於明治 40 年（1907）1 月 19 日之〈桃園詩會〉刊載：

> 「龍潭陂街，新結詩社一所。該社募集社友多數，公捐寄附基本金若干，本月馳書三廳，募集佳作。以〈桃花源〉爲題，限先韻，七律一首。……彙集詩稿，定以賞品五名爲限。而後彙帙成數，付梓發行。云其紹介者，則鄭（疑鄧之誤）旭東、〔註10〕邱世潾、〔註11〕並幹事數名云。」〔註12〕

　　龍潭吟社第二回課題詩〈桃花源〉，是向全國徵詩。敦聘植亭〔註13〕爲詞宗。第一名到第十二名作品，陸續登於明治 40 年 3 月 15 日、16 日、17日、19 日《臺灣日日新報》。邱世潾（筱園）以五首〈桃花源〉，獲詞宗植亭點評爲第一名，茲舉其中一首：

〈桃花源〉　　邱筱園

田盧結托彩霞邊，曆占桃花不紀年，奉勅仙家收自治，出群民種演平權；山河獨啓〔註14〕秦無地，日月人來晉有天。大造茫茫存化境。紅塵是處住神仙。〔註15〕

　　第二名爲艋舺王香禪、第三名基隆許迺蘭〔註16〕、第四名臺南胡南溟

〔註10〕鄧旭東，本名鄧盛柔，字盛猶。祖父鄧觀奇爲清代生員，父親鄧瓊鳳爲清末貢生。自幼學習漢文，是龍潭地方上的世家大族。明治 30 年（1897）授佩紳章，明治 32 年 3 月進入龍潭公學校任教，明治 41 年，擔任臺北國語學校之漢文老師，專長書法，楷書尤佳。與六合吟社創辦人，萬巒出身的前清秀才李洪九（字福如）、桃園吟社簡楫（號若川）、鄭永南（號墨禪）、魏清德（號潤庵）等過從甚密。其子鄧雨賢在臺灣音樂藝術史中享有盛名。

〔註11〕邱世潾，字筱園，即後來陶社之創立者。

〔註12〕《漢文臺灣日日新報》，明治 40 年 1 月 19 日，第 2613 號，第五版。

〔註13〕植亭，本名黃茂清（1868～1907），字植亭、植庭，臺北人。明治 29 年（1896），加入由日人創立的「玉山吟社」，後又加入「淡社」、「瀛社」。明治 50 年（1897），授紳章曾任：大稻埕公學校教師。

〔註14〕明治 40 年 3 月 15 日，原詩：山河獨「殘」，次日發佈訂正啓示：桃花源詩，其中獨「啓」誤植爲獨「殘」。因訂正之。

〔註15〕1、《臺灣日日新報》1907 年 3 月 15 日，第 2658 號。2、賴子清編，《臺灣詩醇》，臺北：編者自印，1935。3、曾笑雲編，《東寧擊鉢吟後集》，臺北：吳永遠，1936。4、《詩報》，1931 年 2 月 1 日，第五期。

〔註16〕許迺蘭，本名許梓桑，號德馨，祖籍福建詔安。受業於基隆舉人江呈輝。明治 34 年（1891）總督府授紳章，曾任：基隆區街庄長、基隆區長、基隆協議

〔註17〕、第五名大稻埕江蘊和〔註18〕、第六名潛園老圃、第七名龍潭釣者、第八名大料崁一漁仙、第九名大料崁黃令昌、第十名崁津釣璜、第十一名崁津雪峯、第十二名大稻埕江蘊鋆。

　　其中最特殊的莫過於第二名之王香禪了。王香禪，本名罔市，號留仙，藝名夢癡，小字黛卿，臺北艋舺人。原係臺北永樂座著名藝旦，貌美多姿，能唱京戲。愛好詩文，從大稻埕劍樓書塾趙一山學詩，乃取名香嬋。因能詩，藝名紅遍北臺。與時任《臺南新報》漢文記者之連橫（連雅堂）相識於寶美樓，成爲連雅堂女弟子，連雅堂授以《詩經》、《楚辭》、《李商隱詩集》等，詩藝精進。嗣嫁臺南舉人羅秀惠，後仳離，傷心之餘，乃遁入空門，法名香禪，改「嬋」爲「禪」。未幾還俗，改適新竹謝介石（名愷，字幼安）。婚後，同赴上海，轉居吉林、天津、北京等地。九一八事起，日本於東北建立滿洲國，謝介石出仕滿洲國第一任外交總長，滿洲國協和會事務局長，及滿洲國駐日大使等要職。王香禪因其夫早已將婢女素梅收爲偏房，在上海也復納一妓女爲妾，她則留居天津。抗戰勝利後，謝介石因漢奸罪被捕入獄，王香禪帶著三子一女仍留天津（長子武生爲偏房素梅所出，次子曬生、三子滬生及女秋生則皆其親生）。大陸淪陷後，其事蹟不明。〔註19〕

〈桃花源〉　王香禪
　　怕聽中原爭逐鹿，尋來淨土避腥羶，

員、臺北州協議會員、基隆區同風會長等職。晚年築「迺園」於基隆。爲臺北瀛社中堅、吟稿合刊社長、大同吟社名譽社長等職。
〔註17〕胡南溟，本名胡殿鵬（1860~1933），字子程，號南溟，臺南人。光緒17年（1891）與許南英、蔡國琳等組「浪吟社」。曾任《臺灣日日新報》記者、《臺南新報》記者，《福建日日新聞》編輯。爲南社重要社員。著作有《南溟詩草》及《大冶一爐詩話》。
〔註18〕江蘊和（又名保生），祖籍爲福建永定客家庄之大地主，其父在大稻埕經商。江蘊和與日政府關係良好，後來事業版圖擴大，便移居廈門。1907年8月，江蘊和在廈門創辦了《全閩日報》。龍潭吟社第二回課題徵詩，同題獲得第十二名之江蘊鋆（又名長生），爲其親弟弟。兄弟倆頗有文采，曾參加北臺灣第一大詩社「瀛社」。江蘊鋆到廈門時，也曾擔任過三哥江蘊和創辦之《全閩日報》主筆，經常與臺、閩兩地文人墨客談詩論文，江蘊鋆次子江文也詩文亦佳，且爲著名音樂家。
〔註19〕1、張子文，《臺灣歷史人物小傳：明清暨日據時期》，國家圖書館，2003年，頁55～56。2、林文月，《山水與古典》，〈連雅堂與王香禪〉，臺北：三民書局，1976，頁219～239。3、邱奕松，《臺北文獻》，〈王香禪與詩〉，臺北：文獻會。直字93期，1990，頁141～152。

餘生焚坑羞奴隸，管領煙霞自主權；

潭水有情活潑地，桑麻足樂夢遊仙。

空山甲子休更僕，一任桃紅不紀年。〔註20〕

詞宗植亭點評王香禪桃花源：「掃盡陳言。別開生面。不蹈空。不黏實。安閒自在。桃花流水遢然去。別有天地非人間。二語可以持贈。」

龍潭吟社徵詩，參與者身分，不乏富商巨賈及在社會領導階層且聲望隆譽之文人雅士，還有嶄露頭角之新時代女性。從北到南甚至海外，不分地域、不論族群，有客家、有閩南。再如彰化潛園老圃詹作舟、龍潭釣者（陳昌潮）、大料崁名代書黃令昌、崁津詩社釣璜（呂傳琪），……等，都是臺灣當時享有盛名者，在商界、教育界之地位舉足輕重，備受尊崇。這是閩粵兩省移民時代，延續傳統文學不能忽視之傳播者。

「龍潭吟社」相關之訊息，僅在報端披露成立消息，並於兩個月後刊出獲選作品，此後，未再有進一步運作訊息，後來是否息缽？或是與陶社合併？值得進一步探究。

貳、陶　社

林柏燕於《陶社詩集》，陶社時代背景和作家、作品的特色，均網羅其中，使得陶社古典文學發展之面貌，得到既深且廣的論述。他在〈陶社的時代背景及其發展〉代序一文稱：「陶社創立於大正 13 年的五月節，爲邱世濬（字筱園）所創……。今天，陶社詩集的出版，其目的也希望『四海望陶冶』，多陶冶自己。」〔註21〕

大正 15 年（1926）7 月 14 日的《臺灣日日新報》，發佈陶社吟會創立盛況：

> 「大溪郡龍潭庄下，有志騷人與關西聯合，創成一吟社，名曰：陶吟社。……去十日午前十時起，乘龍潭庄開茶品會之機，假龍元宮谷王廟爲會場，主賓計達百名，舉創立式。先由發起人邱小園（疑

〔註20〕1、《基隆市志・人物篇》，基隆：基隆市文獻委員會，1956，頁 24。2、陳青松，《基隆第一，人物篇》基隆：基隆市立文化中心，2004，頁 11。3、《臺灣日日新報》，1907 年 3 月 16 日，第 2659 號。

〔註21〕林柏燕，《陶社詩集・陶社的時代背景及其發展（代序）》，新竹：新竹縣文化局，2001，頁 10。

爲邱筱園之誤）氏敘禮；次則鍾盛金（疑爲鍾盛鑫之誤）氏，報告
創立之經過，竝選舉幹員，共推邱氏爲社長。……。」

該報導稱大溪郡龍潭庄與關西庄詩人聯合成立了陶社，在谷王廟（即龍潭龍元宮）成立會場，有主賓達百人出席。來賓吳榮棣、鄭永南、葉連三、呂傳琪登臺致賀。會後並舉辦擊鉢，首唱：題拈「品茶」，七絕虞韻。左詞宗吳榮棣。右詞宗葉連三。次唱：詩畸魁斗格〔註22〕「龍蟠」。詞宗由黃守謙（字式垣，桃園吟社）、鄭永南（字墨禪，桃園吟社）、呂傳琪（字釣璜，崁津吟社）三氏合選。對左右前茅者由庄長鍾會宏贈受茶葉黃金鑄模之贈品。

黃美娥〈日治時期新竹縣的詩社活動〉〔註23〕，其資料蒐集豐富，重點放在臺灣區域性詩社的成立及活動，對日治時期之古典文學發展特色，加以剖析分論，呈現不同特色和風格，可謂結合歷史與文學研究，極具參考價值。其著作提到：「陶社是新竹縣詩社中規模較大、歷史亦較悠久的詩社……本係龍潭與關西人士合組之詩社，大正15年（1926）7月10日自龍潭庄龍元宮谷王廟舉行創立式……」。

陳欣慧在《詩的權力網絡：日治時期桃園吟社、以文吟社的文學／文化／社會考察》，是一篇田野工作做得相當紮實，文本內部結構，以及詩家、詩作，詩人集體活動樣態等，進行梳理與分析，爲客家詩社學術研究，做了相當好的奠基工作。其論文提到：「陶社創立於大正十五年（1926）七月，舉辦創立儀式時，桃園地區的幾個重要傳統詩社負責人，如：以文吟社社長吳榮棣、桃園吟社社長鄭永南、東興吟社社長葉連三、崁津吟社社長呂傳琪等皆到會場表達祝賀之意。」〔註24〕

參、龍潭詩社

大正15年9月6日《臺灣日日新報》登載：

「大溪郡龍潭郵便局長沈火生〔註25〕氏。素文雅。好漢學。此次與

〔註22〕魁斗格，又稱「玉盒格」，嵌兩字，一字嵌在上聯之首，一字嵌在下聯之末。

〔註23〕黃美娥，〈日治時期新竹縣的詩社活動〉，新竹文獻：創刊號，1999，頁67～75。

〔註24〕陳欣慧，《詩的權力網絡：日治時期桃園吟社、以文吟社的文學／文化／社會考察》，中央大學客家社會文化研究所碩士論文，2008，頁312。

〔註25〕沈火生，爲沈火之誤。大正15年（1926），《臺灣總督府及所屬官署職員錄》，

同志數名。組織龍潭詩社。定每月開例會一次。數日前擬龍潭庄役
場樓上。舉發會式。」〔註26〕

　　陳欣慧在《詩的權力網絡：日治時期桃園吟社、以文吟社的文學／文
化／社會考察》，一文中，提到龍潭郵局局長沈火曾力倡龍潭詩社之成立。
〔註27〕並認爲龍潭詩社或許是陶社的分支，緣於在日治時期，詩風高揚之年
代，一社中分出多社之情形很常見。然而，依陳欣慧與黃美娥的論著，陶社
也是創立於大正15年，同一年在龍潭成立兩個詩社，令人存疑？陳欣慧認爲
龍潭詩社或有可能是陶社前身，這種說法，筆者認爲不合邏輯，蓋陶社成立
在先，是五月節（端午節或稱詩人節）；而龍潭詩社是9月，縱使是報章資料
時有文字脫誤、時間錯置等誤差現象，此說有待論證。

　　沈火是陶社成立時之主要參與者，陶社沿革史、林柏燕等論述，陶社創
立於大正13年，爲何在「陶社」成立相隔兩年後，再創「龍潭詩社」？而其
漢詩活動與「陶社」緊密相連，有可能是報社記者根據傳聞未經查證之報導，
筆誤爲另一詩社成立。本研究認爲沈火時任大溪郡龍潭郵便局局長，一等郵
局及二等郵局局長之勳位全部由日人所擔任，三等郵局局長由總督府指派或
一等郵局局長推薦後嚴格選拔派任，臺籍人士只占百分之五。沈火具有象徵
政府官吏之地位與身份，很自然成爲報社記者聚焦之對象。「龍潭詩社」是否
爲「陶社」？或是「陶社」分支，或是眞爲獨立社團？尚待更多證據做進一
步之探討。

肆、龍吟詩社（後改楚騷吟社）

　　高麗敏〈桃園縣文學史料之分析與研究〉，屬概論式的研究，將桃園地區
文學做詳細整理，對民間文學，如諺語、歌謠、神話、傳說及對桃園縣境十
一個詩社發展有做概略性論述，其文提到龍吟詩社：

「民國72年（1983）元月1日，游金華、吳統禹、方兩〔註28〕庵、
李勝火、張自銘、富〔註29〕朝枝、游日正、曹橋水、葉步鏞等所創

　　　臺北：臺灣時報，1941，頁151。
〔註26〕《臺灣日日新報》大正15年9月6日，第9463號，第八版（夕刊）。
〔註27〕陳欣慧，《詩的權力網絡：日治時期桃園吟社、以文吟社的文學／文化／社會
　　　　考察》，中央大學客家社會文化研究所碩士論文，2008，頁119～120。
〔註28〕方兩庵，爲方雨（ㄩˇ）庵之誤。方雨庵爲私立方曙高級商工職業學校董事長。
〔註29〕富朝枝，爲傅朝枝之誤。傅朝枝時任凌雲國民中學校長。

立。首任社長游金華，社址設於龍潭。詩社甫設立時，由龍潭鄉公
所每年編列五萬元，三十三位社員，每人每年繳交會費，共同作爲
推廣詩學基金。」〔註30〕

　　綜觀以上論述，林柏燕、黃美娥、陳欣慧、高麗敏……等研究者，田野
調查工作做得相當紮實，都能具體呈現龍潭詩社文學創立之面貌，對未來研
究區域文學助益甚多。然其等偏重「詩社略史」之研究整理，缺乏文學本質
之深入探討。

　　從以上之文獻回顧與探討中可發現，發源於龍潭之傳統詩社大有其研究
價值。做爲一個研究對象，龍潭是一個得天獨厚之地方，清末及日治時期，
由於龍潭三坑子地理位置鄰近大漢溪，來自關西、芎林、竹東、新埔、楊梅、
湖口等地之物產從各個挑擔古道集散到三坑仔，因此三坑子肩負了轉運貨物
之樞紐，成爲貨物集散中心，再輸送至新莊、大稻埕、淡水等地，同時也造
就龍潭傳統文學之萌芽，如：日治時期三坑子之高兆棠、張金昌、陸昌義等
本土詩人。民國 38 年（1949），國民政府退守臺灣，龍潭是新住民的重鎮，
大陸詩人獨特之詩風，如吳統禹、曹橋水、方雨庵等詩人激盪出不同的文化
火花。

　　本研究在蒐集「陶社」與「龍吟詩社」相關資料時，也遇到不少問題。
詩社之核心人物泰半已凋零或遷居他處，因此本研究將針對文獻不足之處，
參考與「陶社」及「龍吟詩社」密切相關的《詩報》、《臺灣日日新報》、《臺
灣新生報》等及田野調查訪查龍潭地區耆老與詩人後裔，期能勾勒該社成立
及其組織化之過程、文學活動樣態，歸納出龍吟詩社之組織及發展概況、文
學表現和社會脈動。

　　本研究希冀透過相關史料文獻之收集與整理，結合歷史與文學，加以剖
析分論卻又不離社會研究本質，映現出各階段詩人之不同特色和文學特質。

第四節　研究方法與理論析探

　　本論文擬以詩人作品爲核心，藉實地田野調查蒐集第一手資料，再利用
相關歷史文獻，如：報紙、期刊、公報、地方志書……等，選取學術價值高
者，爲龍潭區域不同族群的詩人，在同一時空裡、不同的心境創作，以爲心

〔註30〕高麗敏，《桃園縣文學史料之分析與研究》，東吳大學中國文學研究所碩士論
　　　　文，2003，頁 77。

理學式的解讀。

因此，本論文試圖以呂西安・高德曼（Lucien Goldmann 1913~1970）所創立之文學理論「發生論結構主義」之研究方法進行分析。高德曼於 1947 年制定「文學辯證社會學」，後來正式命名為「發生論結構主義」。此理論藉由文獻分析研究法，經文獻蒐集、整理龍潭詩人作品及社會有關之資料，建立一套辯證方法，用來分析文學和文化創作，同時也可以達到對超出文學領域的人文現實加以辯證研究。〔註31〕

此研究方法，強調文學是作者「世界觀的表達」，研究方法應兼具了社會學和歷史觀，肯定所有的歷史研究都必須是社會學的一環。社群不同，世界觀和意涵結構也因而相異。藝術或文學的創作正是尋找與建構意涵結構的過程，因為在文學創作中，我們都在試著找出「思想、情感和行為的具有意義、又緊密一致的結構找出來」〔註32〕。

傳統文學家，在作品中或多或少都會展現出「時代感」，從這些詩人的表達方式上，可以看出當時社會脈絡。由於社會及政治因素帶來迥異的遭遇，使本土詩人和外省詩人在文學風格與內涵上也有極大之差異。大致說來，外省籍詩人之間有相當特殊之共同經歷；歷經對日抗戰和國共激烈衝突之經驗，他們之間充滿憂患與共、相互扶持之同袍愛。外省詩人從中國大陸退守臺灣，起初面臨文化與時事造成之陰鬱感，時刻糾結在生活中，及至臺灣社會安定、經濟起飛，開放兩岸探親，一個新的變革時代來臨。有了穩定之生活後，落寞情境中之外省詩人，用作品來展現希望，大量使用身邊的人物、事件與情境做為作品之題材，不斷呈現對政治、社會、人文之關心，創造了具有特殊意涵之文學視野，將視野放在群體或社會，探討社會之間的悲情鬥爭超越了對自我之探討。相對本土詩人絕大部分是祖先拓墾有成，衣食無慮，加以敏銳心思，創作主題放在自我之上較多。兩者之作品，明顯呈現一條分野線，表現出來之風格，十足反映了社會變遷之途徑，都具有超越文學、社會學、心理學之精緻思考。

本文之目的除了詩家文學作品之探討外，也希望對文學社會學進行分析。在分析外省詩人與本土詩人文學之不同時，區別乃根源於生長之地方、

〔註31〕安東尼・紀登斯（Anthony Giddens）著，李康譯，《社會的構成》，左岸文化出版，序言，2007，頁 11。
〔註32〕何金蘭，《文學社會學》，臺北：桂冠出版社，1990，頁 94。

生活之社群、所受教育和不同環境所形成之特殊氣質與思想，每一個時代都有每個時代之特殊觀念，這觀念會影響作家思想和情緒的養成，在高德曼「發生論結構主義」的方法中，強調作家「手稿」裡所包含之靈光與思緒動線，可視為作者之「精神結構」。精神結構不是個人現象而是社會現象，因為個人單獨之有限經驗不足以創造出精神結構，它是社群集體活動之結果。

第五節　名詞界定

「社」原本是民間共同祭祀之土地神，《說文解字》釋曰：「社，地主也，從示，土。」〔註33〕。「示」在古代即為「神靈」之意，「土」就是「土地」，合起來就是「土地之神」。「社」，後來引申為祭祀場所「社廟」。後又指民間集結之團體。如：明末之「復社」〔註34〕。本研究所提及「社」，乃志趣相投之文人，基於共同文學理念所組成之團體，具體稱謂有「吟社」、「文社」、「詩社」、「詞社」、「謎社」、「聯社」等，其性質略同，均為文人集會之統稱。臺灣詩社、吟社為數眾多，文社、詞社並不多見，謎社、聯社付之闕如。

壹、文　社

臺灣文社之成立，乃感於日本政府有意識地削弱漢文力量，故希望透過組織文社來鼓吹文明、振興漢文，維持傳統文化。如：大正6年（1917），成立於彰化之「崇文社」；〔註35〕大正8年，成立於臺中之「臺灣文社」〔註36〕大正11年，成立於臺北之「高山文社」〔註37〕……等。

〔註33〕許慎，《說文解字・示部》，卷1上，影印清陳昌治刻本，北京：中華書局，1963，頁9。

〔註34〕復社，是明朝末期之文學團體，創建於崇禎初年，初期成員多為江南一帶之讀書人，以「興復古學」為號召，故而得名。

〔註35〕「崇文社」，原為彰化地區崇祀文昌帝君之神明會，日治時期，彰邑塾師黃臥松憂心道衰文喪，遂於1917年，募集傳統文人創立該會，為日治時期臺灣第一個文社。創立宗旨在揚道德、挽風俗、藉徵文以崇正黜邪。

〔註36〕「臺灣文社」，其創立因素，主要是櫟社成員感於漢文之式微，徵求各方同志同好，共同捍衛漢文化。大正8年（1919）10月19日創立於臺中，臺灣文社以「櫟社」同人為主，社員84人。

〔註37〕「高山文社」，社名乃取諸詩經高山仰止，景仰聖人之意，詩文並勵，詩多於文。大正11年（1922），借龍山寺現址成立。該社社員以「臺灣日日新報」記者及地方文人為主，創社社長為顏笏山，名譽會長吳昌才（龍山寺管理人）。民國98年（2009）改名為龍山吟社。高山文社，性質與詩社較為接近。

貳、詩　社

詩人以雅集、結社和詩歌唱酬，定期集會之組織，稱爲「詩社」。詩詞是傳統文學的核心，詩社多爲士子學人、地方士紳等，爲了吟詠酬唱、結伴林泉從事追求清雅之結社，除維繫彼此之交誼外，切磋詩藝蔚爲風氣。特別是日治時期，漢學教育環境岌岌可危，因此「詩社」係爲延續漢學之命脈而設，成爲傳統文人希望之所寄，故詩社蜂湧而出，使臺灣處於一個風流文雅之時代。詩社平日除了例會、擊鉢會、節會外，還有春集、秋集，結合友社社員雲集開會，采風賦詩。會後，或由個人自籌經費出專刊，或由社員贊助、或由官方支持出版合集，見證盛景。

參、詞　社

詞人藉由塡詞創作來傳達自己情感與理念而定期集聚之社團。「詞」，是形成于唐而盛于宋的一種新型格律詩。「詞」，多稱爲「曲」、「雜曲」、「曲子詞」，宋以後也稱詞爲「樂章」、「樂府」、「詩餘」、「長短句」等。日治時期，全臺僅有兩個詞社，包括臺北地區之巧社〔註 38〕與嘉義地區之小題吟會〔註 39〕（後改名爲：題襟亭塡詞會）。

肆、詩鐘社

詩鐘源於清初，最早爲福建地區塾學習詩之一種方法，乃以古人詩爲本，改寫成對偶句之法，最初稱爲改詩，又叫折枝詩。後來成爲文人集社競技之遊戲，流傳後，體例也越形豐富，並成了一種獨特之文學體式。如清末王毓青《詩鐘話》，中說：「包羅史事，不必專切合一人一事，使人一見即知古有此人，且不止一人。高華名貴，氣象不凡，斷非富貴利祿中人所能假託。」此書闡述詩鐘之格式與作法，也側重於關詩鐘文學理論之探討。1913 年，易順鼎的《詩鐘說夢》、宗子威的《詩鐘小識》指出：「隸事須稱，屬對貴工，

〔註 38〕「巧社」，創社乃以繼承和弘揚中華傳統詩詞文化，陶冶情操，鼓吹風騷爲目的。昭和 9 年（1934），古曆七夕成立，因而命名「巧社」。由王鷹雯、黃福林、賴獻瑞三人主倡，社員林絳秋、李鷥村、賴惠川等人。

〔註 39〕「小題吟會」，昭和 18 年（1943），創辦於嘉義市，社員：賴惠川、賴柏舟、譚瑞貞、林緝熙、李德和、吳百樓、蔡水震。昭和 20 年，盟機轟炸劇烈，會員星散，吟詠中輟。同年秋，社員集合於李德和之題襟亭，重整旗鼓，繼續塡詞集會，後改名曰：「題襟亭塡詞會」，專爲塡詞，不課律絕。

選材必精，造句要活」，此乃詩鐘創作提要。光緒 12 年（1886），唐景崧就任分巡臺灣兵備道後，其在臺南道署創立之「斐亭吟社」和在臺北布政使署創立之「牡丹詩社」，大力提倡「詩鐘」，經常聚會切磋詩藝，進行競技活動，南北相互輝映，盛況空前。唐景崧因此又被稱作「鐘中將帥」，他留有《詩畸》一書。臺灣詩鐘社，組織十分活躍，如：「荔譜吟社」（光緒 16 年（1890）·彰化）；日治時期「臺北鐘社」（大正 12 年（1923）·臺北）、鐘樓（昭和 4 年（1929）·鹿港）、鐘亭（昭和 4 年·基隆）、連玉詩鐘社（昭和五年·嘉義）、稻艋詩鐘會（昭和 11 年·稻江及萬華）、及大正 3 年，由臺北板橋林爾嘉、林景仁父子創設之島外詩鐘社團「菽莊吟社」，菽莊吟社雖在海外，然創社者係臺賢，詞宗社侶，亦多爲臺灣人士。〔註 40〕大正 12 年，林景仁返臺，於閑日聚吟侶作詩鐘之會，得鐘百數十題，作品彙輯爲「東海鐘聲」，陸續刊於連雅堂《臺灣詩薈》。〔註 41〕光復後，隨國民政府撤退來臺之外省文人，濟濟多士，這些菁英也致力漢文化之推廣，引領風騷，成果斐然。光復後臺灣電力公司，閩籍同仁於民國 37 年（1948）倡設「寄社」，專作詩鐘。民國四十年前後，臺灣省文獻委員會同人亦成立「心社」，名詩人錢逸塵、張相等合組「春人社」，何武公繼組「六六社」、「玉岑社」，各該社均以詩鐘爲主，間亦並作詩詞。民國 43 年，臺灣鐵路局同人亦成立「臺鐵詩社」，社員均爲閩籍，臺灣詩鐘之盛，歷所未有。〔註 42〕

〔註 40〕 1、林爾嘉，《林菽莊先生詩稿·發刊前言》，臺北：龍文出版社，1992，頁 2。
2、賴子清，〈古今臺灣詩文社（一）〉，《臺灣文獻》十卷一期，1959 年 9 月版，頁 91。又：廈門文化藝術志編纂委員會，《廈門文化藝術志》，廈門：廈門大學出版社，1996。

〔註 41〕 〈東海鐘聲〉，刊於連雅堂《臺灣詩薈》，臺北：臺灣詩薈發行，1926，1～4 號、6 號、8～10 等各期。

〔註 42〕 陳子波，《中國韻文學刊》，〈紀臺灣詩鐘源流（中）〉，湖南：湘潭，2001，第 02 期。

第二章　龍潭之地域環境與歷史人文

第一節　龍潭地理位置

　　龍潭位於桃園臺地最南端，面積有 75.2372 平方公里，臺地海拔高度約在 150 公尺至 230 公尺之間，東南邊地勢較高，西北邊地勢較低。東隔大漢溪與大溪鎮相連、東南與復興鄉為鄰，西接楊梅鎮、南與新竹縣關西鎮、新埔鎮為界，北連平鎮、八德兩市。〔註1〕

　　龍潭鄉轄 30 個行政區域，地形依地勢高低，可分為丘陵區（銅鑼圈臺地及店子湖臺地），及平原地區（龍潭臺地）與河階區三大部分。丘陵區主要分佈於三和村、三水村之店子湖臺地及分佈於高原村、高平村之銅鑼圈臺地；平原地區（龍潭臺地），分佈於龍潭、中山、中正、龍星、上華、上林、黃唐、永興、烏林、烏樹林、百年、淩雲、龍祥、中興、東興、北興、三林、富林、建林、八德、聖德、九龍、武漢等村。河階區分佈於佳安、三坑、大平等村。〔註2〕

〔註1〕　龍潭鄉公所，http://www.longtan.tycg.gov.tw/home.jsp?id=10&parentpath=0,1,7　檢索日期：2013/10/14。
〔註2〕龍潭鄉戶政事務所，行政區域圖，http://www.lungtanhr.gov.tw/cht/profile/fullarea.html。檢索日期：2013/10/14。

圖 2-1-1　龍潭行政區域圖

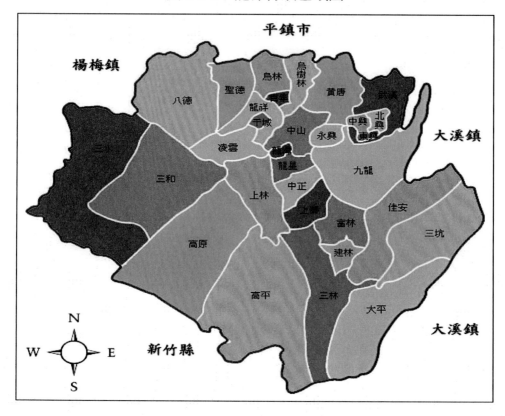

資料來源：龍潭鄉戶政事務所

第二節　龍潭地名之由來與歷史沿革

　　「龍潭」地名之由來，與龍潭大陂（現今之龍潭觀光大池）脫不了關係。源於當時陂塘裡長滿了野菱，先民稱之爲「菱潭陂」。相傳潭中泉穴有白石，即使歷經多次旱季，潭水依然不乾涸，陂塘始終保持一定水量，倘若久旱不雨，只要在潭畔祈雨即可天降甘霖，先民深感其靈驗，改稱此潭爲「靈潭陂」。有一次，因久旱無雨，先民再次到潭邊祈雨，然而，天空還是豔陽高照，沒有下雨之跡象。於是，先民愼重地沐浴齋戒，設壇擺案向上天祈雨，此時，突然發生巨響，不可思議之事發生了，看到一條黃龍從潭中升起，騰空飛去，瞬間天降甘霖，滋潤大地，旱象解除，萬物恢復了生機，從此，便又改稱爲「龍潭陂」，龍潭陂改名爲「龍潭庄」，龍潭地名延用至今。光緒元年行政隸屬於臺北府淡水縣桃澗堡，大正 9 年（1920），實施地方制度改革，行政區劃

分爲新竹州大溪郡龍潭庄，光復後，改制爲桃園縣龍潭鄉，相沿至今。〔註3〕

　　龍潭因處於桃園臺地之邊陲地帶，東南側之角板山（今之復興鄉）和南邊之咸菜甕（今之關西鎮）都是「番界，」泰雅族原住民出草頻繁，致使漢墾民卻步導致一片荒蕪。《淡水廳志》〈建置志〉文獻中記載，乾隆13年（1748），始寫下了龍潭開史的第一頁。

　　　「靈潭陂，在桃澗堡，距廳北五十里。乾隆十三年，霄裡通事知母
　　　六招佃所置。其水灌溉五小莊、黃泥塘等田甲。相傳苦旱，莊佃禱
　　　雨於此即應，故名。」〔註4〕

圖 2-2-1　龍潭陂（龍潭觀光大池）

筆者攝

　　乾隆13年（1748），霄裡社通事知母六（漢名蕭那英）招佃開墾龍潭陂，這是龍潭開發史上第一次有計畫之開墾。龍潭開發前後約兩百多年，最早發的地區，是臨近大漢溪邊三坑子一帶，《淡水廳志》〈建置志〉：

〔註3〕　龍潭鄉戶政事務所，〈龍潭采風〉，http://www.lungtanhr.gov.tw/cht/spots/spintrox_
　　　　np1688.html。

〔註4〕　1、陳培桂，《淡水廳志》，臺灣文獻叢刊第172種，臺北：臺灣銀行經濟研究
　　　　室，1963，頁73。2、桃園縣文獻委員會，《桃園縣志‧卷首‧大事記》，桃園：
　　　　桃園縣縣政府，1962，頁77。

「霄裡大圳，在桃澗堡，距廳北六十餘里。乾隆六年，業戶薛奇龍
〔註5〕同通事知母六集佃所置。其水由山腳泉水孔開導水源，灌溉
番仔寮、三塊厝、南興莊、棋盤厝、八塊厝、山腳莊共六莊田甲。
水額十分勻攤，番佃六，漢佃四。內有陂塘大小四口。乾隆年間，
因新興莊田園廣潤，水不敷額；佃戶張子敏、游耀南等向通事別給
馬陵埔陰窩，開鑿一圳引接之。」〔註6〕

霄裡社爲淡水十二社之一，屬凱達格蘭族中之南支，有人類學家把他們
歸爲「南崁四社」或是「龜崙族」。社址在今八德市霄裡，後來輾轉遷移到大
溪鎮社角、番仔寮，以及龍潭鄉之銅鑼圈、十股寮附近。乾隆中葉，漢移民
大舉進墾霄裡社之武陵埔、馬陵埔、烏樹林、黃泥塘一帶荒埔，墾成田園共
五百七十甲。〔註7〕林爽文事件後，清政府將武陵埔、馬陵埔、四方林、黃泥
塘、三坑子、大姑陷、楊梅埔，劃做屯番政策下之養贍埔地。〔註8〕

乾隆 37 年（1772）春，淡水業戶黃慶興〔註9〕開墾古靈潭地區（今桃
園縣龍潭鄉轄）。〔註10〕乾隆 47 年（1782），業戶黃慶興獎勵開拓靈潭陂（今
龍潭）一帶土地。〔註11〕乾隆年間，黃慶興兩度大規模在靈潭陂（龍潭）拓
墾，吸引了各處墾民。清嘉慶元年（1796），墾民合力於龍潭庄興建龍潭圳。
〔註12〕潭水流經烏樹林、黃泥塘、八張犁一帶，奠定了龍潭農業開墾之基礎。

〔註5〕 薛奇龍，即薛啓龍。啓隆是墾號，又稱啓龍或奇龍，申請墾照者是薛昌桂。
薛家族譜記載薛昌桂來自廣東鎮平縣，平朱一貴之亂有功。資料來源：薛雲
峰，《臺灣客家史觀：以義民與 1895 乙未抗日戰爭爲例》，國立臺灣大學社會
科學院國家發展研究所博士論文，2009，頁 140～141。
〔註6〕 陳培桂，《淡水廳志》，臺灣文獻叢刊，南投：臺灣省文獻委員會，1993，頁 74。
〔註7〕 盛清沂，《新竹、桃園、苗栗三縣地區開闢史》，臺灣文獻，期刊文章，31 卷
1 期，南投：臺灣省文獻委員會，1980，頁 75。
〔註8〕 鄭喜夫，《清代臺灣番屯考》，（下），臺灣文獻，期刊文章，27 卷 3 期，南投：
臺灣省文獻委員會，1976，頁 70-1。
〔註9〕 「淡水業戶」，雍正初期，淡水廳下設竹塹堡及淡水堡，龍潭屬淡水堡，故曰
「淡水業戶」。依筆者田調資料得悉，「黃慶興」，爲墾號，初期代表人不詳，
道咸同年間代表人爲黃明漢。
〔註10〕 1、臺灣省文獻委員會，《重修臺灣省通志・卷一・大事志》，南投：臺灣省文
獻委員會，1984，頁 140。2、桃園縣文獻委員會，《桃園縣志・卷首・大事記》，
桃園：桃園縣縣政府，1962，頁 78。
〔註11〕 桃園縣文獻委員會，《桃園縣志・卷首・大事記》，桃園：桃園縣縣政府，1962，
頁 79。
〔註12〕 同上註，頁 80。

第三節　龍潭地區文化活動與思潮之激盪

壹、清領時期

　　清領時期，龍潭在文獻上雖無詩社，但有書院之設置。書院實爲清代在臺灣較正式之教育機構，書院設置之目的，乃爲教化民眾，負起文化傳承及社會教育之任務，也是科舉人才培養之場域。

　　龍潭地區書院主要由地方士紳捐建，如咸同年間黃家、鍾家、古家在龍潭陂創辦之逢源書院。書院通常置有學田，學田田租爲清代臺灣府學平日運作之重要經費來源之一，據淡水廳志記載：

> 「道光十年，職員林平侯〔註13〕建充學田六所。一、奶姑山八張犁莊田一所，丈報一甲三分五厘一毫一絲，年收租穀四十三石。除屯糧等租外，實收租穀二十四石五鬥八升七合六勺。又田一所，丈甲不載，年收租穀一十五石五鬥。除屯糧等租外，實收租穀一十四石。又田一所，丈報六分，年收租穀四十二石九鬥八升四合四勺。除屯糧等租外，實收租穀三十五石。一、黃泥塘隘寮莊田一所，丈甲不載，年收租穀二十二石。除屯糧等租外，實收租穀一十八石。一、四方林莊田一所，屯糧甲數不載，實收租穀二十八石。又田一所，屯糧甲數不載，實收租穀二十一石：計年實收租穀共一百四十石零五鬥八升七合六勺。」〔註14〕

　　林平侯早年出身低微，深諳貧窮與無法求學之苦。遂廣置義田、設義學來助人。他在淡水廳轄區購置六所「學田」，年收租穀多達一百四十石，〔註15〕嘉惠淡水廳學子，是私人興學之典範，對於知識啓蒙、文教發展、移風易俗，居功厥偉。由上文清楚可知：道光10年（1830）龍潭地區之學田，一在：

〔註13〕林平侯，（林本源商號之始祖），生於乾隆31年（1766），字向邦，號石潭。福建漳州龍溪縣人。乾隆47年（1782），十六歲隨父林應寅渡臺，首居新莊，傭於米商鄭穀家。得其信任，貸千金，使從商。販米爲業，獲大利。又與竹塹林紹賢合辦全臺鹽務，製造帆船，遂擁資數十萬。捐得縣丞；嘉慶11年（1806）又捐得同知。嘉慶23年（1818）遷居大料崁（今桃園大溪）。道光24年（1844）去世，年七十九。有子五人，長子國棟早逝，次爲國仁、國華、國英，國芳。特立五記號，曰「飲、水、本、思、源」。

〔註14〕陳培桂，《淡水廳志・卷五・志四・學校志・學田》，臺灣文獻叢刊，第一七二種，臺北：臺灣銀行經濟研究室，1963，136～137。

〔註15〕按：臺灣民間1石＝100斤；與清代衡制，1石＝120斤，有所不同。

龍潭奶姑山八張犁一所；二在：龍潭黃泥塘隘寮一所；三在：龍潭四方林一所，另有不知名之田三所。其中，八張犁奶姑山之學田即今之德龍國民小學。

《我家鄉桃園縣》

> 「八張犁，在西北部，爲平鎮溪上游區。……，八張犁是指初墾之時只有四十甲田畝，昔年本省中南部以犁數來計算田地者至爲普遍，五甲爲一張犁，但在本縣客家區絕無僅有，可見此地原爲閩南人墾區。……。乳姑山高 398 公尺，爲店子湖臺地最高處，由八德南望，山形酷似乳峰，客家語稱婦人乳峰爲乳（奶）姑。」
>
> 〔註16〕

德龍國民小學座落在八張犁（今稱八德村），桃園縣兩百餘所國民中小學，每一所之土地產權都屬縣政府，唯獨德龍國民小學是屬於臺灣省政府教育廳，管理人是教育廳之學產基金會，通稱「學產地」。這些學產地即爲清領時期地方士紳捐助田地，收租供學子讀書識字所用。日治時期，將這些田地財產加以整理，大正 12 年（1923）10 月 24 日，在臺北地方法院設立「財團法人學租財團」，專門負責財產管理，獎助優秀人才，補助及推廣教育活動及文化公益事業。臺灣光復以後，沿襲舊制，把所有「學租財團」之財產交教育廳「學產基金會」管理。德龍國民小學設立之初，財源困窘，後來打聽到八張犁有塊學產地，就由縣政府出面向教育廳租下蓋成學校，八張犁（今之八德村）小學生，就不需長途跋涉到龍潭讀書。〔註17〕

龍潭是客家庄，農業社會中，敬紙惜字之風氣非常興盛，對有文字之紙充滿敬意，不得隨意毀棄。清領時期，龍潭文人受傳統蒙學啓發智慧，砥礪學行。光緒初年，提倡建造聖蹟亭，進而留下全臺灣、甚至是全世界現存規模最大有江南庭園式之惜字亭。

聖蹟亭，又稱惜字亭、敬字亭、敬文亭、敬聖亭、字紙亭、文筆亭、文風塔、文峰塔及字爐等。是用來焚燒字紙、崇敬倉頡的設施，自古以來，不論是常民百姓或讀書人，均深信文字是由倉頡所創造。創建於清光緒元年（1875）之龍潭聖蹟亭是全臺灣保持最好、規劃最完整之建築。

「敬字亭作爲文化符碼的意義，乃是企圖彰顯客家社會對於文化與教育

〔註16〕黃厚源，《我家鄉桃園縣》，桃園楊梅：桃園縣人與地鄉土文化研究學會，2005，頁221。

〔註17〕吳家勳，《我們住在水源頭》，桃園龍潭：德龍國民小學，1996，頁27～28。

重視之集體心智，通過敬字亭，客家社群以文教與社會力所揭櫫的社會意象重新建構了客家記憶。」〔註 18〕聖蹟亭是中國傳統對文字敬重、知識敬重、文化敬重之精神意涵。由聖蹟亭上爐前文字、對聯及「創建亭序」，可得知當時在龍潭人才輩出，文風鼎盛。

〈聖蹟亭創建亭序〉

「粵自六相立而文明日啓，六書作而文治日昭。此鳥跡蟲書、象形體類登第者，藉文字而掇巍科；居奇者，憑賬目而收厚息也。邇來鄉村旅舍，頑梗生徒，或以毀紙裹物、或以舊書糊壁，熙熙者任情踐踏、穰穰者隨意拋遺，何珍翰視同瓦礫、隻紙等若鴻毛也。視古以字蹟投之於火、埋之於土；或化於瓶、或流於海，而一字一珠者，不有異乎！龍潭等處，蔀屋鱗居、人文鵲起。父兄重根本之學、子弟多彬雅之風。同善既錄敬字之文、師長亦嚴惜字之訓。諸同人有志未逮者，祇一敬聖亭未設耳！我鄉隣食毛踐土，重道崇文，敢令聖經賢傳之遺入於湫隘囂塵之地，而不知所撿拾歟！爰邀同志，共勸厥職，解白鏹爲潤色之資。而顧工有賴，托青爐爲化火之用，而聖蹟堪存。倘使後生小子，能知付丙；即頑夫愚婦，亦可識丁。此桂宮慶果報之緣、翰院廣梯榮之路。又不但身世叨榮，獲康寧甯而壽攷，子孫食報轉愚魯爲聰明而已，是爲引。

經理－黃龍蟠

總理－監生古象賢、楊鳳翱

庠生－鄧觀奇

男廩貢生－逢熙糸校

光緒元年乙亥歲仲冬月吉旦廩生－楊鳳池敬撰黃龍蟠敬書」

〔註18〕傅寶玉，〈文教與社會力：敬字亭與客家社會意象的建構〉，《思與言》，人文與社會科學雜誌，第 43 卷第 2 期，2005 年 6 月。頁頁 77〜118。

圖 2-3-1　聖蹟亭圖

筆者攝

圖 2-3-2　創建亭序

筆者攝

「創建亭序」開宗明義，即以中國古代蒙學經典《幼學瓊林·卷一·統系》中之「六相、六書」作文字開端。首句「粵自六相立而文明日啓」，乃引自《幼學瓊林》〔註19〕「粵惟有熊〔註20〕，啓自少典；外治兵，內修德。開征誅吊伐之先；明律歷，制冕裳，肇禮樂文章之祖；得六相〔註21〕而天地治，畫九野而政教敷。」意指：追憶有熊氏功績時，開創基業的卻是其父少典。在外治理兵事，在內則勤修德政。開啓後王征伐暴君之先聲；黃帝令伶倫造六律，命車區造曆象。製定冠冕和衣裳，開啓禮樂文章之源流，得六相為輔佐，天地乃得平治，畫天下為九州，政治教化才得以敷布四方。第二句「六書作而文治日昭」，也是出自《幼學瓊林》，「伏羲畫八卦以開文教，作六書以代結繩，甲曆姓氏人事漸繁。」亭序以「六相」、「六書」來闡述建造聖蹟亭之意義與重要性，對漢文化進行宏觀掃描，這種合釋，可謂譬喻精當。

龍潭因聖蹟亭而更凸顯客庄「崇文敬字」之精神，特別是亭身鏤刻之聯對極為豐富，聯律其核心是對仗。雖然不明是何人所作，但想必這些文人均受書房教育之洗禮。

聖蹟亭上之對聯題字，沒有署名出自何人，然卻呈現濃厚之人文氣息。

如：

爐口對聯：「文章到十分火候，筆墨走百丈銀瀾」。

爐臺正面對聯：「烏喙筆峰光射鬥，龍潭墨浪錦成文」。

面對聖蹟亭爐體左側對聯：「文章炳於霄漢，筆墨化為雲煙」。

爐體背面八卦兩側對聯「萬丈文光沖北斗，百年聖化炳東瀛」。

〔註19〕《幼學瓊林》，又名《幼學故事瓊林》，明程登吉撰；原名《幼學須知》，又稱《成語考》、《故事尋源》。後經清乾隆時鄒聖脈增補，改名《幼學瓊林》，簡稱《幼學》；民國時費有容、葉浦孫和蔡東藩等又進行了增補。全書共分四卷，按內容分類編排，分為三十三類。

〔註20〕「粵惟」，由後溯前之意。有熊，姓公孫名軒轅，即黃帝；少典為黃帝之父親。

〔註21〕《管子·五行》說：「黃帝得六相而天地治。蚩尤明乎天道，故使為當時；大常察乎地利，故使為廩者；奢龍辨乎東方，故使為土師；祝融辨乎南方，故使為司徒；大封辨乎西方，故使為司馬；後土辨乎北方，故使為司李。」

圖 2-3-3　聖蹟亭爐口、爐體之額匾及聯對

筆者攝

　　爐口上方橫匾刻有：「過化存神」、「文運宏開」。過化存神，語出《孟子・盡心篇》：「夫君子所過者化，所存者神，上下與天地同流。」宋朱熹集注：「聖人過化存神之妙，未易窺測。」明楊慎《用我吾為東周》：「惟聖人有過化存神之妙，撥亂反正之才。」比喻聖人所到之處，人民均可得到教化，永遠受其精神影響。

　　臺灣是個移民社會，清領初期，忙於拓墾，社會也動盪不安，很少看到文人結社。至中葉，臺灣各地已普遍開墾，墾首、墾民與租戶，地方豪族與仕紳、都擁有不少土地與佃產，再加上科舉文人增加，各地文風漸起，民間結社亦隨之轉盛。

　　昭和 10 年（1935），文光社重立之「文光社祀典簿序」，〔註22〕及文光社社員古如華留下之筆記本中可看出，它與日治時期傳統詩社之唱酬聯誼性質不同。內文涵蓋各類祭典祝文（如：觀音佛祖祭文、三官大帝祭文、天上聖母祭文、五穀神農皇帝祭文、文昌帝君祭文、玄壇元帥祭文、萬善諸君祭文、七十三郎祭文……）及表章外，還有分管鬮書、招婿婚姻契約書、賣渡證、

〔註22〕〈文光社祀典簿序〉，於光緒初年訂立四本，因乙未年（1895），被火兵燹，失落兩本，眾議再立新簿五本。古雲添提供。

訃告、三獻禮儀等，由所載內容研判，當時「文光社」是以文字崇祀為會文結社之組織，又由於文光社有置產出租營收，較近神明會之性質。古雲添提供之「文光社祀典簿序」議條第三項載明：「批明此祀典於前皇乙酉年創立，有水田坐落龍潭庄四方林，至今日而每年購有租票，可以例祭之需，俎豆常陳，批照。」

圖 2-3-4　昭和 10 年（1935）文光社重立之祀典簿

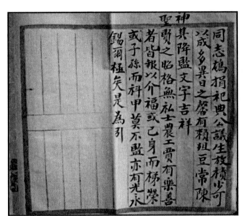

資料來源：古雲添提供

出現在聖蹟亭之社群團體，如文光社、拿雲社、崇文社。依據清光緒元年「聖蹟亭捐緣總抄簿」記載，龍潭拿雲社與崇文社在建造聖蹟亭時率先拋磚引玉，合捐銀拾元，〔註23〕及鏤刻在聖蹟亭上之捐銀資料外，其他付之闕如。它們是詩社？文社？或者是以祭神活動作為凝聚成員之「神明會」？尚待查證。龍潭聖蹟亭創建於光緒元年（1875），當時參與聖蹟亭建造的文社頗多，如：「文光社」、「拿雲社」、「崇文社」，由於文獻不足，無法斷定此三社的創社動機和運作模式是否與「詩社」性質相同。

文光社於清光緒元年（1875）設有「聖蹟亭捐緣總抄簿」四本，以及「文光社祀典管理信簿」，因乙未年被火兵燹失落貳本。昭和 10 年（1935），眾議再立「仁義禮智信」新簿五本，舊簿二本由四方林黃金鑼收藏，提供眾會份人等有要用時，提出以供參閱批照。由祀典簿及鏤刻於聖蹟亭主體上之文字，捐錢、捐地、撰筆者等，都是當時地方頗負盛名之士紳。其等捐建地方

〔註23〕黃永松，《搶救龍潭聖蹟亭》，漢聲雜誌 78 期，臺北市：漢聲雜誌社，1995，頁 11。

文化標誌「聖蹟亭」，引領地方提倡文風與保存民間善良風俗社會意涵，除了肩負民間信仰之祭祀活動，在當時之社會、文化現象及文學潮流中，似乎扮演著重要角色。本研究試圖以文化現象來檢視當時這些文人之活動以及產生之社會影響。

在「聖蹟亭創建亭序」中出現之人物，如：經理黃龍蟠、監生古象賢、楊鳳翔、廩生楊鳳池、庠生鄧觀奇、貢生鄧逢熙外，另有：秀才古望林（龍潭陂街）、秀才邱煥良（高平）、塾師鍾興傳（即九座寮鍾大鋪）、塾師魏阿盛（烏樹林）等人，他們透過書房或書院，傳承漢文化，教授漢文，但龍潭在清領時期，文獻上未見詩社組織，也顯少有作品流於坊間。

（一）經理「黃龍蟠」

黃龍蟠爲聖蹟亭建造經理，除慷慨捐銀外，又捐贈茶種五千餘棵，以茶園之出租收入作爲維護聖蹟亭日常費用。此事蹟鏤刻於聖蹟亭主體正後方：

> 「拿雲社捐銀七十元、崇文社捐銀三十元、文光社捐銀三十元、黃龍蟠捐銀五十元。黃龍蟠自備工本，所種亭後埔內茶五千餘頭，於光緒丙子年起施出，以爲拾字之需。交付文光社經理人出讓收租以垂永遠。」

黃龍蟠慷慨好義，不遺餘力施德於鄉里，由是，桑梓受惠，文風丕振，人才輩出。據溫光秀於《龍潭聖蹟亭歷史初探》文內敘述：「鳩工起造聖蹟亭，實非一件易事，……，亦是墾民吃苦耐勞，仍然不忘晴耕雨讀的傳統展現。其中最大功績者，應屬當時的主司者經理——黃龍蟠，以及當時知名仕紳，……。」又云：「黃龍蟠，西元 1784 年甲辰生，時年 91 歲，係龍潭鄉土名作家黃文相先生的曾祖父的三弟。」〔註24〕

此說有可議之處，桃園縣志記載：「黃金彩，號維翰。光緒 16 年庚寅科，文秀才。」〔註25〕黃文相〈薪火的光環‧仰天長嘯〉手稿中提到黃金彩（其三叔公）：「金彩公，字維翰、號龍蟠」。

〔註24〕溫光秀，《龍潭聖蹟亭歷史初探》，〈原創建亭始末〉，桃園：龍潭鄉公所，2009，頁 29～30。

〔註25〕陳長壽，《桃園縣志‧卷五‧文教志》，桃園：桃園縣文獻委員會編印，1967，頁 53。

圖 2-3-5　黃文相手稿

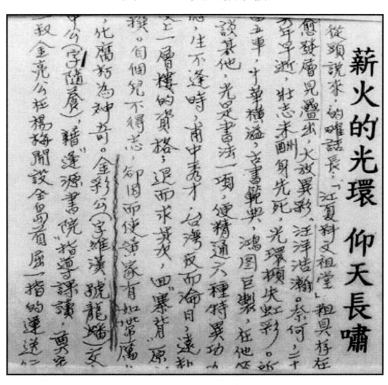

筆者翻攝

　　然筆者依據《黃氏族譜》記載，其十八世來臺祖黃科文，於清乾隆中葉，自原鄉廣東省嘉應州鎮平縣（今之蕉嶺縣）與福鄉寨背村渡海來臺，首居在臺灣府淡水廳大茅埔（今新竹縣新埔鎮巨埔里）。十九世黃德潤遷居至咸彩鳳（鹹菜甕、咸茶甕，咸茶硼，均關西舊稱），黃德潤育有三子，長子黃開招（號慶超，謚堅創）徙居至龍潭陂拓墾。咸豐年間獲贈修職郎「鄉飲大賓」，〔註 26〕咸同年間與鍾家、古家鳩工創建逢源書院（今龍潭西龍路與南龍路交叉口處）。〔註 27〕光緒 21 年（1895），日軍進入龍潭陂後，放火燒毀全部房屋，包括逢源書院。

〔註 26〕鄉飲為古代嘉禮之一。按「清會典記」記載：「清初，每歲由各州縣遴訪紳士之年高德劭者」，「鄉飲酒禮」又稱「鄉飲酒」、「鄉飲」，是中國古老的飲宴禮儀。「鄉飲酒禮」的舉行，在於養老尊賢，乃國之大典，屬朝廷維護社會教化重要的舉措之一。

〔註 27〕1、《黃氏族譜‧黃金彩手抄本》，2009 年魏新林、呂元鳳陪同筆者親訪，黃文相提供。2，2014 年吳家勳陪同親訪，再獲黃文信提供。

圖 2-3-6　《黃氏族譜・黃金彩手抄本》

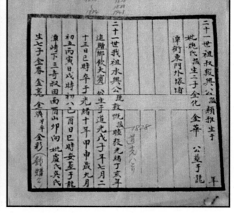

黃文相提供，筆者翻攝

　　黃開招育有四子，依序爲傳興、承興、全興、駿興。黃承興（號敦慨，諡睦毅）排行第二，生於道光戊子年（道光 8 年，1828），卒於光緒 10 年（1884）。

　　黃承興育有七子，黃金彩爲黃承興之四子，幼時即顯現好學傾向，弱冠入庠邑，此後爲圖深造，再前赴中國大陸、研習經史學問。龍潭與其同時登榜者尚有古望林及邱煥良。黃金彩中了秀才後，轉往大陸繼續求取功名，不料，臺灣政權變動，日本治臺後，科舉途徑因此中輟。黃金彩返回龍潭，乃於龍潭設立私塾，教育鄉里子弟，享年 53 歲。

　　日治時期戶籍記載，黃金彩生於同治 10 年（1871），聖蹟亭創建（光緒元年，1875）時，他才五歲，清光緒 16 年（1890）中秀才時他二十歲。一個五歲的孩子，怎會是聖蹟亭建造經理？筆者認爲黃金彩之父黃承興社經地位應較符合「經理」資格。一則：黃承興也獲清政府頒贈「鄉飲大賓」榮銜；再則：聖蹟亭起建時他正值壯年 48 歲；三則由庠生劉飄舉作〈承興公事略〉可知其聲譽崇隆：文曰：

　　　　「公之爲人也精明純正，勤勞成家，無愧乎孝弟忠信禮義廉恥諸大
　　　　端，素性好詩書。則家道甚嚴，而師道甚重，……地理、醫道、日
　　　　課無不洞悉予懷，贈以鄉飲大賓，人皆曰然。公生平兼以慷慨著，
　　　　……公精明過人也，不僅精於貿易又能精於圖謀，即如：種茶一事，
　　　　二十年前早逆料茶必鄭重者，故肯舍田業而專謀茶葉……公之造福

甚大，而子孫之獲福不淺矣！」〔註28〕

　　此文是劉飄舉在光緒 22 年（1896）所作，文中提及黃承興：「二十年前早逆料茶必鄭重者，故肯舍田業而專謀茶葉」。二十年前，正巧與聖蹟亭之創建及黃龍蟠自備工本，所種亭後埔內茶五千餘頭，於光緒丙子年（光緒 2 年，1876）施出，這個時間點極其謀合。是黃文相誤將黃承興之號錯冠於黃金彩之上嗎？或是另有其人？這些疑問？需待更多證據來釐清。

（二）監生古象賢

　　古象賢（原名古安坤），清道光六年（1826）生，爲國學生。原籍廣東省長樂縣（今之五華縣）蓮塘埔，其二十八世祖古康遜（來臺一世祖）於清嘉慶年間渡臺，首於楊梅矮坪（與龍潭八張犁交界處）創基，後遷龍潭經商而成富豪，理財有道，廣置土地，爲龍潭地區大地主之一。其父古基康（崇蘭），來臺第二世，亦爲國學生，創立龍潭成之公祠及蒸嘗會發起人。〔註29〕

圖 2-3-7　《古氏族譜》　　　　圖 2-3-8　新安堂（成之公祠）

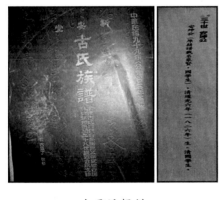

古雲添提供

筆者攝

（三）監生楊鳳翱與廩生楊鳳池

　　楊鳳翱與楊鳳池兩人爲親兄弟，祖籍廣東省嘉應州鎮平縣（今之蕉嶺縣）橫崗下柵門外。其十一世祖楊炳輝爲國子監學生（監生），清道光 3 年

〔註28〕《黃氏族譜・黃金彩手抄本》，庠生劉飄舉作〈承興公事略〉，無頁碼。黃文信提供。

〔註29〕古添丁重修，《古氏族譜・蓮塘埔遷臺祖二十八世康遜公派支譜》，2010，頁96～97。族譜對三十世安乾（兄）與安坤（弟），因祖牌排序顛倒，正誤難定。本研究以族譜古象賢爲安坤記之。

（1823），楊炳輝與楊炳煌昆仲共同移度來臺開基創業。楊炳輝育有四子，長楊憲堯、次楊寵堯、三楊寶堯、四楊宦堯。楊鳳翱與楊鳳池均爲長房楊憲堯之子。楊鳳翱（原名楊欽華、號生梧），排行第二，育有七子。楊鳳池（原名楊欽文、號修樓），排行第三，育有四子，楊鳳池過繼楊寶堯承祧香火。〔註30〕族譜未記載其兄弟生卒年。溫光秀於《龍潭聖蹟亭歷史初探》文內，楊鳳翱生於清嘉慶22年（1817），〔註31〕此說宜再探討，蓋楊鳳翱之祖父，於道光3年（1823）才入臺。

圖 2-3-9　楊鳳翱、楊鳳池故居

筆者攝

　　楊鳳翱、楊鳳池裔孫已它遷，故居無人居住，斑駁之堂號「三鱔堂」〔註32〕，依稀可見。堂號由來可從楊姓宗祠四字聯看出端倪：「鱔堂集慶；

〔註30〕莊吳玉圖主編，《楊氏大族譜》，桃園中壢：楊氏大族譜編輯委員會，1983，楊正芳提供。頁，系91～96。

〔註31〕溫光秀，《龍潭聖蹟亭歷史初探》，桃園：龍潭鄉公所，2009，頁30。

〔註32〕《續漢書，謝承書·註》鱔皆作鱓。鱔「ㄕㄢˋ」。「鱔」、「鱓」古字通也。「三鱔堂」典故：《後漢書·卷五十四》，〈楊震列傳·楊震·第四十四〉，楊震字伯起，弘農華陰人也。震少好學，受《歐陽尚書》于太常桓鬱，明經博覽，無不窮究。諸儒爲之語曰：「關西孔子楊伯起。」常客居於湖，不答州郡禮命數十年，眾人謂之晚暮，而震志愈篤。後有冠雀銜三鱔魚，飛集講堂前，都講取魚進曰：「蛇鱔者，卿大夫服之象也。數三者，法三臺也。先生

雀館呈祥。」上聯典指：東漢・楊震講堂前，有冠雀銜三鱣魚至。下聯典指；東漢・楊寶，曾救一黃雀，傳爲西王母使者。

（四）庠生鄧觀奇與廩貢生鄧逢熙

鄧觀奇與鄧逢熙兩人爲父子關係，鄧逢熙爲鄧觀奇之長子。鄧家來臺祖鄧彥拔，約於清乾隆 35 年（1770）間，由廣東省嘉應州鎮平縣（今之蕉嶺縣）來臺，先於海山堡彭福庄（今新北市樹林區）從事開墾。鄧彥拔育有三子，依序爲鄧統先、鄧純先、鄧縉先。〔註33〕

庠生鄧觀奇（字兆熊、號渭巖），生於清嘉慶 9 年（1804）。道光年間，因新莊、樹林一代發生嚴重之族群械鬥，鄧觀奇偕兄弟，徙居至桃澗堡山仔頂。長子鄧瓊鳳（學名逢熙、號瑞堂），生於清道光 20 年（1840）。咸豐5 年（1855），鄧觀奇考取乙卯科秀才。鄧瓊鳳則於同治 9 年（1870 年），考中臺灣府粵籍府學第六名。

同治末年，與長子鄧瓊鳳前往九芎林（今之芎林鄉）開館授徒，創文林社講學堂。〔註34〕他深受鄉民敬愛，將他與鄭林二姓施主合祀祿位於芎林文昌廟，以酬謝其功德。〔註35〕

晚年時，鄧觀奇、鄧瓊鳳父子從新竹九芎林回到桃園，定居龍潭黃泥塘，與地方仕紳倡建聖蹟亭，爲提倡文風、推動儒學，龍潭地區文教風氣開始蓬勃發展。〔註36〕光緒 14 年，七子鄧林鳳（字賡熙，號又皋），考取戊子科廩生。光緒15 年，長子鄧瓊鳳考取乙丑科貢生，己巳科秀才，巡撫唐景崧考授「明經進士」。因而有「一門三秀才」之美譽。明治 30 年（1897），授佩紳章。明治 32 年，任桃園廳辦務署參事，同年 6 月病卒。〔註37〕

自此升矣。」

〔註33〕《南陽鄧氏彥拔公派下源流表》，鄧氏雲閣塔管理委員會印行，出版時間不詳，頁 14。鄧湘敦提供。

〔註34〕「文林社」原本設立於「文昌廟」內，後來重修廟舍，才改稱「文林閣」。

〔註35〕徐崇德監修，郭薰風主修，《桃園縣志・卷六・人物志》，桃園：桃園縣文獻委員會編印，1968，頁 69。

〔註36〕葉發海發行，《龍潭鄉志・下卷・人物篇》，桃園：龍潭鄉公所，2014，頁901。

〔註37〕吳家勳，《平鎮市志・下冊・人物篇》，桃園：平鎮市公所，2014，頁 1060。

圖 2-3-10　《南陽鄧氏彥拔公派下源流表》

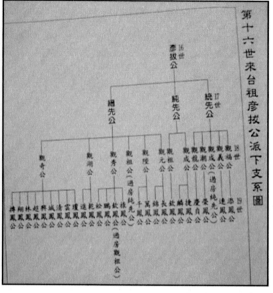

鄧湘敦提供，筆者翻攝

鄧氏除此一門三傑外，名聞海內外之「臺灣歌謠之父」──鄧雨賢爲其裔孫（鄧觀奇之曾孫、鄧瓊鳳之孫）。

（五）鍾興傳

鍾興傳（字大鏞）生於清道光 12 年（1832），爲文壇巨擘鍾肇政之曾祖父，曾在九座寮鍾家下屋設塾教授漢文，造福鄉裡眾多學子。曾出任前清賦總局清丈紳士。光緒 10 年（1884）冬，法人擾臺，清廷委任爲招募義民之鄉勇團練。因防守有功，賞賜五品軍功頂戴。然而，鍾大鏞一心仍以文章爲重。日治時期，猶自閉門潛心研修學問，皓首窮經，不愧名儒學風。卒於大正 9 年，享壽 89 歲。〔註 38〕

〔註 38〕 1.徐崇德監修，郭薰風主修，周念行纂修，《桃園縣志‧卷六‧人物志》，桃園：桃園縣文獻委員會，1968，頁 18～19。2.謝艾潔、劉明憲著，《新修桃園縣志‧人物志》，桃園：桃園縣政府，2010，頁 129。

圖 2-3-11 鍾興傳

鍾肇政提供

圖 2-3-12 九座寮鍾屋祖祠

鍾肇政提供

（六）古望林

　　古望林，號香谷，生於清同治 2 年（1863），祖籍爲廣東省嘉應州。光緒年間秀才，後開塾授徒，課餘耕種勞動，長年於龍潭陂開塾授業。明治

30 年（1897）4 月 29 日，獲頒臺灣總督府第 74 號紳章。明治 35 年（1902），
參與「桃仔園教員講習會」，不久即考取公學校教員資格。學校創立後，古
望林被聘爲教師，全心投入教育事業，在教育界享有清譽。明治 38 年
（1905），因「南崁公學校石觀音分校」甫經開設，缺乏教員，因而出任該
校創校教員。同年（明治 38 年），奉命派任爲龍潭陂區區長。在職期間，致
力於地方水利，貢獻良多。卒於大正元年（1912），享年 50 歲。〔註 39〕

（七）魏阿盛

　　魏阿盛祖籍廣東梅縣，世居龍潭泉水坑。當清末塾師身影逐漸淡出人們
之記憶時，魏阿盛之英名和功績卻與天地同在、日月同輝。他文武雙全、氣
宇軒昂，精讀孫子兵法，熟諳戰策戰略。清光緒初年，執教鞭於桑梓，學子
盈門，聲譽甚隆。其豪邁之性格由其詩作中表露無疑。「少年豪氣更如雲，鬥
智惟靈信不群，履險若定斯無敵，縱橫保臺挽乾坤；男兒功業非天降，致勝
由來歷苦辛，處變不驚莊且敬，謀攻能斷智如神。」

　　丘逢甲因清政府迂腐無能，與日本簽訂了喪權辱國之馬關條約，曾慕名
造訪，勸其暫避國內（指大陸），日後再設法反攻。魏阿盛義正辭嚴曰：「君
要走，敬請君便，吾生死早置之度外，……，誓爲臺灣共存亡。……斯爲目
前之急，實難從命。」丘逢甲慚愧而去，臨去廣東前，寫了「離臺詩」來表
示自己之心志。丘逢甲離臺詩（七絕）六首其一：「宰相有權能割地，孤臣無
力可回天；扁舟去做鴟夷子，回首河山意黯然。」

　　魏阿盛提筆回詩一首：「宰相有權能割地，臺民有力能回天；還我河山自
由土，誓死阻倭侵主權；寧願爲國站著死，不願向敵展笑顏，三百萬胞心一
條，虎旗建國民騰歡。」〔註 40〕由此可看出魏阿盛抗敵之決心。清光緒 21 年
（1895 年），日本進駐臺灣，臺灣人民不甘異族統治，紛紛組織義軍對抗日軍。
同年 7 月 13 日，日軍山根信成少將帶領枋城少佐、三木少佐等大軍、攜大砲，
自中壢出發前往龍潭陂。當時義軍首領胡嘉猷率魏阿盛、巫士奎、徐阿麟、
古阿三、李阿敬等人據守。胡嘉猷（又名胡老錦）率領之義勇軍，因武器不

〔註 39〕 1、臺灣總督府編，《臺灣列紳傳》，臺北市：臺灣總督府，大正 5 年（1915），
　　　　　初版，頁 118。2、徐崇德監修，郭薰風主修，周念行纂修，《桃園縣志卷六人
　　　　　物志》，桃園：桃園縣文獻委員會，1968，頁 57～58。3、謝艾潔、劉明憲著，
　　　　　《新修桃園縣志【人物志】》，桃園：桃園縣政府，2010 年 9 月，頁 43～44。
〔註 40〕 聶文明，《龍潭忠魂・七十三公傳》，龍潭：私立泉僑高中文藝社，1997，頁
　　　　　14～16。

足、敵眾我寡，不幸敗陣。日軍趁勢衝入，縱火焚燬民房及五穀、文昌二廟，街區頓成火海。隊長胡嘉猶負傷突圍。然魏阿盛等 75 人，因勢孤力竭，在烏樹林竹窩內被綑俘（距忠墳後左前方約四百公尺處）。日軍以武士刀當場斬首，其中義士黃任被砍未傷及要害，裝死順勢倒下，過後，他匍匐到附近管姓人家敷以草藥治癒。另一義士胡玉山因年僅十六，是排最後一名要被斬首者，日人念其年幼，令其收屍掩埋而未加害，其餘 73 人均未加審問，即以武士刀斬首，壯烈成仁，可歌可泣。〔註 41〕其中義士巫士奎、古阿三、李阿敬均為魏阿盛之得意門生，於龍潭陂役中，追隨魏阿盛，就義身亡。古阿三工詩文，十歲即以「龍潭」為題，寫下：「提筆戲寫大龍潭，全村客家少閩南，若問恩師住何處，泉水坑區小溪邊。」

後經烈士們後代爭取建塔及建廟，於民國 73 年（1984），動工興建完成目前之忠魂塔與忠義廟。義士忠骨雖滅，然浩氣長存。落成後每年照例舉辦春秋二祭。

圖 2-3-13　七十三公忠義廟與忠烈塔

筆者攝

〔註41〕1、陳漢光，《臺灣抗日史》，臺北：海峽學術，2000 年，頁 81～82。2、吳昭英，《乙未戰役中桃竹苗客家人抗日運動之研究》，國立政治大學日本語文學系碩士論，2009，頁 105～106。3、《竹窩子七十三公廟》，客庄文化資源普查資料庫，http://archives.hakka.gov.tw/new/catalog。檢索日期：2014/04/07。

例舉：古如華作

〈七十三郎祭文〉前清魏阿盛、巫士奎、徐阿麟暨列諸君之神

惟我

諸君，生於臺島，長在龍潭，正期遠大前程，欲作英雄於世宙。
不料頓遭兵刃，仝歸馬鬣於黃泉。生而為英、死而為神。莫奈何
聖主難逢，兆姓受干戈之劫。嗟了！地方割讓，黎民失父母之邦。
茲我祀內人等，情同鄉里、誼屬親友。矜憐宗臺既紗，隔別陰陽。
惟期牛眠共穴，同受馨香。屆之清明之日，例年致祭之期，陳剛
鬣於墳側，○○○○○○前，惟祈鑒格！

以表微誠

尚饗〔註42〕

圖 2-3-14　古如華作〈七十三郎祭文〉

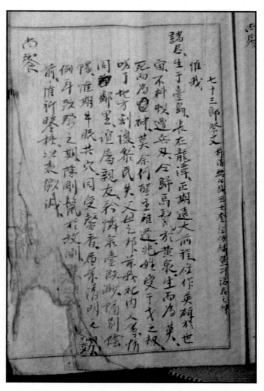

古雲添提供

〔註42〕古如華筆記，記載年間不詳，古雲添提供。

貳、日治時期

　　日治初期，臺灣總督府鑑於漢文為臺人日常生活之重要工具，不敢遽然
廢除，對漢文採漸廢政策，一方面容許漢文教育在書房繼續存在；一方面在
公學校設「漢文」、「習字」課程。龍潭地區文風鼎盛，私塾紛紛成立，漢書
房本乎儒學道統，是庶民教育重要的一環，以習字和傳授傳統價值觀為主。
書房老師：在龍潭陂街有、鍾盛鑫（外號鍾鑫仙，書房擴及到三坑）、賴逢
賜、翁瑞湖（阿鬍鬚）、張進發（號東如）、劉維猶；銅鑼圈有林義春、蕭
慶壽（字德宏）、蕭昌居、蕭廷祥（號玉山）；高平有蕭星桂、邱世濬（字筱
園）；三角林有高兆棠；四方林有黃阿平；大坪有張維超、鍾連貴、鍾宏、
古阿福；十一份有林接興、李蓋發、李茶順、李安邦、三坑有張金昌；南坑
有彭石妹；三洽水有張坤成、李萬喜、江智謙（書房於店子湖）之外還有從
新埔、老坑（楊梅）來三洽水授課的塾師；烏樹林有魏維水、魏維福、曾南
海等，足以顯見龍潭地區漢文化之盛況。〔註43〕

　　早年，能寫詩是一種讀書人的表徵；詩社，則是象徵一種高級之社群組
織。這些詩人，一般都接受書房教育，塾師採用背誦、點讀、描紅等教學方
法。初學的幼童只重背誦認字，塾師不講解內容辭意。每天要跟著塾師搖頭
晃腦地反覆誦讀，滾瓜爛熟後，要畢恭畢敬站在身邊背給老師聽，得到嘉許
後，塾師會在讀過的書籍上以朱砂筆畫上圈圈。所謂點讀，是以朱砂筆照著
塾師講授內容，逐句圈點，遇有破音字，分平、上、去、入四聲加點，俗稱
「勾破」。所謂描紅，就是學寫字。先是由塾師用朱筆寫出紅色的字，再讓
學生用墨筆將紅字描黑。透過描紅寫字課程，達到能夠識字與粗通詩文之基
本常識。蒙學經典是《三字經》，三字一句，兩句一韻，吟誦時，如唱兒歌。
次讀《千家詩》，再讀《增廣昔時賢文》又名《昔時賢文》、《古今賢文》，書
中文字有的三字一句、四字一句、也有五字一句及六字一句、最多的是七字
一句。隔句必押韻，不但便於記誦，又可以吟唱，還能啟迪心智。所以讀漢
書又稱為「吟書」。增廣之後，續讀《七言雜字》、《唐詩》、《尺牘指南》、《幼
學瓊林》，人稱讀了《增廣》會說話，讀了《幼學》走天下。除此，生命禮
儀的經典，塾師也會教導。更進一層則需選讀《聲律啟蒙》等讀物，累積這
些文學素養，要成為詩人也就不難了。

〔註43〕葉發海發行，《龍潭鄉志・下卷・藝文篇》，桃園：龍潭鄉公所，2014，頁652。

圖2-3-15　尺牘指南

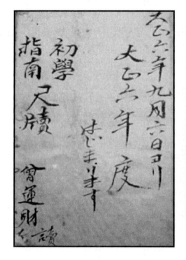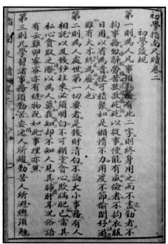

曾漢鍊提供

圖2-3-16　塾生筆記

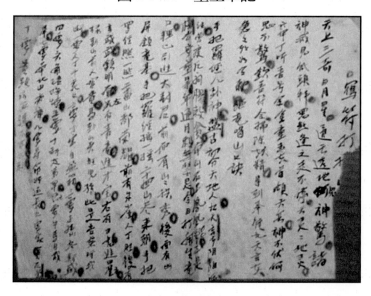

曾漢鍊提供

　　「詩社」，在地方、在社會佔有重要的地位，詩人作品亦足以表現臺灣在各個不同時期的面貌。龍潭客庄成立之陶社與龍吟詩社，在當代詩壇具有一定的地位與影響力，詩人之背景、作品主題、表現技巧等層面都有其獨特性，詩社之文學場域和社會脈動，對文化傳承及詩教的推展均有其貢獻與影響。

第三章　陶社之組織與發展

第一節　陶社成立之歷史淵源

壹、成立背景

陶社於大正 13 年（民國 13 年，1924）五月詩人節，初創於龍潭。當時，臺灣已被日本所據，凡中華民族精神之所繫者，日人莫不恣意摧殘，圖其易於統治。邱世濬（筱園）鑒於臺灣同胞對于漢學，將漸漸疏隔，最終將無法窺其底蘊。於是，沈火（梅岩）、鍾盛鑫（鑑堂）、關西陳旺回（子春）、徐開祿（錫卿）等起而襄贊其美。〔註1〕

《新修桃園縣志・藝文志》云：

> 「陶社，始創於日大正 13 年（1924）五月詩人節。……，先哲邱筱園先生愨焉憂之，遂藉吟詩之名，掩護其潛研國粹之進展，乃置『陶社』於龍潭。關西耆宿陳旺回（子春）、沈梅岩諸先生，亦起而襄贊其盛。士子參加者，有：鍾盛鑫、徐開祿（錫卿）等 43 人，每星期六開吟會 1 次，名為週末吟會。」〔註2〕

貳、成立時間異說

關於陶社創立時間，有兩種不同之說法：

〔註1〕 參酌魏雲欽，《陶社課題詩選・陶社沿革》，新竹：關西陶社，1997，無頁碼。
〔註2〕 賴澤涵總編纂，《新修桃園縣志・藝文志》，桃園：桃園縣政府，2010 年 9 月，頁 518～519。

（一）大正 13 年（民國 13 年，1924）創社之說

多數論者認爲，陶社成立於大正 13 年（1924）之詩人節，如：1、廖漢臣《臺灣文獻・臺灣文學年表》。2、郭薰風主修《桃園縣志・卷五・文教志》。3、王文顏《臺灣詩社之研究》。4、魏雲欽《陶社課題詩選・陶社沿革》。5、廖一瑾（雪蘭）《臺灣詩史》。6、林柏燕《陶社詩集・陶社的時代背景及其發展》。7、高麗敏《桃園縣文學史料之分析與研究》。8、賴澤涵總編纂《新修桃園縣志・藝文志》。〔註3〕

（二）大正 15 年（民國 15 年，1926）創社之說

依據大正 15 年 7 月 14 日《臺灣日日新報》報導「陶社吟會創立盛況」：

> 「大溪郡龍潭庄下有志騷人，與關西聯合創成一吟社，名曰：陶吟社。以供維持風雅。『去』十日午前十時起，乘龍潭庄開茶品會之機，假龍元宮谷王廟爲會場，主賓計達百名，舉創立式。先由發起人邱小（小疑爲筱之誤）園氏敘禮，次則鍾盛金（金疑爲鑫之誤）氏。報告創立之經過。並選舉幹員，共推邱氏爲社長遂協議定款，一齊贊同……。」〔註4〕

該報導稱，大溪郡龍潭庄與關西庄之詩人聯合成立「陶吟社」，在谷王廟（即龍元宮）成立會場，有主賓達百人出席。來賓吳榮棣、鄭永南、葉連三、呂傳琪登臺致賀。會後並舉辦擊鉢，首唱：題拈「品茶」，七絕虞韻。左詞宗吳榮棣。右詞宗葉連三。次唱：詩畸魁鬥（斗）格「龍蟠」。詞宗由黃守謙（字式垣，桃園吟社）、鄭永南（字墨禪，桃園吟社）、呂傳琪（字釣璜，崁津吟社）三氏合選。左右前茅者，由庄長鍾會宏贈受茶葉黃金鑄模之贈品。

黃美娥、陳欣慧均引《臺灣日日新報》之報導，認爲陶社成立於大正 15 年。然其等忽略了報導文中之「去」字，代表事件不是當時發生的。這「去」

〔註3〕 多數論者認爲，陶社成立於大正 13 年（1924）之詩人節。1、廖漢臣，《臺灣文獻・臺灣文學年表》第 15 卷第 1 期，1964 年 3 月，頁 271。2、郭薰風主修，《桃園縣志・卷五・文教志》，桃園：桃園縣文獻委員會編，1967，頁 145。3、王文顏，《灣詩社之研究》，臺北：政治大學中文所碩士論文，1979，頁 52。4、魏雲欽，《陶社課題詩選・陶社沿革》1997，無頁碼。5、廖一瑾（雪蘭），《臺灣詩史》，臺北：文史哲出版社，1999，頁 44。6、林柏燕在《陶社詩集・陶社的時代背景及其發展》2001；頁 10。7、高麗敏，《桃園縣文學史料之分析與研究》，臺北：東吳大學中國文學研究所碩士論文，2003，頁 76。8、賴澤涵總編纂，《新修桃園縣志・藝文志》，桃園：桃園縣政府，2010 年，頁 518～519。

〔註4〕 《臺灣日日新報》，大正 15 年 7 月 14 日，第 9409 號，第四版（本刊）。

字，有很多解讀，昨天？前天？日昨？日前？上月？過去？新聞也是一種記事，詩社留存之題材與內容，提供給記者作爲「根據事實之報導」，此事屢見不鮮。報導記者，接觸之對象，筆者臆測極有可能是沈梅岩，蓋客家人稱龍元宮爲「五谷爺廟」，學老人才會用「谷王廟」稱之。大正 13 年及大正 15 年，沈梅岩時任大溪郡龍潭郵便局局長，古時「驛站」及「郵亭」，是傳遞信息處，也是郵局之前身。沈梅岩把「資訊」傳遞出去，也就不足爲奇了。

　　根據林柏燕統計，日治時代參與陶社之詩人計有：陳昌潮……等，計 34 人〔註5〕。

表 3-1-1　日治時代陶社詩人一覽表

序號	姓名	筆名	簡　　　介
1	陳昌潮	釣客	業木工，嗜釣魚
2	陳鏡清	鏡清	曾任西安里里長
3	余天送	鳴皋	曾任土地司法代書
4	邱雙土	雙土	務農爲業
5	徐登欽	登欽	企業家
6	陳昌宏	蒼髯	曾任關西鎮公所秘書
7	劉碧嵐	曉初	歷任國校校長多年
8	羅禮田	義耕	曾任代書
9	余錫瓊	子華	臺灣紅茶公司監察人、鎮民代表、臺灣合會經理
10	黃子龍	子龍	曾任關西鎮民代表會秘書
11	劉錦傳	南雄	曾任關西鎮鎮長
12	羅慶進	潤亭	曾任東昌茶廠總經理、東昌糖廠經紀人、錦山六畜窩茶工場場主
13	黃朱興	朱興	關西東安福泰茶廠經紀人、關西陶社總幹事多年
14	徐慶松	慶松	關西東安里二任里長、關西鎮民代表會五任代表、關西太和宮管理委員會主任委員、鎮農會理監事五、六任
15	呂岳三	岳三	國校校長多任（原名呂阿全，後改呂杰全，日治時期再改日本名呂岳三）
16	曾書童	書童	關西鎮民代表會秘書
17	呂賜枝	天炮	關西鎮農會理監事

〔註5〕 林柏燕輯註，《陶社詩集・日據時代陶社詩人本名一覽表》，新竹：新竹縣文化局，2001，頁 143。

18	陳濟昌	其五	關西錦山東成煤礦董事長、桃園縣立楊梅中學龍潭分部校長
19	徐家旺	修鏡	關西民選鎮長開始、歷三任鎮長
20	徐家祥	家祥	關西鎮公所民政課長、關西陶社總幹事凡三十餘年
21	羅享彩	南溪	關西鎮鎮長、陶社社長、玉山石礦董事長
22	沈火	梅岩	郵便局局長、陶社社長
23	杜錦和	少甫	關西鎮公所民政課長
24	陳旺回	子春	東成礦場場長
25	徐開祿	錫卿	清末秀才、自辦私塾教漢學
26	黃德洋	子鷹	開茶工廠、兼教漢書
27	徐錦均	少賓	林維恭首席助手，自營煤礦
28	陳雙祿	有田	有田醫院院長
29	陳俊深	靜軒	興業公司董事長
30	吳錦來	雁賓	企業家
31	羅阿麟	玉書	日治時期保正（等同里長）
32	黃士榮	首民	光復首任關西鎮長
33	徐秋旺	秋旺	徐開祿次子，常代父教漢學
34	徐聖堂	聖堂	寄食潮音寺之詩人

資料來源：日據時代陶社詩人本名一覽表（林柏燕，《陶社詩集》，2001：568。

　　唯本研究質疑這份名單，本文第二章引述《新修桃園縣志‧藝文志》資料顯示，「陶社始創於日大正13年（1924）五月詩人節。……，士子參加者，有：鍾盛鑫、徐開祿（錫卿）等43人。」

　　諸多文獻中均提及陶社於昭和5年（1930）2月19日，移址至關西庄（今之關西鎮），但筆者親訪陶社詩人及依據昭和6年1月17日，《詩報》第四號「介紹各吟社近況」，其中刊載陶社資訊：

> 「本部置在大溪郡龍潭庄，龍潭每月開擊鉢吟例會一次，出課題一次，各社員均熱心研究；支部置在新竹郡關西庄，關西每星期開土曜會一次，各社員尤見熱心鼓舞云。」

　　由此資料顯示，昭和5年，陶社是在關西庄成立支部，本部龍潭仍在持續運作。當時《詩報》刊載龍潭本部與關西支部成員計有47人：

> 「社長：邱筱園
>
> 　副社長：鍾盛鑫

幹事：陳旺回、黃道中、沈梅岩

社員：蕭慶壽、羅雙鼎、陳耀樞、黃德洋、葉步戢、劉文清（疑爲劉汶清之誤）、張善從、曾健昌、鄧盛輝、古茇棠、曾彭金龍、李安邦、李林枝、李蓋日、張金昌、黃金鐧、廖明秀、魏廷昌、曾南海、曾水源、魏維鏞、徐華維、翁端送、曾水泌、鐘（鐘爲鍾之誤）文浪、鍾會馳、魏維水、江河、楊逸勳、郭阿昌、楊成泉、陳添坤、吳明相、劉傳山、邱鴻德、謝勝長、陸昌義、陳昌宏、羅阿進、余錫瓊、歐李春明、羅亨彩（疑爲羅享彩之誤）。」〔註6〕

依據昭和 5 年，《詩報》資料顯示，林柏燕之統計名單，除邱筱園（邱世濬，書房老師、龍潭庄協議會議員、實業家）、鍾盛鑫（鑑堂，書房老師）外，其餘龍潭詩人均未列入。如：蕭慶壽（德宏，保正、村長、龍潭庄協議會議員）、陸昌義（區長、實業家）、魏維水（書房老師）、曾南海（書房老師）、葉步戢（書房老師）、黃道中（鄉公所助役）、鍾會馳（公學校教師）、魏廷昌（教諭）、李蓋日（奉公會支部委員、實業家）、徐華維（庄協議會員）、曾水泌（公學校教師）、陳耀樞（區長、實業家）、張金昌（公學校訓導心得〔註7〕），……等人。

游日正在《悠悠我心》中提到：

「龍潭老一輩文人參加陶社有：邱世濬、詹煌順、曾彭金龍、邱欽忠、游金華、陳添吉、陳添水、葉祥新、蔡松茂、廖德興、董道中（黃道中之誤）、鍾盛鑫、吳鏡村、廖子光、張步青、賴有謙、曾顏榮、翁廷山、謝東舒、張維溫、張雄世、彭仕傑（彭士傑之誤）、邱天裕、李蓋發、賴逢賜、李安邦、李紹林、曾雲池（即曾彭金龍）、鍾連貴、張金文、張金昌、邱創志、魏雲欽、沈梅岩等。」其中曾彭金龍、邱世濬、沈梅岩、游金華、邱欽忠五人，更曾代表本鄉得過全國詩人大會聯吟第一，龍潭文風鼎盛，可見一斑。」〔註8〕

〔註6〕《詩報》，昭和 6 年 1 月 17 日，第四號，第六版。

〔註7〕《臺灣總督府府報》，〈臺灣公學校官制〉，勅令抄錄第 178 號，臺北：臺灣總督府，1898 年 8 月 16 日，第 349 號，頁 36。「訓導心得」：日治時期代課教師。「心得」爲職務代理人之意。1896 年總督府發布勅令第 91 號，頒定「臺灣總督府直轄學校官制」，據此正式成立國語學校和國語傳習所；1898 年根據「臺灣公學校官制」，將教師分爲教諭和訓導。教諭爲正式教師，訓導爲輔助教諭的助手，以補教師之不足。

〔註8〕游日正，《悠悠我心》，臺北：臺灣文藝出版社，1981，頁 9～10。

陶社在關西成立支部，除因沈火（沈梅岩）調任關西郵便局局長外，也與關西公會堂有關。〔註9〕昭和3年（1928），羅享彩之伯父羅璧玉獨資興建關西公會堂，並將它捐給庄役場，當作推動重要活動之場所。

支部設在關西後，龍潭本部詩人活動明顯不如關西支部活躍。由《詩報》創刊號〈雨絲風片〉篇中有段關西支部訊息可以論證：

> 「陶社關西支部，每月課題二回，得如此成績，皆沈梅岩、羅享彩君熱心義務辦理所致也。故陶社員感其功勞，擬製功勞章贈之。」
> 〔註10〕

從陶社關西支部〈昭和年間手抄本〉中，處處可見沈梅岩以毛筆用心修改批註留下之詩學史料原貌，也是關西支部後來居上扛舉陶社旗幟，取代龍潭本部之關鍵人物。

陶社創社社長邱世濬（字筱園）在任18年（大正13～昭和17年，1924～1942），昭和17年（1942）去世後，由時任關西郵便局局長沈火（梅岩）接任社長，因太平洋戰爭如火如荼，詩社停止運作，直到戰後民國 35 年（1946）關西支部始恢復運作。民國58年，沈梅岩去世後由羅享彩繼任社長。民國62年12月9日，陶社發出通告，籲請社員歸隊。民國68年，由劉錦傳接任社長。民國76年9月，由魏雲欽任社長。民國89年，徐慶松任社長，魏雲欽爲名譽社長〔註11〕。民國100年春，陶社詩社申請立案成立「新竹縣陶社詩會」，江穎川獲得全體社員推舉爲第一屆理事長。陶社只在戰時停止活動，是創社迄今仍在活動之客家詩社（另有中壢「以文吟社」也是日治時期創社，迄今仍在活動之客家詩社）。

表3-1-2　陶社歷任社長一覽表

任次	姓　　名	就任時間	卸任時間	任期（年）	總幹事	備　　駐
1	邱筱園（世濬）	1924	1942	18	劉汶清	
2	沈火（梅岩）	1942	1969	27	陳昌宏	
3	羅享彩（南溪）	1969	1979	10	黃朱興	民國65年繼任

〔註9〕 游金華口述資料，2007年2月10日，游宅，筆者親訪。
〔註10〕《詩報》，昭和5年1月11日，創刊號，第七版。
〔註11〕 魏雲欽發行，《陶社課題詩選第一集·陶社沿革》，新竹：關西陶社，1997，無頁碼。

4	劉錦傳（南雄）	1979	1987	8	徐家祥	民國 76 年繼任
5	魏雲欽	1987	2000	13	徐家祥	
6	徐慶松	2000	2011	11	楊煥彩	
7	江穎川	2011	在職		楊煥彩 徐玉鏡	正式立案 社長江穎川2014 年辭世，由羅慶堂代理

資料來源：筆者依據《陶社課題詩選·陶社沿革》，1997；及徐玉鏡提供資料製表

第二節　陶社之命名與組織

壹、陶社命名緣起

「陶社」之命名，據《陶社詩集》縣長林光華序文中云：

> 「所謂『陶社』，取其『陶冶』之意。當初取這個社名，頗有時代性的遠見。新竹縣的陶業，國際有名。關西早期陶業鼎盛。因此，『陶』有其有其實質的基礎與象徵的深意。」〔註12〕

林柏燕也同樣認為：「新竹陶在國際上素享盛名，早期，關西陶業至為發達，或許因此激發靈感，故名『陶社』。」〔註13〕

然本研究對此等說法存疑，蓋陶社創立於龍潭，六年後在關西成立支部，早期社名與關西陶業應無關連。

詩是古典文學中之精華，孔子說：「不學詩，無以言。」寫詩吟詩，可以啟迪思想、陶冶性情。林柏燕同時在〈陶社的時代背景及其發展（代序）〉中羅列了歷代古籍諸本與「陶冶」、「薰陶」相關之著作，來說明「陶社」命名之意義，發人深省。如：《近思錄·為學篇》：「未耜陶冶之器，化育栽成」；《世說新語·品藻篇》：「陶冶世俗，與時浮沈」；《淮南子·俶真訓》：「陶冶萬物，與造化者為人」；《漢書·董仲舒傳》：「命者天之令也，性者生之質也，情者人之欲也。或天或壽，或仁或鄙，陶冶而成之」；《宋史·程頤傳》：「夫人民善教其子弟者，亦必延名德之士，使與之處，以薰陶成性」。以上都在說明：「陶」，有薰陶、陶冶教化之功。

〔註12〕林柏燕輯註，《陶社詩集·縣長序》，新竹：新竹縣文化局，2001，頁 3。

〔註13〕林柏燕輯註，《陶社詩集》，〈陶社的時代背景及其發展（代序）〉，新竹：新竹縣文化局，2001，頁 10。

又引宋‧蘇軾《司馬君實〔註14〕獨樂園》：「先生獨何事，四海望陶冶」為喻。

宋神宗熙寧 9 年（1076），蘇軾調任徐州，寓居郊外之東園，讀到司馬光寄來之《獨樂園記》，而寫了《司馬君實獨樂園》這首五言古詩。詩中「洛陽古多士，風俗猶爾雅」，可比喻龍潭自古以來就是名流薈萃之地方，風俗淳美之地；「先生獨何事，四海望陶冶」更是此詩題之精神所在。〔註15〕

貳、陶社組織

臺灣之傳統詩社屬於詩人交往聯誼之組織。日治時期，臺灣人保存傳統中華文化不易，必須藉由詩社之組織，延續漢文化和民族意識之發展與生存。從詩人結社之角度來看，它顯然是人類社會學家所說之「志願社團」（voluntary associations），具有目的性、非營利性以及獨立性。但早年一般詩社性質與俱樂部較雷同，是文人雅士相聚唱和之場所，陶社也不例外，組織架構只設置社長、副社長、總幹事之職，活動則由全體社員輪流值東。值東之任務在於謄寫社員課題作品，再錄呈詞宗評定甲乙，或日常吟詠、或擊缽例會、或詩詞吟唱等活動，負責簽名報到、分贈獎品等事務。

表 3-2-1　民國 40 年（1951）陶社社員輪值表

月　份	姓　　名	姓　　名	姓　　名	備　註
二月份	子鴻	釣客（陳昌潮）	鏡清（陳鏡清）	茲因輪值推進起見，於二月輪值者並三月者，應於四月中切實推行為盼。
三月份	鳴皋（余天送）	雙土（邱雙土）	登欽（徐登欽）	
四月份	蒼髯（陳昌宏）	曉初（劉碧嵐）	義耕（羅禮田）	
五月份	子華（余錫瓊）	子龍（黃子龍）	南雄（劉錦傳）	
六月份	潤亭（羅慶進）	朱興（黃朱興）	慶松（徐慶松）	
七月份	岳三（呂岳三）	書童（曾書童）	天炮（呂賜枝）	
八月份	其五（陳濟昌）	修鏡（徐家旺）	家祥（徐家祥）	

〔註14〕 司馬光（1019～1086 年），字君實，號迂叟，世稱涑水先生，是北宋政治家、文學家、史學家。他編纂了中國歷史上第一部編年體通史《資治通鑑》。

〔註15〕 劉金花，〈客家詩人的結社與活動——以陶社為例〉，收錄於 2014 第五屆《客家文化傳承與發展學術研討會論文集》，桃園：新生醫護管理專科學校、桃園縣政府客家事務局，頁 6。

九月份	南溪（羅享彩）	梅岩（沈火）	少甫（杜錦和）	
十月份起轉頭輪值				

資料來源：筆者依據徐玉鏡提供資料製表

　　由民國 40 年（1951），陶社社員輪值表中，明顯可看出，戰後復社時，陶社關西支部即以「陶社」之名復社，龍潭地區之會員，幾乎銷聲匿跡。直至 1970 年代，龍潭地方人士有游金華、邱欽忠、蔡松茂、廖德興、陳添吉、袁卓明、彭士傑等人開始參加關西陶社之詩會及課題活動。

　　民國 99 年（2010），陶社依據人民團體法，在縣政府立案社團法人，江穎川擔任發起人，於民國 99 年 6 月 26 日，召開第一次籌備會議；民國 99 年 8 月 1 日，召開第二次籌備會議；並於 99 年 10 月 30 日，於召開第一屆第一次會員大會，正名為「新竹縣陶社詩會」，並選出立案後第一任理監事及第一屆理事長，江穎川獲得全體社員推舉為第一屆理事長。

第三節　陶社之活動與發展

壹、陶社關西支部成立之因素

《桃園縣志・藝文篇》云：

> 「迨昭和 5 年 2 月 19 日，社址移設於關西，當地望族羅享彩（南溪）、余錫瓊（子華）等 28 人，踴躍參加；社務蒸蒸日上。迨昭和 17 年，筱園溘逝，沈梅岩接任社長，繼續推展社務，不遺餘力。」

〔註16〕

　　「陶社」於昭和 5 年（1930），並非遷移至關西，而是在關西成立支部。由下圖昭和年間手抄本，可輔證陶社於關西設立支部。

〔註16〕陳長壽，《桃園縣志・卷五・文教志・藝文篇》，桃園：桃園縣文獻委員會，1967 年 3 月，頁 145。

圖 3-3-1　昭和年間關西支部手抄本

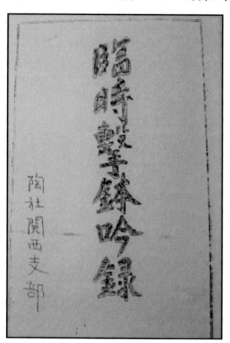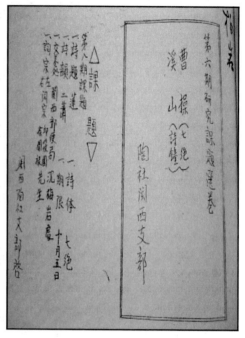

資料來源：徐玉鏡提供，筆者翻拍

　　據陶社詞宗游金華口述，至關西成立支部之主導人爲沈火（沈梅岩）。沈火原任新竹州大溪郡龍潭庄郵便局局長，昭和 2 年（1927）至昭和 4 年（1929），調任永靖郵便局局長。昭和 5 年，原隸屬新埔郵便局之關西出張所，獨立設局，名稱爲「關西三等郵便局」，派令沈梅岩爲第一任關西郵便局局長，陶社因而在關西成立支部。

　　此外，也跟關西公會堂之興建有關，昭和 3 年，羅碧玉在今之關西鎮農會大樓，獨資興建關西公會堂〔註17〕，爲一層樓、建坪 160 坪之洋式鋼筋加強磚造，屋頂爲紅色石棉瓦，工程費貳萬元由羅碧玉捐獻，基地由陳恩順兄弟共同捐贈〔註18〕，將它捐給庄役場，作爲民眾開會及推動重要活動之場所，也提供關西公學校當講堂使用。

〔註17〕關西公會堂，民國 40 年仲夏毀於不明火災。羅慶士口述資料，2014 年 7 月
　　　　11 日，關西臺灣紅茶公司，筆者親訪，羅慶堂、徐玉鏡陪同。
〔註18〕羅慶士口述資料，2014 年 7 月 11 日，關西臺灣紅茶公司，筆者親訪，羅慶堂、
　　　　徐玉鏡陪同。

　　羅碧玉，字子豪、別號啓英。生於道光 29 年（1849），卒於民國 34 年
（1945），享年九十六歲。鄉人因其爲人憨直、樂善好施且具有愚公移山之
堅忍毅力而尊稱爲「羅憨伯」。曾任保甲局長、關西信用組合理事、庄長、
赤柯山茶業組合理事等職。

　　羅家位於馬武督赤柯山一帶山林茶園，乃羅碧玉於昭和 7 年（1932），
以 84 歲高齡率侄孫輩羅享錦、羅慶振、羅慶煥等東遊日本，並向日本神戶
市，時年 82 壽齡之老友永井儀三郎，承購帽盒山（今關西鎮玉山里）大片
土地，面積有 680 餘甲。羅家在此創立玉山石礦、福利合資會社、赤柯山茶
葉組合，並成立臺灣紅茶股份有限公司，從事外銷貿易公司。羅碧玉籌建太
和宮、羅氏宗祠、營建南山三大座房屋等，也因捐助二萬圓的巨額，興建容
納千餘人之關西公會堂及南山大橋，貢獻社會，於 1928 年由總督府授予紳
章〔註 19〕。

圖 3-3-2　羅碧玉

〔註 19〕1、五味田恕編輯，《新竹州の情勢と人物》，新竹市：菅武雄，1938，頁 209。
　　　　 2、連雅堂，《人文薈萃》，臺北：遠藤寫眞館發行，1921，頁 135。3、《寶島
　　　　 玉山石礦徵詩紀念》，關西：玉山石礦股份有限公司，〈碧玉公略傳〉，1970，
　　　　 無頁碼。

圖 3-3-3　關西公會堂原貌

民國 40 年仲夏毀於不明火災。資料來源：羅慶士提供，筆者翻拍

　　昭和 8 年（1933），羅南溪、徐錫卿、陳子春、邱筱園、沈梅岩、郭景澄、羅玉書又於關西另創「南瀛吟社」。〔註20〕《詩報》騷壇消息也刊載「南瀛吟社」事務所設置於關西太和宮內。當時社長爲羅南溪，社員有郭景澄、羅玉書、羅曉園、羅潤亭、陳鏡清、陳釣客、陳蒼髯、余子華、劉步雲、張煥章、阮逸民、陳其五，並聘邱筱園、徐錫卿、沈梅岩、陳子春爲顧問。〔註 21〕令人好奇的是，昭和 5 年，陶社才在關西成立支部，爲何昭和 8 年，又要另創南瀛吟社？據陶社總幹事徐玉鏡之瞭解，肇因爲陶社在關西時是以「陶社關西支部」之名運作，等同是附屬單位，因此另立「南瀛吟社」。南瀛吟社之社員，都源於陶社，最終，南瀛吟社社員仍回歸至陶社。〔註 22〕故文獻上鮮少有「南瀛吟社」之活動見報。筆者只檢閱到昭和 8 年 7 月 1 日，南瀛吟社以〈競渡〉爲擊鉢題，左詞宗爲陳子春、右詞宗爲郭景澄，左右詞宗均評選沈梅岩獲得第一名，作品內容：

〔註20〕賴子清，〈古今臺灣詩文社（二）〉，《臺灣文獻》十卷三期，1959 年 9 月版，頁 87。
〔註21〕《詩報》，昭和 8 年 7 月 1 日，第六十二號，第一版。
〔註22〕徐玉鏡口述資料，2014 年 12 月 6 日，關西徐宅，筆者親訪。

〈競渡〉　　沈梅岩

　　水戲開重五，遺風吊汨羅，嬉遊人接踵，欵乃槳搖波；

　　一一輕同鴨，雙雙疾去梭，健兒身手好，奪錦欲如何。〔註23〕

　　由於陶社在龍潭例會地點並不固定，常假谷王廟（龍元宮）、龍潭陂公學校、龍潭陂公學校銅鑼圈分校……等召開。例：昭和5年1月11日，《臺灣日日新報》第10681號，第四版（夕刊），報導龍潭陶社例會訊息：「本期輪值邱世溶、黃道中、蕭慶壽三氏，定 12 日午前九時。開例會於銅鑼圈分校。經已通知社友，竝柬邀附近各吟社吟友蒞會……。」陶社在龍潭期間，沒有固定會所，都需要借場所。而在關西，利用關西公會堂做為公共聚會之地方，顯然要比龍潭來得理想些。再者，社長邱筱園與關西羅家同為茶葉鉅子，私誼及公務往來密切，社長常到關西就近聯繫，可說公私兩便。

貳、陶社活動之樣貌

　　陶社每週土曜吟會或春秋佳日會集，舉行擊鉢吟與詩鐘競作，社員輪流值東，常易地輪流舉行，舉凡：社員宅第、廟宇、別莊、名園、公會堂……等都可成為聚會之所。如昭和年間常在梅岩宅、景澄宅、昌宏宅、仲仁宅、陶然樓、關西茶工場、關西庄役場會議室、郵便局應接室……等辦理詩會活動。

　　昭和 12 年（1937），日本政府開始推行皇民化運動，4月1日，總督府下令各報禁刊漢文欄，查禁漢文書房、詩社，想要把漢文之根拔掉。同年 7月 7 日，中日戰爭爆發，局勢愈來愈緊張。昭和 17 年（1942），沈梅岩接任陶社社長，關西支部在其領導下活動力日趨強盛，取代了龍潭本部之地位，坊間均認為關西支部為「陶社」之代表，也因為如此，與新埔「大新吟社」、湖口「同光吟社」，並列為新竹縣三大客家詩社。戰爭期間，「陶社」停止活動。戰後，沈梅岩及羅享彩、陳昌宏等致力於復興詩會活動，民國 35 年 8月 16 日，於羅享彩之「南廬」舉行陶社復興紀念，並以「南廬雅集」為題賦詩。舉陳昌宏（蒼髯）作品證之：

　　鷗鷺良宵聚，南廬雅士多，詩情濃欲蕩，酒浪泛成波；

　　天下干戈息，胸中錦繡羅，相看俱健在，莫管鬢華皤。〔註24〕

〔註23〕《詩報》，昭和 8 年 7 月 1 日，第六十二號，第十三版。

〔註24〕陳昌宏，《蒼髯吟草》，關西陳昌宏：自刊本，1976，頁33。徐玉鏡提供。

可惜社員人數已大不如前，龍潭詩人幾乎消聲匿跡，關西支部也順理成章地代表「陶社」。復社後，仍延續「土曜吟」活動，以課題、擊鉢為宗。每星期六召開吟會之活動，直至魏雲欽當社長期間，才有所變化。迄今仍維繫傳統，鉢韻不絕。

「陶社」採分組輪值舉辦例會。每週吟會，除仿私塾形式，為學員授課，學習客語音讀、講解詩意，指點詩歌作法外，其活動方式以：一、課題賦詩；二、擊鉢吟詠；三、全國徵詩；四、友社聯吟為之。

各項活動均會聘請詩社裡資望學養較高者為詞宗（評審），每次詩作收卷後，詞宗負責評閱。因恐詞宗觀點有別，通常推舉二人，社內或他社資深者，分任左右詞宗。以年長者為尊，擔任左詞宗，年輕者擔任右詞宗。並於例會當天公佈名次，事後整理打字印刷，分發給社員們作為紀念。如聯吟大會，因參與者眾，只靠左、右詞宗之力，實難詳閱，通常推選三位詞宗合點擇優錄取，稱天、地、人詞宗，以年齡排序，天詞宗為年齡最長者、地詞宗次之、人詞宗年齡最輕。如屬全省性之聯吟活動，因參加人員更多，詩篇纍纍，可能聘請四位詞宗，有的詩社將詞宗分為「春夏秋冬」；有的詩社則將詞宗分為「天地玄黃」，這沒有一定之名詞規範。

詩社成績評選，基本上是仿照科舉之方式舉行，科舉一甲第一名稱為「狀元」、第二名稱為「榜眼」、第三名稱為「探花」、第四名稱為「傳臚」，簡稱元、眼、花、臚。由詞宗依照元、眼、花、臚的順序評選等第。評審兩人則稱為左詞宗、右詞宗，由左詞宗評選的前四名，稱為左元、左眼、左花、左臚。

（一）課題賦詩

陶社，例會創作以課題詩為主，課題詩可以讓社員在家書寫，故有較多時間能夠細思慢想，作品多為律詩、絕句，其他體裁作品較少。例會是陶社之日常活動，會前，先由值東者或總幹事寄發邀請束給社員，束帖中附有課題之詩題，並限定體裁、韻目等，於指定期限前，將詩稿寄回。再由值東者或總幹事轉請詞宗評定甲乙。偶爾也沒請詞宗評選，詩成後，社員間彼此傳觀，共同品評為樂。

例：昭和 5 年 11 月 27 日，值東余錫瓊邀請社友開會內容：

「啟者：茲本月 29 日午後二時起開土曜吟會於關西青年會俱樂部內屆期

祈撥忙臨會是幸

即請文安

不一拜吟友各位〔註25〕

十一月二十七日　　余錫瓊」

關西位於新竹縣之東北，三面環山，鳳山溪及其支流流經，青山綠水環抱，東以錦山、鳥嘴山與尖石鄉為鄰、西以老焿寮與新埔鎮為鄰、南以玉山、三重坑與橫山鄉為鄰、北以東平、南坑與龍潭鄉為鄰。西面為帶狀平地，三面連峰，多為丘陵起伏之山坡地，山明水秀、風景怡人。

圖 3-3-4　關西行政區域圖

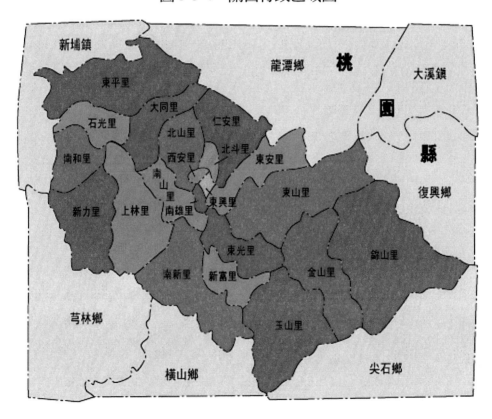

資料來源：關西鎮公所

關西原名「美里庄」，乾隆58年（1793）由泉州人陳智仁（墾號連際盛），在南門崁下及河背（今之南山里）開墾時，將此一帶命名為美里庄。翌年，

〔註25〕陶社關西支部，昭和年間手抄本，無頁碼，徐玉鏡提供。

連際盛放棄墾權，由衛阿貴掌管續墾，衛氏改美里庄為新興庄。衛阿貴歿後，其後嗣衛壽宗在道光 30 年（1850）開墾告竣，改新興庄為鹹菜甕，後書為啣彩鳳、鹹菜硼、咸菜硼或彩鳳等名。清乾隆年間，客家先民由廣東海豐、陸豐等地陸續入墾，當地居民以客家族群為主。

茲舉創建於清嘉慶年間，具悠久歷史之關西太和宮（又稱為三界廟，主祀三官大帝），廟內石柱雕刻有陶社許多先賢之對聯。

圖 3-3-5　關西太和宮

筆者攝

如：正殿棟對以「太和」為聯首，黃朱興撰、林潤木（庄役場書記）書篆：

太陽絢彩照周天喜覲河山壯麗浩蕩神恩廣佈三千界；

和氣呈祥普滿地欣覯社稷安寧巍峨帝德宏施十大莊。

正殿神龕前楹聯也以「太和」為聯首，為徐開祿撰、羅享錦書篆：

太極肇啟陰陽悉屬天地水官首先燮理；

和氣流行化育端資一二三品次第贊參。

筆者實地抄錄太和宮對聯，發現由黃德洋撰寫之左殿及右殿對聯有錯置現象，如下：

左殿外側對聯誤植為：「三界神通自爾三時不害；贊化調元正氣塞乎天地。」〔註26〕

應修正為：「贊化調元正氣塞乎天地；伏魔蕩寇精神炳若日星。」

右殿外側對聯誤植為：「伏魔蕩寇精神炳若日星；五行氣運應教五福俱全。」

應修正為：「三界神通自爾三時不害；五行氣運應教五福俱全。」

圖 3-3-6　太和宮左殿對聯

筆者攝

左殿內側對聯由陳旺回撰：

「龍在正中東象旗崙西虎嶂；地鍾靈秀南河帶水北山屏。」

此聯對是描寫關西太和宮之風水，民間稱為「龍廟」，寺廟之正中是龍穴，東向東山里有旗崙山丘、西向大同里有老虎山做嶂；南有牛欄河銜接鳳山溪呈玉帶狀，北邊（廟後方有竹頭排）為屏。

〔註26〕　筆者按：若上聯是「三界神通自爾三時不害」，下聯必須接「五行氣運應教五福俱全」，此聯為數字對，三界對五行、三時不害對五福俱全。「贊化調元正氣塞乎天地」，應為上聯，下聯為「伏魔蕩寇精神炳若日星」，故位置須調整。

圖 3-3-7　太和宮右殿對聯

筆者攝

右殿內側對聯亦為陳旺回所撰，述寫關西歷史沿革，足資可稽：

「德遍村莊曾記復興歌美里；榮膺詔誥且啣彩鳳賚關西」

民國 53 年（1964）7 月，陶社以「關西八景」為課題，由社員譜下雋永之詩篇，此八景為：「帽盒翔蝙」、「馬武連峰」、「潮音聽鐘」、「南橋踏月」、「文祠遠眺」、「天峰曉望」、「彩鳳啣書」、「澄潭垂釣」，從陶社詩人寄喻深刻之情感與幽淡自然之文字中，將旖旎明媚的山川美景躍於紙上，留下極具價值之文化資產。

1、「帽盒翔蝙」——關西鎮錦山里帽盒山下之一個鐘乳石灰岩洞，洞內曲徑互通，幽深莫測，早年此處人煙稀少，每到黃昏，蝙蝠群出滿天飛舞，與嵐光夕照掩映，蔚為奇觀，因而有「帽盒翔蝙」之譽。

〈帽盒翔蝙〉　沈梅岩

　　山名帽盒水澄明，鐘乳低垂伏翼生，

　　譚說希夷欹枕臥，曾傳張果跨驢行；

　　清谿倒掛仙芝影，古洞飛騰肉翅聲，

試待黃昏時賞識，定如天女散花迎。〔註27〕

2、「馬武連峰」——馬武督位於關西鎮之東南。馬武督地帶高山連峰屹立，有六畜山、鳥嘴山、帽盒山及赤柯山等，遠近峰岫疊翠，飄渺之煙雲變幻萬狀，似畫中繚繞之仙境，給人以自然清新、物我相融之奇特意境。

〈馬武連峰〉　魏雲欽

　　閒來東望數層巔，遠近高低各自連，

　　至嶺岩岩朝鳳嘴，金山岌岌搭牛肩；

　　檔耙〔註28〕霧靄三冬足，帽盒雲浮五色鮮，

　　次第奇峰皆突出，青蒼翠錦繼年年。〔註29〕

3、「潮音聽鐘」——潮音寺創立於大正2年（1913），後改為泰國式之佛教廟宇，位處鳳山溪與牛欄河兩流域交會處，群山環抱，山明水秀，早晚鐘聲清脆悠揚，並遠傳於數里之外，當地遠離塵囂，聽鐘聲讓人心靈沈澱，鐘聲一響萬念空，煩惱去無蹤。

〈潮音聽鐘〉　余子華

　　潮音精舍緻偏幽，淨界疏鐘避俗流，

　　斷續韻遲迴隔岸，悠揚響轉遠高樓；

　　漫漫夜冷蒲牢吼，翦翦更寒意馬留，

　　一百八聲如木鐸，迷途幾個識回頭。〔註30〕

4、「南橋踏月」——南橋，指的是今之東安橋，古名為「彩鳳橋」，橫跨在牛欄河上，青山、綠水、藍天、白雲互相輝映。為五孔石砌拱橋，造型兼具結構與美學，石砌作工細緻，橋拱線條優美，具典雅氣質，為全臺少數仿日本皇宮五拱橋狀之橋樑。

〈南橋踏月〉　羅南溪

　　南橋高掛鳳溪頭，鬱翠峰巒蘸碧流，

　　激灧玉波搖鬥宿，潺淙琴韻和漁謳；

　　蟾光倒映紋千疊，虹影橫拖水一漚，

　　紀好月明三五夜，行吟鼇背步悠悠。〔註31〕

〔註27〕林柏燕選註，《陶社詩集・關西八景詩》，新竹：新竹縣文化局，2001，頁16。
〔註28〕檔耙（盪耙），山名，形若稻埕曬穀之檔耙而得名。又稱蕩跋山，高350公尺。
〔註29〕林柏燕選註，《陶社詩集・關西八景詩》，新竹：新竹縣文化局，2001，頁16。
〔註30〕林柏燕選註，《陶社詩集・關西八景詩》，新竹：新竹縣文化局，2001，頁17。

5、「文祠遠眺」──文昌祠創建於清光緒元年（1875），供奉文昌帝君、至聖先師、倉頡仙師、魁鬥星君、朱衣星君和關聖帝君。祠旁左前有六角形之惜字塔一座，額曰：「蒼聖遺蹟」。聯文「寅賓留聖蹟，丙舍啓文風」。文昌祠建在鳳山溪北高地上，在二樓擁有遼闊之視野，可以登高遠眺南嶽馬武群山環繞，煙霧瀰漫，虛無飄渺；近看溪流曲折綠波蕩漾，田園風光、綠草老樹、景色如畫，恍若置身人間仙境。

〈文祠遠眺〉　余鳴皋

　　崔嵬魯殿鎮中央，至正莊嚴萬仞牆，

　　橫漢文峰擎五指，排空筆架列高崗；

　　迎曦彩鳳明書案，印月澄潭映玉堂，

　　八景名標留聖蹟，山合並固發祥光。〔註32〕

6、「天峰曉望」──並無特定之山峰。關西此地環顧四望，山巒疊翠、峰峰相連，茂林修竹、青山綠水，一年四季風情萬種，騷人墨客觀此美景，免不了詩興大發，大筆揮灑詩文。若要指定山峰，可牽強賦以「遙望鳥嘴山」。〔註33〕關西鳥嘴山，位於新竹縣關西鎮、尖石鄉與桃園縣復興鄉之交界點上，海拔1350公尺，山頂處有大石壁，無樹木遮蔽，由於位在石門水庫上方，因此，可俯瞰石門水庫全景，也可以飽覽關西、龍潭、大溪之景色，視野極佳。

〈天峰曉望〉　徐修鏡

　　千霄矗矗屹崇巔，忠門斜低欲曙天，

　　俯瞰鳳溪衣帶水，遙觀鳥嘴織絨氈，

　　疏星影點千松秀，殘月光分萬井煙，

　　一幅儼然人入畫，是真世外地行仙。〔註34〕

7、「彩鳳啣書」──關西鳥嘴山上終年雲霧繚繞，形狀像一隻彩鳳，以鳳嘴啣書遠颺。觀照《奇門遁甲‧煙波釣叟賦》：中「神龍負圖出洛水，彩鳳

〔註31〕同上註。

〔註32〕林柏燕選註，《陶社詩集‧關西八景詩》，新竹：新竹縣文化局，2001，頁18。

〔註33〕新竹地區有三座鳥嘴山，一座在五峰鄉，一座在尖石鄉，一座在關西鎮，尖石的鳥嘴山因靠內陸，所以稱「內鳥嘴山」；而關西因靠山巒外側近海，所以叫「外鳥嘴山」。

〔註34〕林柏燕選註，《陶社詩集‧關西八景詩》，新竹：新竹縣文化局，2001，頁18。

銜書碧雲裡」，隱喻關西文風鼎盛，地靈人傑，菁莪蔚起，俊彥代出。

〈彩鳳啣書〉　陳昌宏

屹立奇峰彩鳳如，宛然鳥啄遠啣書，

迎眸削壁尋幽徑。昂首穿雲接太虛；

馬武崗頭排玉笋，牛兼嶺下疊瓊琚，

天公點綴人文美，兆應關西發軔初。〔註35〕

8、「澄潭垂釣」──澄潭，指的是鹿角潭，位於南華橋畔，鳳山溪下游，溪水凝成碧綠澄潭，此地風景秀麗，水波漾碧，魚兒成群，農業時代暇餘於此垂釣，雅緻如神仙，頗有「披林聽鳥、臨水觀魚」之意境。今已填平無存。

〈澄潭垂釣〉　黃朱興

南華橋畔景清幽，鷺宿澄潭樂自由，

香餌一鉤隨水蕩，繼綸百尺任波流；

岸垂楊柳金鱗唼，竿閃蘆花白浪浮；

此地嚴灘同比擬，得魚情趣傲王侯。〔註36〕

（二）擊鉢吟詠

所謂擊鉢吟，源於南朝梁蕭文琰擊銅鉢立韻為詩，音滅詩成之故事。《南史·王僧孺傳》：「蕭文琰，蘭陵人。丘令楷，吳興人。江洪，濟陽人。竟陵王子良嘗夜集學士，刻燭為詩，四韻者則刻一寸，以此為率。文琰曰：『頓燒一寸燭，而成四韻詩，何難之有！』乃與令楷、江洪等共打銅鉢立韻，響滅則詩成，皆可觀覽。」〔註37〕可見擊鉢吟創作有「鬥捷」、「騁妍」之特點，務必要在一定時間內，完成佳作，較量切磋之意味濃厚。

「陶社」例會時除課題詩外也定期或不定期舉辦擊鉢吟，集會敲韻。拈題之後，限時為詩，從昭和年間之手抄本，隨機可見陶社同仁擊鉢競賽，各逞才思，憑添許多生活花絮與文雅之趣。

例：「餘興一則」記載：

「值東景澄柬邀同人擊鉢於太和宮，同人類聚時，而梅岩臨時變卦，以為文昌祠風景天然，足增吾人詩料，且予蒞任後久思崇拜文

〔註35〕林柏燕選註，《陶社詩集·關西八景詩》，新竹：新竹縣文化局，2001，頁19。

〔註36〕林柏燕選註，《陶社詩集·關西八景詩》，新竹：新竹縣文化局，2001，頁19。

〔註37〕陸尊梧、李志江、白維國等編，《古代詩詞典故辭典》，天津：天津人民出版社，1992，頁470。

聖，值此良機，足遂平生之願，同人以爲如何？」子春曰：『然，沈君之名案誰曰不宜，所歎者禪門迫近一時。鉢聲與鐘聲齊鬧，詩聲與經聲競唱，誠恐山僧月下難定推敲，未免同人苦煞。』梅岩曰：『有此名僧，何阻吾興。』決意鶯遷擊鉢場，……以是移轉於文昌祠。頃間題就，各自凝思，而鐘聲鏗鏘、經聲喃呢。梅岩斯時心爲之轉神、爲之動，急欲得佳句，竟作無聊之狀，躑躅於庭階，口自咿唔、足步斜曛，比之高僧，……。乃吟絕句書之於壁，強邀同人步和〔註38〕。子春以爲和之不如改之爲妙，即提筆亂改一番，梅岩見而哂之，須臾曰：「陳君改之固妙，請和之如何？」而子春乃再和一章，……同人共喜此回之盛會耳。」〔註39〕

梅岩詩曰：

攜手閒遊戲鬥文，禪門何事踏斜曛，

鐘聲嘹喨詩聲寂，才盡江郎我笑君。

子春一唱改詩曰：

枉改詩爲戲鬥文，沈郎知否日將曛，

經聲果鬧詩聲寂，塞耳無棉我笑君。

子春二唱和詩曰：

吁噓一笑便成文，喜會文祠賞夕曛，

從此鉢聲催後啓，大儒風度總推君。

值東景澄詩曰：

盛稱文廟可論文，誰料禪鐘鬧夕曛，

如此誦聲聲喨處，吟心撩亂總因君。

觀此餘興一則，沈梅岩詩成，陳子春先改之再和之，誠不易也。連橫，《雅堂文集》云：「七絕最難下筆，又最難工。寥寥二十八字，有意有神，有調有韻，而後可入管弦，供之吟詠，非易事也。」〔註40〕「和韻詩」，必須依照原詩之韻字去和詩，透過文字之限制與技巧，這類詩體確實有點難度，卻也是詩人生活趣味之所在。

〔註38〕所謂「和」，指就前人之題意另作新詩，而詩意需與原詩相關（韻腳與原作同韻，詩體相同爲宜，原作七絕，和作亦七絕。）

〔註39〕陶社關西支部，昭和年間手抄本，無頁碼，徐玉鏡提供。

〔註40〕連橫，《雅堂文集·卷四·詩薈餘墨》，臺北：文海出版社有限公司印行，1973，頁263。

　　雖然臺灣文壇對於擊鉢活動所產生之詩作，一直存在兩種極端之看法，或謂擊鉢催詩毫無性靈，過於追求形式、技巧，脫離現實，最終墮入文字遊戲之末路；或謂擊鉢催詩雖受諸多限制但無礙創作，乃養成和磨練文筆之絕佳方式。然而，不論是流於遊戲或磨練文筆，從陶社文壇前輩所留下之擊鉢詩，即可印證臺灣傳統文學興盛之時代，陶社先賢默默地為臺灣歷史背景留下極具獨特且輝煌之文學軌跡。

　　例：昭和6年12月20日「餘墨」一則記載道：

　　　「十二月二十日，值東玉書邀集同人開擊鉢吟會於陶園樓上，由雁賓擬「村夫」為題，七律覃韻定之，經左右詞宗選定甲乙，當發表時，左元則有大憨之詞，右元則有笨伯之句。子春笑曰：『奇哉！奇哉！狀元竟被憨夫笨伯所中矣！』同人聞之，不禁一笑，再細查之，笨伯似非真笨、憨夫卻是太憨。子春乃戲質詞宗曰：『如此憨人，爾何以付與桂折乎？』雁賓笑曰：『詞宗憨、作者憨，正合吾意耳！』如是，眾皆拍掌，闊堂演出一場喜劇矣！雁賓又曰：『諸君且莫笑，我更有好句，請待一時。』須臾得兩絕句示之同人，同人更加捧腹。步戩曰：『爾好句不過我好句耳。』及提筆和之，同人一見乃齊聲曰：『妙哉！妙哉！和之！和之！眾皆和之！』如是，愈出愈憨，誰知一字憨化作滿堂憨、大憨、小憨、爾憨、我憨，無不笑談，快哉！快哉！」〔註41〕

　　茲將「村夫」擊鉢作品及戲謔「和詩」摘錄於後：左詞宗吳雁賓、右詞宗葉步戩。

〈村夫〉左一右避　太憨生〔註42〕

　　一丁不識竟無慚，翻笑漁夫性太憨，

　　老少豈知分上下，主賓哪會進東南；

　　對聯倒貼誇鄉裡，側帽何拘禮佛龕，

　　這輩天真真本色，勝他勢利客貪婪。〔註43〕

〈村夫〉左九右一　沈梅岩

　　一生野趣理桑蠶，謔笑莫從世味諳，

〔註41〕陶社關西支部，昭和年間手抄本，無頁碼，徐玉鏡提供。
〔註42〕太憨生即為葉步戩。
〔註43〕陶社關西支部，昭和年間手抄本，無頁碼，徐玉鏡提供。

> 質樸卻無浮氣露，心輕那有駁機含；
> 手栽古木垂楊五〔註44〕，日伴煙鋤雨笠三〔註45〕，
> 誰道鄉村多笨伯，須知英雋出山嵐。〔註46〕

〈戲作〉　吳雁賓

> 有眼如盲選大憨，令人笑倒起無憖，
> 詞宗聲價因斯墜，難怪諸君捧腹談。〔註47〕

〈戲和〉　葉步戡

> 左也憨來右也憨，許多笑話總無憖，
> 祇愁笨伯售難了，故藉郵傳到處談。〔註48〕

〈戲和〉　沈梅岩

> 知否詩人屬太憨，書獃風味又何憖，
> 只因不把癡獃賣，留得癡獃作美談。〔註59〕

〈讀社友戲詠諸作書後〉　陳子春

> 比到村夫俗子憨，琤琤矯矯話奇談，
> 太憨笨伯擄元物，賣出騷壇湊一擔。〔註50〕

　　從上述陶社擊鉢集會活動，詩人真感情，真性靈之流露一覽無遺。歷史場景，剎時活靈活現，有如目睹其人、如臨其境之感。詩人字裡行間「純」、「真」與「自然」之作品，實爲珍貴文化資產。

（三）全國徵詩

　　陶社向全國徵詩活動，最早可推至昭和2年（1927）8月，因當年「彩鳳橋」建造完成時，關西陶社曾向全臺徵詩，允爲一時之盛。彩鳳橋橫跨牛欄河上，是關西街之中樞地帶，橋樑爲五孔石造拱橋，典雅壯觀，全臺少見，爲關西八景之一〔註51〕。這座彩鳳橋原本只是一座木造便橋，每當山洪爆發

〔註44〕此用典乃引喻，元末明初，葉顒（ㄩㄥˊ）〈題王秉彝樂善堂〉，「庭種三古槐，門栽五垂楊。」
〔註45〕此用典乃引喻，宋，陸遊《溪上小雨》詩：「掃空紫陌紅塵夢，收得煙簑雨笠身。」
〔註46〕陶社關西支部，昭和年間手抄本，無頁碼，徐玉鏡提供。
〔註47〕同上註。
〔註48〕同註47。
〔註59〕同註47。
〔註50〕同註47。
〔註51〕黃國憲，關西鎮志（稿本），新竹：關西鎮公所，2000，239頁。吳家勳提供。

時便被沖毀，交通也隨之中斷。地方人士因而倡議建橋，由當地仕紳聘請日本技師設計，再雇工至錦山地區採集著名之方解石，由當地知名之石匠李鎮帶隊砌築。完工後之彩鳳橋，為一座五孔拱形石橋，造型十分優美，每一塊橋石各有不同色澤、紋理。

後來，因為橋面狹窄，且橋齡已高，新竹縣政府於 90 年 2 月 16 日，因民眾及教授李乾朗之陳情要求，指出東安橋為一座五孔石拱橋，造型優美為全臺僅見，極具保存價值，經古蹟專家及民眾反映，建議由縣府指定為古蹟，是以進行縣定古蹟指定作業。於是在拓寬四號道路時，為維持牛欄河整體景觀及保存古蹟之考量，不拆除東安橋而以獨立興建單跨孔新東安橋，達到拓寬橋面之目的。〔註 52〕於是傍著老橋在另一邊建了同樣五拱的新橋面，增加了一個車道。從下游那一邊往上游看是舊橋，另一邊則是新橋，兩者造型皆美。〔註 53〕新舊橋緊鄰著像連體嬰似的並列，從橋墩不同建築樣式，即可以看出端倪。

圖 3-3-8　木造彩鳳橋

〔註 52〕同上註。
〔註 53〕新竹縣文化局全球資訊網——文化資產／縣內法定文化資產，http://www.hchcc.gov.tw/ch/10other/rss12.asp。檢索日期 2014 ／ 8 ／ 12。

圖 3-3-9 　五孔石造彩鳳拱橋

資料來源：羅慶士提供，筆者翻拍

　　昭和 2 年，陶社向全臺詩人發佈徵詩啓事，詩題爲〈彩鳳橋〉，七絕不限韻，交卷期限於昭和 2 年 8 月 25 日截收。交卷地方爲：新竹郡關西庄關西陳旺回收。十名內均有薄贈，賞品由羅碧玉、陳俊玖寄附。陳俊玖曾爲新竹郡役所關西庄庄長。〔註54〕下爲「彩鳳橋徵詩啓事」：

　　　　「彩鳳橋，關西八景之一也，橋成於昭和二年春，庄當局頗費
　　　心經營之。關西舊名啣彩鳳，故以名焉。蓋橋跨牛欄河之流域，路
　　　通馬武督赤柯山一帶之新墾地。⋯⋯，丁卯六月，陶社諸友仿修禊
　　　事於咸陽，一時冠裳薈萃，諸名士畢集焉。坐曲水以流觴，登斯橋
　　　而攬勝，憑欄四望，好景如繪。⋯⋯，覺東之石古隆然者，⋯⋯。
　　　迤西一若伸腰欲起者，⋯⋯。中有若玉筆凌霄者，⋯⋯。南之隱隱
　　　欲出，⋯⋯。北之萬松繡嶺，鬱鬱蒼蒼，掩映巍樓傑閣者，是即關
　　　西之街衢也。而橋即踞街之南端，遠望之若彩鳳之啣書，而橋之名
　　　益以顯焉。⋯⋯，然斯橋以遊目騁懷，覺四時之風景，無一不佳，
　　　快矣哉。如臨灞岸，如依臨江，雖然橋之濟眾，固人人所知，而橋

〔註54〕《臺灣總督府職員錄系統》，昭和八年，1933，頁 386。http://who.ith.sinica.
edu.tw/s2s.action?v=1933。檢索日期 2014 ／ 8 ／ 12。

之勝景，非藉文人筆之歌，墨之舞，又烏足以傳哉。今欲傳斯橋，
爰徵題詠，所願騷人墨客，不吝咳玉唾珠，藻繪而宣揚之。如是斯
橋之形勝，將與此大好江山，同垂不朽矣！」〔註55〕

　　此徵詩啓示發佈後，吸引全臺詩人爭相投稿，共有 600 多件文稿，並遴
聘鹿港著名文人陳沁園〔註56〕擔任詞宗。第一名爲藍華峰、第二名爲葉文樞，
例舉其等背景簡介與得獎作品。

〈彩鳳橋〉　　新埔藍華峰

　　暮煙一道碧溪橫，此地橋傳彩鳳名，

　　何必朱冠丹羽見，山川絡繹象文明。〔註57〕

　　藍華峰，前清新竹縣臺北府醫學部畢，前清臺灣巡撫府醫科畢，光緒 18
年（1892），考取生員。經歷：新埔庄協議會員，開業漢醫師等。明治 30 年
（1897），臺灣總督授紳章，大正 12 年（1923），日本皇太子殿下來臺灣行
啓時，在新竹小學校講堂以臺灣之現況爲題，做御前演講〔註58〕。爲新埔大
新吟社社長。

〈彩鳳橋〉　　新竹葉文樞

　　象棋老虎列西東，特象牛欄跨彩虹，

　　百獸儼然齊率舞，來儀一鳳峙波中。〔註59〕

　　葉文樞（1876～1944），名際唐，號文樞，光緒 2 年（1876），出生於竹
塹北門，乙未割臺後，舉家遷回同安祖籍。宣統年間，參加泉州府試，取中
秀才。民國成立初年進高等師範，學成後受聘爲集美中學國文教師，未幾辭
退，轉入鼓浪嶼，受聘爲南洋僑眷教庭教師，不久以華僑身份來臺教讀，是
著名詩人及教育家。竹社每有雅會，常推其評定甲乙。昭和 4 年（1929），應
門下弟子之請，教導學詩，組成「讀我書社」，宜蘭頭圍盧瓚祥自東京回臺，
禮聘前往頭圍，擔任家庭教師，虛心請益。並指導登瀛吟社擴展詩文活動，

〔註55〕林柏燕輯註，《大新吟社詩集》，新竹：新竹縣文化局，2000 年，頁 22。

〔註56〕陳懷澄（1877～1940）字槐庭，又字水心，號沁園，別署虞泉。彰化鹿港
　　　　人，善音律及小楷，精詩詞，曾任鹿港街長，著有《沁園詩草》、《沁園詩
　　　　存》。

〔註57〕林柏燕輯註，《大新吟社詩集》，新竹：新竹縣文化局，2000 年，頁 23。

〔註58〕1、連雅堂主編，《人文薈萃》，臺北市：遠藤寫眞館，1921，頁 188。2、鷹取
　　　　田一郎編，《臺灣列紳傳》，臺北：臺灣總督府，1916，頁 141。

〔註59〕同註57。

被尊爲漢學泰斗。昭和 6 年（1931），再回新竹任教。中日戰爭爆發後，日本在臺積極推展皇民化運動，嚴格取締私塾，禁止教讀漢文，葉文樞以華僑身份，備受囑目，後得盧瓚祥協助，獲准返回故里，卒於民國 33 年（1944），享年六十九歲。〔註60〕

「東安橋」舊名「彩鳳橋」，這說法曾經引起極大之爭議，筆者訪談多數耆老認爲「彩鳳橋」已不存在；有人認爲「彩鳳橋」，就是今之「咸菜硼橋」；也有人認爲「彩鳳橋」在通往石光、老虎山（即聖母峰）、北二高橋下；還有一種說法，認爲民國 37 年（1948），建造之三孔圓形糯米拱橋「東光橋」，是當年「彩鳳橋」拆卸之石材，運來此地興建的，東光橋是高平八股及十股地區產業開發之重要橋樑，早年從檔耙山下開採煤礦及農產品之運輸，都要經過此橋。〔註61〕但作家林柏燕在一篇「彩鳳橋就是東安橋」之文中，對於彩鳳橋與東安橋之關係做了很多考證，「咸菜硼橋」位於牛欄河之最北，此爲當年之渡船頭，橋長不及三十公尺，橋墩不高，水不深，且建造粗陋，林柏燕懷疑當年之詩人，怎會對一座其貌不揚連「景」都談不上之短橋向全臺徵詩？他認爲祇有典雅壯觀之「東安橋」才符合題旨。主要是引用陳旺回於彩鳳橋完工後所發起之「彩鳳橋徵詩」啓事之內容，啓事中對彩鳳橋之所在地、背景及造型進行推論。序文云：「橋成於昭和二年春」，東安橋位居要衝，應是關西最早之橋。序文又云：「路通馬武督赤柯山一帶」。從東安橋，可抵馬武督、赤柯山（玉山），但咸菜硼橋是通往龍潭，一南一北，咸菜硼橋之方向不對。序文有一段：「北之萬松繡嶺，……，是即關西之街衢也。」又云：「橋即距街之南端」，也就是說，「彩鳳橋」在關西街之南，即今之「東安橋」。林柏燕又引陳旺回詩：「憑欄誰識舊山河」佐證，這座橋有欄，而咸菜硼橋無欄，用以證明東安橋就是彩鳳橋。戰後，因彩鳳橋位於東安里，因而改名爲東安橋。〔註62〕

民國 89 年（2000），關西鎮公所規劃四號計劃道路拓寬工程，與內政部維護東安古橋古蹟政策發生衝突，縣府與鎮公所召開替代方案研商會議。當

〔註60〕新竹市文化局，人物誌，http://www.hcccb.gov.tw/chinese/05tour/tour_f02.asp? titleId=224。檢索日期 2014/8/12。

〔註61〕客家委員會臺灣客庄文化資產普查資料庫，http://archives.hakka.gov.tw/。檢索日期 2014/10/16。

〔註62〕林柏燕輯註，《大新吟社詩集》，新竹：新竹縣文化局，2000 年，頁 529～531。

時文史工作者與學者基於古橋是關西人共同之記憶，希望能完整保留。然而東山里與東安里之居民多數主張拓寬東安橋。經過幾番來回折衝與討論之下，採新舊橋並存，在東安橋北側又加蓋了一座仿古拱橋，舊橋之橋面與欄杆也重新擴建。東安橋之情況，就是採取在北側又加蓋了一座仿古拱橋，但舊橋之橋面與欄杆已經完全改建，橋樑之橋墩底部爲混凝土材料，橋墩上部爲石砌之石拱，僅剩下部份橋墩是原始面貌。東安橋砌工精細，橋之圓弧拱形比例優美，獨具典雅，是全臺少數仿日本宮廷橋樑興建而至今仍保存完好者。東安橋擴建完成，陶社徐慶松賦詩祝賀，詩曰：

〈慶祝東安橋擴建完成紀念〉　徐慶松

疑是長虹下碧霄，東安北斗架高超，

祖龍鞭石渾無跡，司馬題詩認昔朝；

憑欄遠眺牛肩翠，拄杖微聞綠柳飆，

拓建層高資利賈，石橋彩鳳筆難描。〔註63〕

圖 3-3-10　改建後之東安橋，橋面與橋下之綺麗風光

〔註63〕《徐慶松全集》，關西徐慶松：自刊本，1999 初版，2011 再版，頁 95。徐玉鏡提供。

筆者攝

　　昭和年間，陶社徵詩乃由值東社員負責，主催各地社員，限期繳卷，抄錄呈詞宗評選，函寄社員，寄發贈品等事宜。如：昭和 8 年 1 月 1 日，陶社第二期徵詩，徵詩啟事，如文：

　　「前回陳其五氏所徵『牡丹』七律詩，荷蒙各界多惠珠玉，謝謝！
　　共得詩貳百九拾五首，十二月廿三日抄完即呈詞宗邱筱園先生評
　　選。又本期徵詩事項如左：
　　一、詩題：問梅。
　　二、體韻：七律不拘韻。
　　三、詞宗：沈梅岩先生。
　　四、交卷期：正月二十五日（新曆）。
　　五、交卷處：新竹郡關西庄關西東成公司炭鑛事務所內陳其五
　　　　氏處。
　　六、發表期：二月中旬（新曆）。
　　七、贈品：十名內均有薄贈，又三十名內各呈詩冊一冊，皆由
　　　　張意發氏呈上。」〔註64〕

───────────────────
〔註64〕《詩報》，昭和 8 年 1 月 1 日，第五十號，第一版。

又如：昭和 8 年 2 月 15 日，陶社第三期徵詩，徵詩啓事，如文：

「一、詩題：莫須有。

二、體韻：七律不拘韻。

三、詞宗：未定。

四、期限：新二月二十日止收。

五、交卷：新竹郡關西莊關西東成公司炭礦事務所內陳其五
收。

六、贈品：十名內均有薄贈，又三十名內各呈詩冊一冊，皆由
陳鏡清氏呈上。」〔註65〕

民國 60 年左右，陶社總幹事徐家祥籌劃維新社務，臨機一轉，想到《詩
經‧小雅‧鶴鳴》篇中：「他山之石，可以爲錯。」〔註66〕於是，由不定期向
全臺徵詩方式改以常態性向全臺徵詩活動來推行社務，廣邀全臺詩豪、詩傑
共同扢揚風雅。舉凡擬題、徵稿、印刷，寄件……等大小瑣事一肩挑，任勞
任怨，詩運蔚然，盛況空前。

陶社歷年來詞宗，除內聘邱筱園、陳子春、葉步蟾、沈梅岩、羅享彩、
魏雲欽、劉汶清、黃香模、黃燭環、游金華、徐慶松等之外，更外聘馬亦飛、
曾笑雲、蔡秋金、黃祉齋、賴祿水、張達修、傅秋鏽等飲譽臺灣詩壇領袖人
物。參與陶社徵詩之成員來自臺北、桃園、中壢、竹南、苗栗、豐原、草屯、
彰化、嘉義、臺南、高雄、屏東、蘇澳、臺東等，遍佈全臺各地詩友。由此
可見，陶社不只採取向內凝聚之方式，也和友社共享資源，相互切磋文藝。
促使全臺詩人踴躍投入，壯大陶社聲勢，造就陶社突破地域性之特色，更達
到傳統文學延續之命脈。

（四）友社聯吟

聯吟活動指詩社與詩社間跨區域之聯合組織，陶社除了本社社員間之例
會外，也常與其他地方詩社互動往來，結合友社舉行聯吟集會，吟哦賦詩，
以文會友。陶社除了與新埔「大新吟社」、湖口「同光吟社」，楊梅「昭和吟
社」，中壢「以文吟社」等客家傳統詩社，經常舉辦聯吟，互動密切外，也與
閩南詩社切磋詩學。茲舉數則陶社與地方詩社聯吟活動爲例：

〔註65〕《詩報》，昭和 8 年 2 月 15 日，第五十三號，第一版。
〔註66〕喻指他人的做法或意見能夠幫助自己改正錯誤、缺點或提供借鑒。

1、陶社主辦新竹州五社聯吟活動：

新竹州五社春秋二季聯吟大會，五大詩社分別是桃園吟社、崁津吟社、以文吟社、東興吟社與陶社。昭和 5 年（1930）3 月 30 日，輪值由陶社主辦，地點是在龍潭公學校（今龍潭國民小學）舉辦，這五社聯吟應是陶社日治時期所辦的最大型活動。詩題首唱爲「枯花雨」、次唱詩題爲「春泥」。首唱詞宗簡楫、吳少青；次唱詞宗呂傳琪、鄭香圃。首唱左右元筱園、盛文；次唱左右元永南、少帆〔註67〕。五社聯吟活動源起昭和 3 年（1928）11 月 14 日，桃園吟社邀集新竹州五社成員共同舉行發會式於桃園公會堂，之後該五社春秋兩季輪值辦理聯吟。五社聯吟是跨越族群之活動，持續至昭和 10 年（1935）才停止〔註68〕。例：昭和 9 年，五社聯吟以「重陽雅集」爲題，左詞宗爲鄭永南，右詞宗爲朱傳明，邱筱園獲左詞宗鄭永南評選爲第一名。其詩曰：

〈重陽雅集〉　　邱筱園

一樣南皮誇勝事，關西雅會啓重陽，

鬥城此日無風雨，史筆如春有雪霜；

老友相逢驚鬢白，伊人在望憶葭蒼，

斯文未喪吾還健，擷藻同欣醉菊觴。〔註69〕

由邱筱園詩句中「關西雅會啓重陽」，乃緣於同年 10 月 17 日，陶社擊鉢月例會，開於陳子春陶然樓上，是日，適逢桃園吟社鄭永南（墨禪）載筆來遊，又有楊梅鄭步青、新埔林孔昭等參與，詩題首唱：「小重陽陶樓雅集」，吟宴席上眾詩家吟興勃勃，竝乞鄭永南席上揮毫，以添雅興，至鐘鳴十下始散。事後，鄭永南（墨禪）以兩首「陶社擊鉢吟席上賦呈諸君子」七律答謝，陶社眾詩家及來賓大新吟社林孔昭也紛紛步韻以和之。

鄭永南（墨禪）〈陶社擊鉢吟席上賦呈諸君子〉之一，詩曰：

我來恰似展重陽，一筆題糕隔日忙，

〔註67〕《臺灣日日新報》，昭和 5 年（1930）4 月 2 日，第四版。桃園吟社社長簡楫（號若川）、以文吟社社長吳榮棣（字少青）、崁津吟社社長呂傳琪（釣璜）、新竹青蓮吟社社長鄭香圃（戶籍名水寶，譜名建水，字清渠，號梅癡（山人）、又號醉白）。筱園（邱世濬），盛文（梁盛文、號耐園）；永南（鄭永南、號墨禪）、少帆（桃園吟社吳長旺）。

〔註68〕昭和 10 年後已不復見此類詩會，許是中日戰爭已現端倪，詩社活動力減弱之故。

〔註69〕《詩報》，昭和 10 年 11 月 18 日，第 117 號，第六版。

擊鉢樽開陶社酒，催詩雨灑墨禪囊；

聯吟愛切如兄弟，赴會情欣訂鶯鴦，

昨爲瀟瀟遊興減，卻教今夕一齊償。

主人陳子春敬和瑤韻，詩曰：

會小重陽恰正陽，揮毫盡日不辭忙，

鄭虔筆勁遺三絕，毛遂錐鋒脫一囊；

名重瓊樓誇吐鳳，書傳帶草起飛鴦，

蓬蘆有幸留賢駕，德教親聆願始償。

來賓大新吟社林孔昭亦奉和之，詩曰：

昨日重陽又夕陽，鈎心鬥角爲誰忙，

人因陶社扶輪事，我到詩家飽飯囊；

滿座文章輝鬥炳，半溪秋水戲鶯鴦，

追倍末席沾明德，一夜都教十倍償。〔註70〕

　　由上述主、賓、客三人之對應詩作，可描繪昔日透過文字呈現傳統詩人聯吟盛況。

2、與竹北來儀吟社擊鉢聯吟活動

　　「來儀吟社」，昭和6年（1931），由曾秋濤創立於新竹縣鳳崗（今之竹北市），取「鳳凰來儀」之意，重要成員有葉文樞、曾東農、周伯達、郭茂松等。昭和12年開春，新竹曾東農等人，將來儀吟社改組爲鋤社〔註71〕。

　　昭和10年，陶社與竹北來儀吟社舉辦擊鉢聯吟活動，是閩、客族群融洽的最佳寫照，彼此競作，切磋詩藝。鐘題爲〈花月酒〉，碎錦格〔註72〕，左詞宗爲郭景澄、右詞宗爲陳蒼髯。茲錄左右元之作：

〈花月酒〉左一右十四　筱園

　　酒客風前書帶草，美人月下貌如花。〔註73〕

〈花月酒〉右一左三　濟卿

　　弄月吟風花赤豹，賦詩醉酒李青蓮。〔註74〕

〔註70〕《詩報》，昭和9年11月1日，第92號，第三版。

〔註71〕賴子清，〈古今臺灣詩文社（二）〉，《臺灣文獻》十卷三期，1959年9月版，頁86。

〔註72〕「碎錦格」，即將一個合成詞或詞組打散後，分嵌在折枝的上下聯裡，像散珠，像碎錦，故稱碎錦格，又稱七碎。

〔註73〕《詩報》，昭和10年6月1日，第一〇六號，第十版。

　　詩鐘原本是塾學中，訓練學生寫對偶之教學方法。要作好詩、詞、駢體文、八股文以及散文，都需要先過對偶關，對偶是充分體現中國語言文字特點的修辭技巧。「詩鐘」，在清初稱爲「改詩」，又曰「折枝」，因詩鐘乃律詩中之一聯，如折取花樹之一枝也。別稱尚有「作碎」、「羊角對」、「雕玉雙聯」、「嵌字偶句」、「分曹偶句」、「百衲琴」、「詩畸」、「戰詩」……等等，以「詩鐘」之名最爲盛行。李竹深在《辭賦餘韻話詩鐘》文中，將詩鐘定義爲：「詩鐘是一種獨特的韻文，它高雅、文博，於瞬間充分展示聯吟者才智的淵永和文思的敏捷。它應當在中國文學史和韻文史寫上光彩的一頁，讓世人知道它的存在和發展。」〔註75〕最早記載「詩鐘」是道光 11 年（1831），曾元澄、楊慶琛等組織荔香吟社所作詩課集之《擊鉢吟》。臺灣之詩鐘源起於清同治時期，由閩籍文人傳入臺灣，連雅堂在《餘墨》中寫道：

> 「閩人士較好詩鐘，亦多能手。聞林文忠公少時，曾與諸友小集，偶拈『以』、『之』二字爲雁足格，眾以虛字頗難下筆。文忠先成一聯云：『苟利國家生死以，豈因禍福避趨之』！見者大驚，以爲有大臣風度。其後文忠出歷封圻三十載，事業功勳，震耀中外。誰謂遊戲之中而無石破天驚之語耶？」〔註76〕

　　光緒 12 年（1886 年），唐景崧任分巡臺灣兵備道後，在臺灣大力宣導「詩鐘」創作，其在臺南道署創立的「斐亭吟社」，和在臺北布政使署創立的「牡丹詩社」，多由宦遊人士與臺籍詩人所組成，以詩鐘創作爲號召。社員作品頗多存於《詩畸》中。光緒 19 年（1893），取歷年唱稿，分門編輯，錄佳作十卷，命名《詩畸》，臺灣「詩鐘」作者列 62 人，所得作品四千餘聯，爲臺灣詩鐘選集之濫觴。

3、與客家詩社聯吟活動

　　陶社遷移至新竹關西後，與縣轄內之客家吟社，「大新吟社」、「同光吟社」互動最爲密切，經常賦詩唱和，留下許多詩篇，成爲傳統文學領域之一塊瑰寶。

（1）與新埔大新吟社聯吟活動

〔註74〕同上註。
〔註75〕李竹深，辭賦餘韻話詩鐘，中華辭賦網 http://www.zhcfw.net/index.asp?xAction，檢索日期 2014/7/20。
〔註76〕連橫，《餘墨》，《臺灣詩薈》第 2 號，1924 年 3 月，第 83 頁。

　　新埔大新吟社成立於何時，眾說紛紜，新埔鎮誌〔註77〕記載為昭和 2
年，藍華峰成立「大新吟社」。昭和 3 年 12 月 10 日《臺灣日日新報》報導，
刊載大新吟社成立於昭和 2 年。其報導如下：

　　「新竹郡下關西大茅埔及新埔，曾聯絡大溪郡龍潭之文士，組織陶
　　吟社詩會。今回新埔和大茅埔同好者，分離由陶吟社，另組織大新
　　吟社。去年 9 日午時前，在新埔文昌廟內，舉發會式。出席者由新
　　埔、關西、龍潭、楊梅等，到者三十五名。選舉役員，投票結果，
　　選定社長藍華峰氏；副社長詹文光、林孔昭兩氏；幹事楊成泉、張
　　桂材、吳明相三氏；顧問潘成瑞、葉心榮兩氏。正午閉會。中餐後，
　　以〈新柑〉為題。七絕，韻限十五刪。詞宗選評發表後至午後五時
　　散會。」

這篇報導重點在「去年」兩個字，昭和 3 年的「去年」即為昭和 2 年，
與新埔鎮志相符合。文中也明顯看出：「大新吟社」源於「陶社」，後來新埔
和大茅埔（含今之照門地區）之詩人，再分離組成大新吟社。然而，昭和 4
年 1 月 10 日，才以「祝大新吟社成立」為題，在新埔庄鹿鳴坑楊成泉宅中賦
詩慶賀。吳建田（吳濁流）獲左詞宗李石鯨評為第一名；楊成泉獲右詞宗邱
筱園評為第一名。賴子清，〈古今台灣詩文社〉中提到：「昭和 9 年（1934）5
月，大新吟社成立，社長為藍華峰，社員有：林孔昭、詹文光、葉心榮、張
桂材、楊成泉、詹金英。」〔註78〕《詩報》昭和 9 年，大新吟社社友錄登載：

　　「社長藍華峰、副社長林孔昭、詹文光、社員葉新榮、張桂材、楊
　　成泉、陳新龍、吳明相、鍾泉春、吳建田、潘欽龍、潘英龍、詹阿
　　福、楊馨勝、蔡達材、張紹達、羅雲清、謝勝長、曾蘭芳、張桂士、
　　張桂良、鄭維海、蔡步雲、林瑞山、劉世清、劉漁隱、朱春臣、詹
　　氏金英。」〔註79〕

　　從社友名單可明顯看出陶社關西之詩人，不在此名錄中。由陶社關西支
部，昭和年間之手抄本看來，大新吟社分離出去後，社員依然參與陶社的研
究課題。早期詩社詩人普遍存在跨社的情形，一個詩人同時參加同地區之不
同詩社或者跨地域之詩社，陶社社員與新埔大新吟社社員也不例外，詩社彼

〔註77〕新埔鎮誌編輯委員會，《新埔鎮誌》，新竹：新埔鎮公所，1997，頁 56。
〔註78〕賴子清，〈古今臺灣詩文社（二）〉，《臺灣文獻》十卷三期，1959 年 9 月版，
　　　　頁 88。
〔註79〕《詩報》，昭和 9 年 5 月 15 日，第八十一號，第十六版。

此間之互動也極爲密切。如：昭和 5 年（1930）12 月 10 日，陶社以「毛斷女」
（モダーン・ガル）爲課題賦詩，七絕十四鹽韻，左詞宗爲邱筱園、右詞宗
爲黃香模，〔註80〕兩社社員仍不分彼此，互動極爲密切。

〈毛斷女〉　郭阿昌（景澄）

　　新妝羅襪小鞋尖，短髮風流艷色添，

　　唱得自由誇現代，幾人玉潔愛身嚴。〔註81〕

圖 3-3-11　陶社「毛斷女」課題選卷

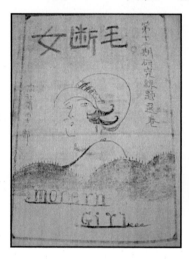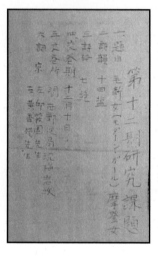

資料來源：徐玉鏡提供，筆者翻拍

「毛斷女」這首詩是陶社第十二期課題詩，也是與新埔大新吟社聯吟之
作。郭景澄獲右詞宗黃香模評選爲第一名之作品。

大新吟社在昭和 4 年（1929）1 月 10 日，以「祝大新吟社成立」爲題，
於新埔庄鹿鳴坑楊成泉宅舉行擊鉢吟。吳濁流以本名吳建田競技掄元。其詩
曰：

〈祝大新吟社成立〉　吳建田

　　扶輪大雅喜翻新，重見文人結契親，

　　寄語詞壇諸健將，同將熱血振彝倫。〔註82〕

〔註80〕「毛斷女」係以客語發音即「摩登女」（Modern girl）之意。昭和年間，陶社
　　　　關西支部手抄本。無頁碼。徐玉鏡提供。
〔註81〕林柏燕輯註，《大新吟社詩集》，新竹：新竹縣文化局，2000 年，頁 479。又：
　　　　陶社關西支部昭和年間手抄本，無頁碼，徐玉鏡提供。

陶社社員共襄盛舉。是日，值東有楊成泉、陳新龍、吳明相、鍾泉春、謝勝長、吳建田。大新吟社源於陶社，昭和初年成立於新埔，楊成泉爲創始人之一。

楊成泉生於光緒 15 年（1889），幼時就學於龍潭陂上達書房。明治 44年（1911），任大茅埔書記、明治 45 年，任教於鹿鳴坑庄啓化書房、大正 8年（1919）至 12 年，任鹿鳴坑茶業信用生產販賣組合書記、大正 12 年（1923）任新埔庄協議員。也曾任鹿鳴坑保正、保甲聯合會長、鹿鳴坑產業組合監事、鹿鳴坑茶業信用利用販賣組合監事，對新埔茶業柑橘之發展極具貢獻。〔註83〕

由於「大新吟社」是從陶社分離出去，所以兩社社員互動極爲密切，大新詩社社員中，以吳濁流與陶社淵源最深遠長久。吳濁流（1901～1976），新竹大茅埔庄人（今之巨埔里）。本名吳建田，號饒畊，十一歲才進新埔公學校接受教育。就學期間受林煥文〔註84〕及詹際清〔註85〕兩位漢文老師調教下，具備深厚之漢文基礎與涵養。公學校畢業，考入臺灣總督府國語學校師範部（1920 年，改名爲「臺灣總督府臺北師範學校」。畢業後，分發到新埔公學校之照門分校，時年二十一歲。次年，吳濁流撰「論學校教育與自治」一文，批評當時之教育制度，旋即被調職到苗栗之四湖公學校（今之西湖國民小學），此後，黃金歲月就在四湖、五湖、三湖這些僻壤之地打轉，長達十五年。昭和 2 年（1927），吳濁流加入苗栗栗社，次年因病回新埔休養期間，又參加「陶社」及「大新吟社」。吳濁流與羅享彩（南溪）之間有極深厚之交誼，由吳濁流詩句中流露無遺。

〈關西旅次示南溪詞兄〉　　吳濁流

放浪形骸旅興賒，讀君新句感尤加，

數篇彩筆江南賦，一片浮雲嶺外霞；

話到投機茶當酒，歸來縱飲夢如花，

天低古樹平原裏，鳥嘴山前月弄紗。

又見

〔註82〕林柏燕輯註，《大新吟社詩集》，新竹：新竹縣文化局，2000，頁 50。
〔註83〕林柏燕，《新埔鎮誌》，新竹：新埔鎮公所，1997 年，頁 467。
〔註84〕林煥文，號彬南，生於苗栗縣頭份庄，爲作家林海音之父。
〔註85〕詹際清（字鏡如），居新竹廳竹北二堡五份埔庄，1891 考取秀才，1897 授紳章，新埔公學校漢文科教員。

〈呈南溪詞兄〉　　吳濁流

隱隱青山春又粧，關西好景夜來香，

重逢酒肆美人伴，醉把他鄉作故鄉。〔註86〕

中國博大精深之酒文化向來被文人雅士視爲情調與風雅，詩魂借酒膽，酒膽壯詩魂，古往今來不知有多少詩人都在酒興中，爲我們留下不少佳篇名句，吳濁流亦若是。

吳濁流此後在記者生涯及小說成就之領域，本研究不在此贅述。然他在民國 53 年（1964），以熾熱之心，爲提昇臺灣文化、推展臺灣文學運動，卯足勁投下自己所有之退休金及股票，獨立創辦文學雜誌《臺灣文藝》，其後還用化緣之方式向四周朋友伸手請求奧援。與他交誼深厚之羅享彩認同他之使命感，始終無怨無悔地給予資助。〔註87〕吳濁流對漢詩，有其堅持與努力。民國53年，臺灣文藝創刊號先刊登其〈漢詩需要革新〉，第二期起就設立「漢詩壇」。他痛心傳統文化消失，語重心長說道：

「現代的青年，茫然不知有祖宗傳下來的偉大遺產，任外國的學人拿去作爲文化榜樣。而我們的青年，相反地視固有文化等如垃圾，不值一文，放棄而不談，其結果產生無根的思想，像浮萍一樣，風一來就搖動。……因爲他們沒有根，就不能根深蒂固發育起來，所以只好巧仿，巧學外國文化，……因此，不知不覺種下莫名其妙的奴化思想和自卑精神，在這樣精神狀態下，就不能自立自主。」〔註88〕

《臺灣文藝》53 期起，因吳濁流去世，才終止「漢詩壇」這個專欄。對於傳統漢詩，他曾發表不少看法，如：昭和 11 年（1936），《新文學月報》刊登〈讀貴誌感對漢詩之管見〉；民國 59 年（1970），《臺灣文藝》登載〈再論中國的詩──詩魂醒醒吧！〉……等。

吳濁流詩作約有二千餘首，結集成《藍園集》（1949）、《風雨窗前》（1958）、《濁流千草集》（1963）、《晚香》（1971）,《濁流詩草》（1973）。從他之漢詩作品中，反而更能體察他心靈之幽微及不凡之人格與面向。藉由詩

〔註86〕魏雲欽編校，《南廬紀集》，關西羅享彩：自刊本，1974，頁 211～212。羅慶士提供。

〔註87〕羅慶士口述資料，2014 年 7 月 11 日，關西臺灣紅茶公司，筆者親訪，羅慶堂、徐玉鏡陪同。

〔註88〕張良澤編，吳濁流著，《黎明前的臺灣·漫談文化沙漠的文化》，臺北：臺灣遠行出版社，1977，頁 156。

中境界勾勒出他面對生命、面對社會，觀看世界，剛柔兼具之關懷與針砭。

　　吳濁流後期雖然轉向新文學創作，但對於漢詩之興趣，終身未減。民國65年（1976），吳濁流辭世，鍾肇政在其墓誌銘寫上「鐵血詩人吳濁流」。而這名號，一是肯定吳濁流秉性正直剛毅，不畏威權，從沒違背理想而向現實低頭。如其〈怪夢〉詩中可印證此說：「夢醒才知是夢中，激昂不已恨衝衝，日官竟用強權壓，爭論半天意氣雄。」〔註89〕此詩乃日治時期，吳濁流見郡視學在新埔運動場凌辱教員，對此事憤抱不平，單獨要求州知事處罰郡視學。大橋郡守居間協調，並與吳濁流展開激烈辯論。然而，此事終因日人狡猾而無結果。吳濁流乃決心辭職，是年，即離臺浪跡大陸。二十餘年後又復在夢中，與大橋郡守抗論，激昂不已，醒來才覺是夢。二是肯定吳濁流在漢詩領域中之成就，吳濁流認為：「漢詩是中國文學之結晶，有傳統、有精義、有靈魂、有骨髓、有血液，可予民族共存榮。」〔註90〕提倡創作抒情詩，民國51年（1962）於病中創作漢詩《芳草夢》七絕122首。首以「又逢明月耀清秋，萬里長空感舊遊，偶向蕭疎桐下過，廿年前事上心頭。」末以「別恨依依柳眼青，憐香惜玉夢難醒，牛油麥菜莫嫌臭，世上何人不愛腥」作結，以自傳式之抒情詩回憶青春往事。至情至性、至純至真之作，其清流使人悠悠神往，對漢詩發展，當能產生巨大之推進作用。

　　（2）與湖口同光吟社聯吟活動

　　湖口同光吟社，創社社長為吳木清、副社長為張添慶，社員有黃作仁、羅漢雲、巫鏡德、徐全福、徐明清、周永田……等人。吳木清為湖口老街「吳建寅」店號之主人，吳建寅店號山牆裝飾華麗，立面浮雕刻有「爰得其所」，被許為湖口老街最漂亮之房子。「建寅」於大正8年（1919）建成，是吳木清經營花生油事業之店號。吳建寅原係一介書生，花生油事業只經營年餘，便因策略不當，發生財務問題而停業。三、四年之後，吳木清落寞地返回羊喜窩祖屋居住。在羊喜窩沈潛期間，積極投入傳統詩學領域中。張添慶（字漢卿、號煥亭），祖籍廣東陸豐，居新竹郡湖口庄上北勢，大湖口公學校畢業後，於湖口長崗嶺庄從周朝欽文杏書房修習漢文，後於湖口關設選青書室。曾任：同光吟社副社長、同光吟社社長、湖口庄協議會議員、湖口鄉第五屆鄉民代表、湖口鄉第二屆農會理事、湖口鄉調解委員會主席等職。黃作

〔註89〕吳濁流，《濁流千草集》，臺北：龍文出版社，2006，頁139。
〔註90〕吳濁流，《濁流千草集》，臺北：龍文出版社，2006，頁8。

仁以代書為業，曾任湖口鄉長，酷愛吟詩及造屋，有座別莊，名曰：「愛吾園」。黃作仁與陶社沈梅岩同庚，交情匪淺，黃作仁出任同光吟社社長時，禮聘沈梅岩擔任同光吟社之顧問，因此兩社詩人唱和聯誼，常在「愛吾園」舉辦。

　　民國58年，湖口地方人士因「湖口」諧音「糊口」、「虎口」皆不雅，建議將「湖口」改為「新湖」。黃作仁乃召集陶社以「促進湖口鄉改升新湖鎮」為題，於同年5月17日假其「愛吾園」聯吟，並發表前言曰：

> 「竊湖口鄉乃舊制大湖口區，日本政府佔有臺灣，於民國九年十月，臺灣改施街庄制度，除卻頭一「大」成為「湖口」，蓋「湖口」與「糊口」同音，即表示貧窮之意，實不雅之甚。而鄰地舊稱「紅毛」，早已改為新豐。且東南鄰接新埔、西北鄰接新屋，如「湖口」改為「新湖」恰值適當，真有表示屬新竹縣轄以『新』字為主體之意。況本鄉現在人口超過四萬，為縣下鄉鎮之冠。四通八達，商振農興，陸續來鄉內設廠者不乏其人，實有升鎮之資格充足。望諸位賢達同聲嚮應，贊襄實現，則地方幸甚！國家幸甚！
> 湖口同光吟社社長黃作仁識」〔註91〕

圖3-3-12　黃作仁「愛吾園詩集」書影

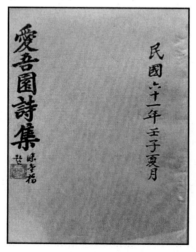

資料來源：徐玉鏡提供，筆者翻拍

〔註91〕1、黃作仁，《愛吾園詩集》，自刊本，1972，頁23。徐玉鏡提供。2、林柏燕輯註，《陶社詩集》，新竹：新竹縣文化局，2001年，頁341。

同年（1969）沈梅岩去世時，黃作仁賦詩兩首，沉痛哀悼！擇其一日：

　　傳來靈耗實堪哀，痛失同庚淚暗催，

　　此後聯吟容莫覩，一堆荒土葬英才。〔註92〕

（3）與中壢以文吟社、瑳玉吟社互動密切

陶社與同屬客家詩社的中壢以文吟社及瑳玉吟社互動也極為密切。大正元年（1912），吳榮棣柬邀區內生員邱兆基、張燹威暨宿儒楊星亭、梁盛文、古道興、劉汶青、古炳、劉世富、古清雲等，假其後花園望月亭作文酒之會，步竹林七賢之高風。後有彭祝堂、賴連玉、黃鏡林、陳保樑、黃容光、許阿斗、黃德顏……等參加，擬題分韻、互道心聲，因而有創社之議。遂於大正10年壬辰中秋，邀集群賢以文會友，是以定名為「以文吟社」，公推吳榮棣為社長，其高足朱傳明副之。〔註93〕昭和5年（1930）春，社員梁盛文、劉世富、古清雲以未能盡興，另創設瑳玉吟社，以文吟社社員多人參加，辦事處設在中壢古清雲宅，決議每星期六，開擊鉢吟會，每月公開課題一回。〔註94〕昭和9年，以文吟社辦事處設於中壢醫院內。昭和16年中秋，開創立二十週年紀念擊鉢吟會，詩題為「以文會友」。昭和18年，時值第二次世界大戰期間，中壢以文吟社與瑳玉吟社被迫合併，更名為「大東吟社」，事務所置於中壢茶葉會社二階，社長為朱傳明、副社長為梁盛文與劉石富、庶務主任為古少泉、會計主任為黃劍樵。〔註95〕合併後之大東吟社首次以戰爭色彩濃厚之「沙場月」為擊鉢題，左詞宗為梁盛文、右詞宗為朱傳明。戰後，民國35年（1946）3月12日，為紀念國父誕辰，由宿儒朱傳明等假中臺實業公司二樓，召開區內五社詩人聯吟大會，一致決定，五社合併恢復原名「以文吟社」，推舉朱傳明為社長、劉石富為副社長。民國42年（1953）重陽節，假省立中壢中學禮堂，主辦中北部十一縣市詩人聯吟大會，首唱登高，次唱〈九日中壢覽勝〉。〔註96〕

關西陶社與中壢以文吟社，均為客家詩社，兩社熱絡往來，活動以「刻

〔註92〕黃作仁，《愛吾園詩集》，自刊本，1972，頁23。徐玉鏡提供。

〔註93〕邱伯邨編，《以文吟社擊鉢吟錄‧以文吟社沿革代序》，中壢：以文吟社，1987，頁7～9。吳家勳提供。

〔註94〕賴子清，〈古今臺灣詩文社（二）〉，《臺灣文獻》十卷三期，1959年9月版，頁85。

〔註95〕《詩報》，昭和18年11月1日，第三〇五號，第一版。

〔註96〕賴子清，〈古今臺灣詩文社（二）〉，《臺灣文獻》十卷三期，1959，頁80。

燭命題，攤箋鬥捷」的擊鉢吟爲主。陶社邱筱園、張金昌等曾多次擔任中壢以文吟社之詞宗，例：昭和 5 年 11 月 9 日，在中壢街古清雲家開擊鉢吟例會，值東者爲湖口張添慶氏。是會有陶社、昭和吟社及以文吟社社員，計六十餘名出席，擬「江楓」爲題，七絕東韻。得詩百八十首。推鍾盛欽（疑爲鍾盛鑫之誤）、彭祝堂二氏爲左右詞宗，各取十五首。發表後，左元廖鏡汀氏、右元曾南海氏。至午後三時於盛會裡盡歡散去。〔註 97〕

例：昭和 8 年 4 月 9 日，瑤玉吟社舉辦三週年紀念擊鉢吟，陶社社員也共襄盛舉，是日，擊鉢吟詩題爲「暮春有感」，左詞宗爲聚奎吟社黃師樵、右詞宗爲陶社黃道中擔任。〔註 98〕

4、週年慶陶社自辦聯吟活動

民國 43 年（1954）2 月 21 日，陶社曾開三十週年祝典，舉辦新竹、桃園、苗栗三縣聯吟大會，並邀各地吟友參加，盛況空前〔註 99〕。來自各地之賀幅、賀詩、祝電也洋洋大觀。由會場內外之聯對可窺其時代樣貌：

會場內聯：「社結卅春秋培養抗俄正氣，客邀三縣市發揚復國精神」

會場門聯：「三縣文星喜度金針扶大雅，四方騷客載廣白雪占元魁」

歡迎綵門聯：「詩會宏開擊鉢歡迎三縣士，禮儀雍雅豎門款接一流人」

吟宴會場聯：「美景攬春城正是千金一刻，文星輝彩鳳何妨斗酒百篇」

〔註 100〕

此三十週年慶，三縣聯吟大會，首唱擊鉢吟選「關西春曉」，七律魚韻，左詞宗爲朱傳明，右詞宗爲郭茂松。茲錄榜首之作：

〈關西春曉〉左一右一　鄭指薪

　　大地洪鈞喜轉初，黎明扶杖出郊墟，

　　風輕松嶺濤聲細，氣暖天峰柳葉舒；

　　隱約澄潭飛宿鷺，熹微彩鳳認含書，

　　韶華更賞文祠麗，一縷晨光漏太虛。〔註 101〕

次唱擊鉢吟選「品茶」，七絕蒸韻，左詞宗爲王韻秋，右詞宗爲曾秋濤。錄詞

〔註 97〕《詩報》，昭和 5 年 11 月 30 日，第二號，第七版。

〔註 98〕《詩報》，昭和 8 年 5 月 15 日，第五十九號，第八版。

〔註 99〕賴子清，〈古今臺灣詩文社（一）〉，《臺灣文獻》十卷一期，1959，頁 99。

〔註 100〕關西陶社，〈關西陶社三十週年三縣聯吟大會紀念詩冊〉，1954，頁 4，詹煥章提供。

〔註 101〕同上註。

宗作品：

〈品茶〉左一右五　王韻秋

　　晚煎火色不須矜，祛熱還誇勝抱冰，

　　佳種烏龍欽彩鳳，生風七碗古來稱。〔註102〕

〈品茶〉左一七右避　曾秋濤

　　陸羽新經莫敢承，龍團雀舌顯名稱，

　　盧仝有癖欣同嗜，止渴中原亦足徵。〔註103〕

　　三縣聯吟大會的盛況，在《關西陶社三十週年三縣聯吟大會紀念詩冊》並未記錄，然從左詞宗王韻秋將自己之作品評選為第一名之狀況可臆測，當日擊鉢吟選有可能是珠璣滿篇，才發生詞宗給自己作品評為第一名之誤失。

圖3-3-13　陶社三十週年紀念會詩冊

資料來源：詹煥章提供，筆者翻拍

　　民國103年4月20日，陶社為配合新竹縣文化局、關西鎮公所舉辦「藝術瘋街」系列文化活動暨創社90週年，於關西鎮潮音禪寺舉行桃竹苗四縣市擊鉢聯吟大會。

　　會場內聯：「淨化民心揚國粹，薪傳藜火播書香」

〔註102〕關西陶社，〈關西陶社三十週年三縣聯吟大會紀念詩冊〉，1954，頁41，詹煥章提供。

〔註103〕同上註。

會場門聯：「闡揚詩骨文章不愧讀書種子，化育民風道德由來鷺侶鷗群」

歡迎綠門聯：「陶把書騷章磅礴高腔揚國粹，社吟皆麗句鏗鏘雅韻振元音」

吟宴會場聯：「詩賦聯吟戞玉敲金磅礴聲揚啣彩鳳，會廣陶社雕龍綉虎鏗鏘雅韻繞潮音」

圖 3-3-14 「以文吟社」客家話吟誦

筆者攝

圖 3-3-15 「竹社」學老話吟誦

筆者攝

陶社社長江穎川擬題，詞宗莊育材（玉才）拈韻。詩題爲：「陶社薪傳九十年」，拈得下平「一先」韻。來自「德林寺詩學會」（又稱「蘆社」，即

桃園縣蘆竹鄉德林寺詩學研究會）、中壢市「以文吟社」、新竹市「竹社」、苗栗縣國學會，近百位詩人出席。

參、陶社活動發展之形式

陶社在昭和年間社務蓬勃，由於創辦人邱筱園、沈梅岩在日治時期社經地位崇高，這兩位先後任社長馳騁藝苑，在全臺騷壇頗負盛名，協力帶領社員參與地方性聯吟外，也積極參與全島詩人聯吟大會及全國徵詩活動。

（一）參與全島詩人聯吟活動

「全島詩人大會」〔註104〕，源於大正 10 年（1921）10 月 23 日，由瀛社發起，號召全島詩人齊聚在稻江春風得意樓旗亭。全臺北、中、南部詩社均有代表出席，約八十餘名，會中連雅堂提出聯合全臺詩社之議，但因經費問題而作罷。直到大正 13 年，臺灣全島詩人於大稻埕江山樓聚會吟詩，才正式宣佈成立全臺詩社擊鉢吟會。至昭和 2 年（1927），全島聯吟會議決五州輪流辦理，當時行政區域之五州由北而南依序為臺北州、新竹州、臺中州、臺南州、高雄州，因此亦稱「五州詩人大會」。此時，與會者已達二百七十餘名，增加甚速。昭和 3 年 3 月 21 日，如期舉辦第一回之「全島詩人大會」，全島詩人因此有固定交流之機會。是日大會以「蠹魚」為題，聘請張息六、陳槐庭，分任左、右詞宗，並將得第作品登載於《臺灣日日新報》。「全島詩人大會」自昭和 3 年至昭和 12 年，十年間在總督府之支持下逐年輪值，共舉辦 10 回〔註105〕。昭和 12 年 6 月 1 日後，全面廢止漢文欄；7 月 7 日，日華戰爭爆發，島內局勢日趨緊繃，是年為臺灣「全島詩人大會」於日治時期政治體制下舉辦之最後一年。

昭和 7 年，由瀛社主辦之全島詩人大會，大會地點選在大龍峒臺北孔廟舉行，此次盛會為期兩天，第一天的詩題首唱〈春寒〉、次唱〈報午機〉；第二天的詩題首唱〈屯山積雪〉、次唱〈祝花朝〉詩畸碎錦格，並在蓬萊閣開宴舉行擊鉢詩活動。由瀛社許寶亭所作的〈壬申全島詩人大會記〉緒言中可窺當時盛況。下圖為瀛社主辦之全島詩人大會，陶社社員與參加者合照於臺北大龍峒孔廟。

〔註104〕「全島詩人大會」部分報紙會用「全臺詩人大會」，全臺與全島是混用的。「全島」原係日人以臺灣為其部分區域的稱呼。

〔註105〕《臺灣日日新報》，昭和 3 年 3 月 22 日，第 10026 號，4 版。

圖 3-3-16 昭和 7 年（1932），由瀛社主辦之全島詩人大會

資料來源：羅慶士提供，筆者翻攝

〈壬申全島詩人大會記〉──許寶亭

「全島詩人大會，昭和七年，輪值北州，聯吟會場假大龍峒町臺北
聖廟，日期為三月二十、二十一日，廟側通路造綠門生花，製成「全
島詩人大會」六字匾額，……。南自高雄、臺南、嘉義、臺中、新
竹各地……首由櫻社許鐵櫻氏宣告開會，次瀛社長謝雪漁氏敘禮，
然後推薦臺南趙雲石、新竹鄭養齋兩氏為首唱詞宗，臺中王了庵、
彰化施梅樵兩氏為次唱詞宗，……首唱詩題「春寒」七律東韻、次
唱「報午機」七絕灰韻。……首唱為中壢劉翠岩、臺北歐劍窗、次
唱為臺北魏潤庵、臺北黃水沛四氏掄元。……。

而翌二十一日，主催社之招待會，午後一時半續開於蓬萊閣，……
推薦鹿港莊太岳、八塊厝邱筱園兩氏為首唱詞宗，……。首唱為臺
中陳魯詹、臺北杜仰山掄元；次唱為嘉義陳文石、臺北林欽賜四氏
掄元。……。直至十二時始歡然散會。」〔註106〕

陶社社長邱筱園被邀聘擔任壬申全島詩人大會翌日（二十一日）之首唱
詞宗，並率領陶社社員彭祝堂、徐開祿（錫卿）、陳昌宏（蒼髯）、余錫瓊（子

─────────────

〔註106〕林欽賜編，《瀛洲詩集》，〈瀛洲詩集緒言・壬申全島詩人大會記〉，臺北市：
光明社，昭和 8 年（1933）。

華）、陸昌義、陳旺回（子春）、葉步戢、羅南溪（享彩）、羅阿進（潤亭）、陳昌潮、陳濟昌（其五）、羅享麟（玉書）、郭阿昌（景澄）、黃道中（香模）、曾彭金龍（雲池）、魏維水、陳添坤、曾南海、蕭林錦城等十九人參加壬申全島詩人大會，〔註107〕是此次五十八社中，僅次於主辦單位瀛社三十二人之團體。

昭和10年2月10日、11日（乙亥年古曆元月7日、8日），臺灣全島聯吟大會由中部聯合吟會主辦，臺中州管內諸吟社為主，櫟社為主中之主，假臺中公會堂舉行，吟友來自臺北、新竹、台南、高雄四州，與會者總計有二百零二名，竹社最多，有十二名社友參加，次為栗社，有十名社友參加，關西陶社不遑多讓，與地主櫟社均有九名社友出席活動。陶社社員劉汶清、陳蒼髯在此全島聯吟競技中，獲得極佳之成績。第一日首題「人日雅集」，五律魚韻，左詞宗為鄭養齋、右詞宗為魏潤庵。劉汶清獲左詞宗鄭養齋評選第三名，陳蒼髯獲右詞宗魏潤庵評選為第九名。

劉汶清獲獎詩曰：「靈辰新飲爵，雅會喜春蔬，竹葉傾觴候，梅花點額初；草堂詩欲寫，椒室頌誰書，濟濟中州集，胸前錦繡舒。」〔註108〕

第一日次題「梅粧」，七絕元韻，左詞宗為趙雲石、右詞宗為陳春霖。羅玉書獲左詞宗趙雲石評選為第五名。羅玉書獲獎詩曰：「杏臉桃腮且莫論，氷姿作態更溫存，壽陽宮女爭承寵，笑靨新翻點額痕。」〔註109〕

第二日次題「東山觀荔」，七絕蕭韻，陳蒼髯再獲左詞宗王則修評選為第二十名。

昭和10年（1935）10月，為慶祝日本治臺四十年，臺灣總督府舉辦規模空前之「始政四十周年紀念臺灣博覽會」，詩報曾刊載全島臨時聯吟大會，日期決定10月27、28兩日，文曰：

> 「臺北天籟吟社為臺灣始政四十周年紀念，並臺博之好機，為助詩人清興計，於去廿四日由該社長林述三氏發柬召集總會。出席者三十二名，委任狀十通，討議結果一致可決，……天籟吟社員以外，不論他州、本州，每名惟徵收會費三圓，……會場假大龍峒聖廟，是處有乘合車交通之便，且風景絕佳，諒各地詩人必多贊同也。」

〔註107〕同上註，《瀛洲詩集》，頁69～77。
〔註108〕《詩報》，昭和10年3月1日，第一百號，第三版。
〔註109〕同上註，第四版。

〔註110〕

　　此次活動，原定大龍峒町臺北聖廟辦理，後來移師至臺北蓬萊閣舉行，並再度於詩報刊載「全島臨時聯吟大會，希望吟友多數臨席，萬端準備經已就緒」。內容爲：

> 「旣報臺北天籟吟社爲臺灣始政四十周年紀念，……又得博覽會與協贊會兩當局大贊成，共寄附金七百圓以壯聲色，……由文書係發束招請全島百四十餘社，希望吟友多數出席，期日決定廿七、八兩日午後正一時起，開會會場在蓬萊閣，……其間恐有住址未詳招請不周者，可函示臺北市永樂町四丁目天籟吟社事務所。茲將其顧問及贊成者並執事人員列明於左：
>
> 顧問－辜顯榮、林熊徵、顏國年、尾崎秀眞、郭庭俊
>
> 贊成者－許智貴、張清港、陳天來、陳茂通、張園
>
> 天籟吟社員執事
>
> 總務－林述三……
>
> 餘興係－林錫麟、李嘯峰。」〔註111〕

　　全島臨時聯吟大會，出席者合官紳兩界達 600 餘名，實爲在臺各種大會未曾有之盛況。日治時期，百里繁華、風雲際會、名人雅士薈萃之場所，首推「蓬萊閣」莫屬。蓬萊閣由當年知名之淡水石油大王黃東茂興建（黃東茂還擁有一段淡水私鐵），「風月報」編輯部也曾設在蓬萊閣，後轉手給大稻埕知名茶商陳天來，1957 年再轉賣給徐傍興醫師（美和中學創辦人），改裝成 200 床之徐外科醫院。不過，如今還是被拆除改建成商業大樓（今日之南京西路上）。陶社社長邱筱園再次擔任第二日次唱詞宗。首日，首唱詩題「嶺梅」，左詞宗高雄州郭芷涵、右詞宗臺中州王了菴；首日次唱詩題「雞群鶴」，左詞宗臺南州趙雲石、右詞宗新竹州鄭養齋。翌日，首唱詩題「博覽會紀盛」，左詞宗臺南州吳子宏、右詞宗臺中州吳子瑜；翌日次唱詩題「人海」，左詞宗高雄州鄭坤五、右詞宗新竹州邱筱園。〔註112〕

　　昭和 11 年（1936），第九回全島聯吟大會，輪到新竹州主催，竹社 2 月 9 日邀集州下詩社代表於城隍廟集會所開全島詩人大會籌備會，會中議決全島

〔註110〕《詩報》，昭和 10 年 9 月 1 日，第一一二號，第一版。
〔註111〕《詩報》，昭和 10 年 10 月 17 日，第一一五號，第一版。
〔註112〕《詩報》，昭和 10 年 12 月 1 日，第一一八號，第一版。

詩人大會辦理時間於同年 3 月 21、22 日舉行，第一日首唱詩題爲「仲春遊竹
塹」，左詞宗鹿苑吟社施梅樵〔註 113〕、右詞宗爲研社黃春潮〔註 114〕，陶社陳
旺回、羅享彩等社員積極參與。下圖爲昭和 11 年 3 月 21 日，新竹公會堂全島
詩人聯吟大會，場外、場內活動盛況。

圖 3-3-17　新竹公會堂全島詩人聯吟大會

資料來源：羅慶士提供，筆者翻攝

〔註 113〕施梅樵，字天鶴，彰化鹿港人。光緒 19（1893）年，考取秀才。倡設鹿苑吟
　　　　社，以詩酒自娛，並開設書房，到處傳授漢文、漢詩，延續傳統文化，門生
　　　　遍及全臺，爲臺灣詩壇重要推手。
〔註 114〕黃春潮（原名黃水沛，號春星），與張純甫等組織研社（後改組爲星社）。創
　　　　辦《臺灣詩報》，積極參與詩文活動。臺灣光復後，曾任臺灣省通志館顧問委
　　　　員會委員、臺灣省文獻委員會編纂。

（二）參與日本神戶心聲吟社徵詩活動

　　昭和 6 年（1931），日本發動九一八事變後，侵佔中國東北，並成立滿洲國，中日關係急遽惡化。昭和 7 年，日政府有意安撫臺灣文人，神戶心聲吟社向全臺徵詩，詩題是昭和皇帝頒的，稱爲：「御勅題」，題曰：〈曉雞聲〉〔註115〕。昭和 7 年 1 月 15 日由宮內省御歌所千葉寄人於島原市鄉土新聞發佈新聞。原文爲和文，莊櫻癡〔註116〕漢譯。譯文如下：

> 「斯勅題謹話於後我國〔註117〕歷史古記〔註118〕。所謂岩戶神樂之昔，曾一次忽現黑暗世界，時均向天照大神之御靈光，跪拜祈禱，忽有長鳴雞高唱一聲。隨露出光天化日，表示瑞兆。在今伊勢大社御神苑內尚有。世界未文明以前，世人專賴司晨報曉，叫醒塵夢，標準時辰。現今養雞之業其發達徧於全球，農家大都以之爲副業，視作第二生命。雞極勤勞，五穀隻粒不遺。當此之時，日華問題紛糾，前途黑暗，無異於岩戶神樂之昔。然此長夜漫漫，晨雞高唱，聲徹環球，必速現光天化日。勅題曉雞聲，聖意所存，敬謹體會。當在乎是日華問題解決，親善如初，四海昇平，旭光徧照。盍我國七千萬胞，合掌馨香以祝也。」〔註119〕

　　譯文內容之天照大神，又被尊稱爲天照大御神（あまてらすおおみかみ・てんしょうだいじん），依據西元 712 年成書的《日本書紀》的神代卷中記載，天照大神是日本天皇之始祖神，也是日本神道教中最尊貴之神。《日本書紀》中記載，天照大神因其弟素戔嗚命作亂，憤而隱身於天岩戶不出來，天地間就變成一片黑暗，爲了讓天照大神走出天岩洞，八百萬諸神製作了一面八咫鏡，裝飾在天岩洞前面，並跳起神聖之舞蹈，舉行盛大之祭祀活動。同時製作了一個支架，將公雞放到上面，讓所有之公雞一起啼叫，這個雞架

〔註115〕島原市，《島原の鄉土新聞》，1932 年 1 月 15 日，頁 1。

〔註116〕莊玉坡，字櫻癡，號夢蝶莊主人。臺南人，幼年受業於黃克禮夫子，改隸後從商，十九歲東渡扶桑，在神戶經營玉坡貿易商會。曾任臺商協會正副會長，爲日華新報社員。後入瀛社，師從謝雪漁。年五十，與神戶中國領事館書記官孫翼雲等華僑唱酬，創心聲吟社，復至海南島任橫濱正金銀行支店買辦。

〔註117〕文中「我國」，指的是日本國。

〔註118〕西元 672 年，日本第三十八代天皇逝世，由於這位天智天皇沒有嫡出的子嗣，皇弟和庶子爲爭奪皇位發生戰亂。後來取得政權的天武天皇，爲宣示自己的皇統，下令編成《日本書紀》（平假名：にほんしょき）；這書原名《日本紀》，以漢字寫於西元 720 年。

〔註119〕莊櫻癡，《壬申勅題集標本》，神戶心聲吟社，無頁碼，徐玉鏡提供。

就是第一個鳥居。天照大神爲之感動，從岩洞中走出來，天地間又恢復了光明。

這次徵詩，因爲有賞，吸引全臺許多詩人參加，得詩近 350 首。七言律詩組，詞宗由魏潤庵選，邱筱園長子邱維崧〔註120〕掄元，時任新竹州大溪公學校訓導。其詩作如下：

〈曉雞聲〉　　邱維崧

　　喔喔喈喈夜氣清，月斜鶯掖近三更，

　　聲和碧水銅龍滴，瑞飲丹山彩鳳鳴；

　　長作警鐘醒醉夢，頻催化日放光明，

　　一人有慶當陽祝，鵷鷺班聯侍帝京。〔註121〕

羅慶進（潤亭）以上平十三元韻，獲得第五名佳績，其作品登錄於後：

　　鼓翅長鳴向瑞暾，侵晨唱破五更溫，

　　喈喈喚醒閨人夢，喔喔驚回旅客魂；

　　賴爾數聲光宇宙，憑君一叫轉乾坤，

　　堪誇守信知時鳥，報曉清音達帝閽。〔註122〕

七言絕句組，詞宗由孫翼雲選，莊櫻癡評。陶社羅玉書（阿麟）得到第十一名、陳盛國得到第四十名。

茲列羅玉書〈**曉雞聲**〉七言絕句得獎詩作：

　　靈禽五德韻悠悠，如祝豐登大有秋，

　　喚起扶桑〔註123〕新氣象，清音遙度徧全球。

羅玉書詩作，夢蝶莊主人評爲：「措詞雄壯，節矩音長」。〔註124〕

詩人對東亞局勢動盪感到憂心忡忡，當時在日本神戶經商並兼神戶心聲吟社社長之莊玉波（莊櫻癡），也是《風月報》主筆之一，向域外華僑及全臺徵詩，詩題：「欲求東亞和平須謀日華親善論」，敦聘澎湖西瀛吟社陳梅峯選定二十名，陶社陳濟昌榮獲第六名、劉汶清榮獲第十九名佳績。〔註125〕

〔註120〕原文姓氏作「丘」。

〔註121〕同註119。

〔註122〕同註119。

〔註123〕據《梁書・扶桑國傳》第五十四卷記載，南齊時有扶桑國僧人慧深來至荊州，據他説：「扶桑在大漢國東二萬餘里，地在中國之東，其土多扶桑木，故以爲名。」扶桑通常是指日本。

〔註124〕莊櫻癡，《壬申敕題集標本》，神戶心聲吟社，無頁碼，徐玉鏡提供。

〔註125〕《詩報》，昭和 8 年 11 月 15 日，第七十號，第一版。

（三）參與各地詩社徵詩活動

陶社與大溪崁津吟社互動極為頻繁，陶社社長邱筱園與崁津吟社社長呂傳琪私交頗密，他們之間有很多共同點：一為同屬福建詔安客；二則同為書房教師共創育英書塾；三則同為實業鉅子，邱筱園經營茶葉、林業；呂傳琪經營礦業均有所成；四則因交通地利之便，大溪曾為內陸河港之交通樞紐，鄰近之龍潭、關西、芎林、竹東、新埔等地的物產都需經由三坑（龍潭）轉運到大料崁，因此陶社與大溪崁津吟社交往極其密切。

崁津吟社成立於大正 13 年（1924）七夕，呂傳琪邀集黃樹林、黃茂炎、簡伯仁，及其弟呂傳命等 16 人創立詩社。創社之初，月開擊鉢例會，由社員輪流召開，且出課題。昭和 2 年（1927）社長呂傳琪病歿〔註126〕，黃樹林繼任社長，未幾改稱南雅吟社。光緒 11 年（1885），大溪改隸臺北府南雅縣，故以舊縣名為社名，有不忘故國之意。二次大戰後該社回復舊名稱。〔註127〕

崁津吟社創辦人呂傳琪簡介：呂傳琪，字鈞璜，祖籍福建漳州府詔安縣，生於明治 28 年（1895），卒於昭和 18 年（1943），畢業於臺北國語學校，為大溪耆碩呂建邦之次子，才華出眾，後執教於大溪公學校，並創設育英書塾及崁津吟社，其書法與詩作均為一時巨擘。

昭和 9 年，大溪橋竣工，郡役所舉辦大溪橋落成紀念展覽會，崁津吟社共襄盛舉，向全國徵詩，以詠大溪八景〈溪園聽濤、飛橋臥波、崁津歸帆、石門織雨、靈塔斜陽、蓮寺曉鐘、鳥嘴含雲、角板行宮〉為題，詞宗由邱筱園、鄭永南、呂傳琪三氏合選。「大溪橋竣工紀念徵詩」入選作品，於是年 9 月 25 日由李傳亮具名發行。〔註128〕

〔註126〕賴子清於〈古今臺灣詩文社〉中提及，崁津吟社社長呂傳琪病歿於昭和 2 年（1927），此資料錯誤。蓋昭和 9 年，大溪橋竣工徵詩，呂傳琪還擔任詞宗。又：《桃園縣志・卷五・文教志》，桃園：桃園縣文獻委員會，1967，頁 147，記載呂傳琪終於昭和 18 年。

〔註127〕賴子清，〈古今臺灣詩文社（一）〉，《臺灣文獻》十卷一期，1959 年 9 月版，頁 99～100。

〔註128〕李傳亮，〈大溪橋竣工紀念徵詩〉，大溪街：崁津吟社，1934，無頁碼，詹煥章提供。

圖 3-3-18　大溪橋竣工紀念徵詩書影

圖片來源：詹煥章提供，筆者翻拍

　　陶社社員鍾盛鑫詩作〈石門織雨〉入選第 20 名、〈蓮寺曉鐘〉獲第 13 名；詹煌順〈鳥嘴含雲〉入選第 9 名。茲將〈大溪橋竣工紀念徵詩〉其入選作品錄於後：

〈石門織雨〉　　鍾盛鑫

　　細雨霏霏拂石門，幾疑織錦是天孫；

　　巧成費下千絲力，惠澤宏敷海國恩。

〈蓮寺曉鐘〉　　鍾盛鑫

　　蓮寺崔巍鬱翠林，曉鐘初響月將沈；

　　崁津鷗鷺初驚起，一縷紅光映寺深。

〈鳥嘴含雲〉　　詹煌順

　　屹立奇峰聳碧空，形如黃鵠罩煙籠；

　　含雲常把慈雲布，頻灑甘霖望眼中。〔註 129〕

　　昭和 10 年，大溪郡大溪街蓮山寺，改築徵聯，以「蓮山」為冠首，邱筱園與呂傳琪合選，第一名、第二名均由基隆李石鯨勝出。

─────────────

〔註 129〕李傳亮，〈大溪橋竣工紀念徵詩〉，大溪街：崁津吟社，1934，無頁碼，詹煥章提供。

李石鯨，首勝榜聯（蓮山寺正殿大門）如下：

蓮由鉢裏生幻蕊疑佛圖咒出，

山忽空中下奇峰訝天竺飛來。

圖 3-3-19　李石鯨首勝榜聯

筆者攝

李石鯨首勝榜聯爲「運典對」，乃將歷史典故運用到對聯中，俾豐富對聯之內容思想與深度。句中提到佛圖典故，是藉由南北朝時代西域高僧佛圖澄運用神通，折服惡魔之典故。《晉書‧藝術傳》中記載：南北朝時代，殺人魔石勒、石虎，興兵作亂，生靈塗炭，佛圖澄爲了救度眾生，千里迢迢從西域來到石勒、石虎營帳，希望感化他們發慈悲心棄邪歸正。石勒、石虎嗤之以鼻，曰：我們倒想看看出家人之心，究竟如何慈悲？佛圖澄二話不說拿起利刃往自己之胸膛一剖，挖出一顆血紅之心，放入清水盆中，並對著盆中念念有詞，說也奇怪，那盆清水突然長出一朵潔白蓮花，頓時馨香盈室，佛圖澄面不改色地說道：我的心就像這朵白蓮花一樣高潔。石勒、石虎不覺大驚失色，皈依於佛圖澄門下，從此，百姓免去兵燹之災，也使佛教在北方得以傳播。

呂傳琪得到第三名及第五名，其第三名之聯對如下：

蓮座化慈航老衲參禪齊拱手，

山門開覺路怒獅伏法亦低頭。

邱筱園得到第八名，其聯對如下：

蓮座湧波中彼岸回頭六通是道，

山門闢天半上方締視萬象皆空。

「蓮山寺」，位於大漢溪畔蓮座山，是一座獨立之小山丘，其形勢猶如蓮花出水，因而得名。嘉慶 6 年（1801），由廣東籍墾民鍾房緒募建，奉祀觀音佛祖，稱爲蓮座山觀音寺。曾於道光 15 年（1835）、明治 37 年（1904）、大正 14 年（1925）進行大規模整修，又於昭和 9 年（1934），再次修建拜亭、正殿等，形成現今之樣貌。蓮座山觀音寺，百餘年來一直是桃、竹、苗三地客家族群之信仰中心，所以成爲客籍人士信仰中心之原因，相傳：咸豐 3 年（1853），大嵙崁地區，泉漳械鬥嚴重，波及客籍人士。客籍先民躲到觀音寺避難，並以燒得滾燙之稀飯擊退入侵者，才得以保全性命。爲了感念觀音佛祖之保佑，桃、竹、苗這三地之客籍人士，絡繹不絕地恭迎觀音佛祖「香旗」回去供奉，因此，香火鼎盛。

圖 3-3-20　蓮座山山門

筆者攝

圖 3-3-21　蓮山寺廟貌

筆者攝

　　陶社社員歷來參加各地詩社徵詩活動，得獎掄元者不勝枚舉，最耀眼的是在民國 65 年（1976）2 月 27 日，由臺北工農品展覽會、中國詩經研究會合辦紀念于右任先生九八冥誕，舉辦全國詩人聯吟，陶社社員曾彭金龍獨占雙魁，誠屬難得。茲錄其首唱掄元之作：

〈于老墨香〉　曾彭金龍

　　于老若春梅，新清不染埃，龍門留草法，鐵筆占元魁；

　　輔國成功者，為官仰秀才，書香垂世代，翰墨永相陪。〔註130〕

次唱掄元之作：

〈工農展〉　曾彭金龍

　　從來我國重農工，大會於今展覽中，

　　物美價廉稱第一，中華萬古不貧窮。〔註131〕

　　陶社社員積極參與全臺各地之徵詩、徵文、徵聯等活動，且屢獲佳績。由上例可見，陶社與其它地區之傳統詩社，不因族群、文字與語言等因素，對活動進行產生衝擊與影響。

〔註130〕魏雲欽發行，《陶社課題詩選》，新竹：關西陶社，1997，頁 80。又：曾立德
　　　　提供，此為首唱掄元之作。

〔註131〕同上註。

肆、陶社詩人作品發表園地

陶社詩人之文學園地，大體上離不開詩刊、報紙副刊及寺廟楹聯。舉凡課題、擊鉢、徵詩、徵聯，以及應酬、閒詠等作品，藉由平面傳播媒體，如報紙、雜誌來發表，可追溯至日治時期。當時即有《詩報》、《風月報》等詩刊雜誌，專供古典詩發表之固定欄位。詩刊多屬於詩壇內部成員之交流性質；報紙副刊則是公開之發表空間，它提供詩人作品向社會展演之場域。個人詩集、合集或選集，均為詩人馳騁之重要場域。

（一）報紙期刊

日治時期陶社社員的課題、徵詩，常發表於《臺灣日日新報》、《風月報》之外，《詩報》是他們最重要之舞臺。由於陶社創辦人邱筱園與盧纘祥、魏清德等在昭和 5 年（1930）支持桃園周石輝發行《詩報》，邱筱園於昭和 5 年 10 月 30 日為《詩報》撰寫發刊詞，更長期擔任其顧問，沈梅岩及黃香模則擔任編輯。

圖 3-4-1　《詩報》詩報發刊詞剪影

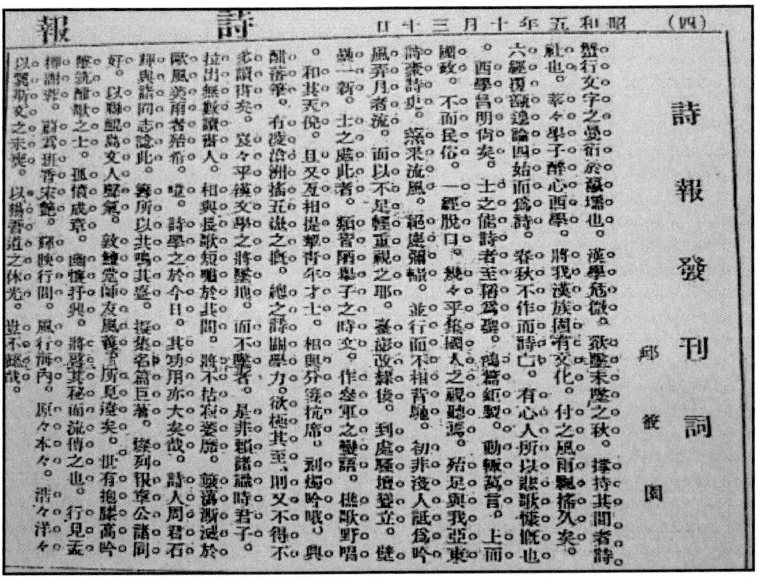

邱筱園撰

陶社對《詩報》之護持可由贊助員名錄中看出端倪，詩報贊助員都是以個人名義寄付，如：鄭步青、吳袞臣、黃全發、林輝玉、朱傳明、梁盛文、

黃榮光、劉世富、蕭林石……等，唯獨陶社是以社團「陶社」之名寄付。陶社社員作品得於《詩報》上公開，讓全臺各地詩友對「陶社」瞭解，這是一項重要之社務發展策略。因此，《詩報》創刊初期，陶社便常有機會將詩作刊載於《詩報》上。這無異鼓舞陶社社員更加精進，也使陶社社務更加發展，社會影響力更加提昇。

（一）詩刊、詩集

陶社不只採取向內凝聚之方式，也和友社交流，廣向全臺徵詩，各地之詩友踴躍投入，入選作品編成專輯。民國 86 年（1997）12 月，陶社社長魏雲欽率先出版厚達 650 頁之《陶社課題詩選》，收錄民國 63 年至民國 82 年（1974～1993）間作品，可惜只印 300 冊，流通不廣。民國 90 年 11 月，林柏燕獲陶社魏雲欽、徐慶松前後兩任社長提供七巨冊、鋼版刻印之陶社詩人作品，從昭和年間、戰後，四〇年代至五〇年代全部選錄之外，其餘六〇年代至八〇年代初期之作，僅選具有代表性者；八〇年代，至九〇年代之作，大多予以收錄。編成《陶社詩集》，由新竹縣文化局出版，凡 574 頁。

詩人是最擅長使用語言者，詩歌是有生命的，陶社自創社以來，社員代代相傳，努力耕耘，繽紛絢爛之詩作，展示詩家們情真意切、宏觀之文化視野。《陶社課題詩選》及《陶社詩集》，蘊含詩家們景象萬千之情感，壯闊深遠之題材，極具研究價值。

圖 3-4-2　陶社詩集書影

游日光提供。左：魏雲欽編《陶社課題詩選》；右：林柏燕編《陶社詩集》

（三）個人詩集

陶社個人出版之詩集，如下表：

表 3-3-1　陶社社員作品輯

姓　名	書　名	出版年	出　版　單　位	備　註
羅享彩	南廬紀集	1974	自刊本	魏雲欽編校
	金婚酬唱集	1977	自刊本	
陳昌宏	六秩晉一壽辰	1960	自刊本	
	七旬晉一壽辰	1970	自刊本	
	蒼髯吟草	1976	自刊本	
	金婚酬唱集	1977	自刊本	
葉發進	八旬晉一壽辰	1976	自刊本	暨結婚六十週年慶
呂杰全	岳三小集	1978	自刊本	日本名爲（呂岳三）
黃朱興	紫騰吟草	1981	自刊本	
徐家祥	初苑吟草	1983	自刊本	
	初苑吟草二集	1993	自刊本	
游金華	澹園詩草	1991	自刊本	游日正主編
	游金華詩文集	2000	桃園縣政府文化局	
	澹園拾穗	2007	自刊本	劉金花主編
徐慶松	徐慶松全集	1999	自刊本	2011 再版
魏雲欽	魏雨金米壽唱和集	2000	陶社印行	

除上述表列爲個人詩作專輯外，也有個人徵詩活動之紀念專刊。有的是以陶社之名，廣邀英雄帖；有的是以個人或其企業之名徵詩。陶社個人徵詩首推陳其五。陳其五（本名陳濟昌），他在昭和 7 年 12 月就曾自辦徵詩，其徵詩啓事如下：

「詩題」：牡丹。

一、體韻：七律不拘韻。

一、詞宗：邱筱園先生。

一、交卷：新竹郡關西庄關西張意發氏處。

一、期限：新曆十二月二十日截收。

一、發表：昭年八年正月下旬。

一、贈品：十名內均有薄贈，又三十名內各呈詩冊一冊，皆由其五氏呈上。」〔註132〕

陳其五此回徵詩，共募得詩作二百九十八首。第一名爲關西陳子春，第二名爲竹東劉汶清，第三名爲二水陳古鈸，第四名爲高雄許成章，第五名爲高雄黃商添，第六名爲三塊厝吳國輝，第七名爲高雄許成章，第八名爲臺北王霽雯，第九名爲新竹郭鶴菴，第十名爲關西沈梅岩，第十一名爲平鎮梁盛文，第十二名爲高雄許成章，第十三名爲臺南吳浪兒，第十四名爲彰化張鶴鳴，第十五名爲新竹郭茂松，第十六名爲文山文淵生，第十七名爲彰化張鶴鳴，第十八名爲高雄宋維六，第十九名爲大溪簡長德，第廿名爲舊城曾氏秀鳳，第廿一名爲萬華周宗輝，第廿二名爲竹東劉汶清，第廿三名爲新竹郭茂松，第廿四名爲關西郭景澄，第廿五名爲萬巒陳芳元，第廿六名爲新竹郭鶴菴，第廿七名爲鹽水吳波濤，第廿八名爲二水陳劍垣，第廿九名爲文山文淵生，第卅名爲內帷〔註133〕林章寶。由詩榜看來，一人可投多首詩稿，如：竹東劉汶清榮獲第二名、第廿二名；高雄許成章榮獲第四名、第七名、第十二名；新竹郭鶴菴榮獲第九名、第廿六名……等。茲錄榜首陳子春〈牡丹〉詩句：

> 姚黃魏紫自天成，背向離奇朵朵盈，
>
> 品貴未曾窮巷見，體嬌不傍俗塵生；
>
> 一欄合力粧春艷，眾卉都甘奉盛名，
>
> 寄語閒花君莫看，幾叢足稱玉樓情。〔註134〕

陳濟昌，（1907～1971），詩號「其五」，東成碳礦公司董事長。其父陳旺回，詩號子春，擔任礦場場長，也是「陶社」創辦人之一。昭和6年（1931），陳其五畢業於上海同文書院後，即回家鄉關西輔助父親陳旺回（子春）之東成碳礦場事業。〔註135〕陳濟昌除了在事業克紹箕裘，承續其父產業，也跨

〔註132〕《詩報》，昭和7年12月1日，第48號，第一版。又《臺灣日日新報》，昭和7年11月28日，第11725號，第四版。

〔註133〕「內帷」，是臺灣高雄市鼓山區的一個老地名。

〔註134〕《臺灣日日新報》，昭和8年1月12日，第11769號，第八版。獲選前三十之名單登錄於《詩報》，昭和8年2月15日，第五十三號，第一版。獲選前十名之詩稿刊於《詩報》，昭和8年3月1日，第五十四號，第十版。

〔註135〕1、菅武雄，《新竹州の情勢と人物》，1938，頁212。2、興南新聞社編，《臺灣人士鑑》（日刊十週年紀念版），臺北：興南新聞社，1943，頁220。3、臺

足教育界，民國 50 年 8 月，擔任桃園縣立楊梅中學龍潭分部校長。民國 60 年 3 月任滿退休。他與父親陳旺回、岳丈羅享錦，同樣愛好詩文，亦爲陶社重要社員，早期陶社徵詩，都可見其身影。例舉：

　　昭和 16 年 3 月 21 日，關西陶社第一期徵詩，詩題：「鴬遷」，體韻：七律不拘韻，一名限二首。詞宗：邱筱園先生。期限：4 月 20 日。贈品：二十名內均有薄贈（由陳其五氏寄贈）。交卷處：關西庄關西陳其五氏。〔註 136〕

　　後來，陳其五喬遷竹北。新竹柏社同意吟會陳泰階曾賦詩爲贈：

〈濟昌宗兄喬遷竹北賦呈〉　　陳泰階

　　喬遷仁里德爲鄰，那管乾坤滿俗塵，

　　雅度薫吾高望在，技能超眾奪魁頻；

　　鑛山昔理關西業，頭地應居竹北人，

　　不遜南陽閑日月，堪容名士棟樑身。〔註 137〕

　　陳其五雖然遷居竹北，但陶社徵詩事宜仍由其負責。如：昭和 16 年 5 月 19 日，關西陶社第二期徵詩，詩題：「護花幡」。詩體：七律不拘韻，各人限二首。詞宗：左右未定。期限：6 月 10 日。交卷處，新竹郡竹北驛前東成炭鑛陳其五氏，左右十名內，均由陳其五氏寄贈贈品。〔註 138〕

　　另外，羅享彩也曾以其家族企業「玉山石礦股份有限公司」名義，於民國 59 年（1970）3 月 31 日，以「寶島玉山石礦」爲題，向陶社社員徵詩。徵詩內容：「爲感懷大家長羅碧玉白手成家，1945 年以 96 歲辭世，奠定羅氏一族經濟繁榮之偉大基業，念其光前裕後輝煌種德之一頁，……。」詞宗南溪（羅享彩），選取十六名，黃朱興掄元，並出專輯以爲誌。

　　灣新民報社編，《臺灣人士鑑》（日刊五週年紀念版），臺北：臺灣新民報社，1937，頁 258。4、葉發海發行，《龍潭鄉志・藝文篇》，桃園：龍潭鄉鄉公所，2014，頁 669。

〔註 136〕《詩報》，昭和 16 年 3 月 21 日，第 244 號，第一版。

〔註 137〕《詩報》，昭和 16 年 8 月 21 日，第 254 號，第八版。

〔註 138〕《詩報》，昭和 16 年 5 月 19 日，第 248 號，第一版。

圖 3-4-3　寶島玉山石礦徵詩紀念集

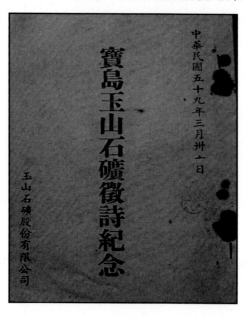

徐玉鏡提供

　　陶社個人徵詩入選作品，錦繡珠璣，燦然可觀，不僅具文學價值，或可依此窺探「詩人文化」之開展過程與基本內涵。

（四）寺廟楹聯

　　楹聯，常見於宅第、書院、園林、亭閣、寺廟、祠堂、祖塔等地，最大宗之楹聯場域是在寺廟。寺廟信仰是臺灣常民文化，寺廟楹聯數量龐大，除孔廟外，一般寺廟多有楹聯，連鄉間田頭田尾四處林立之小小伯公廟，皆可看到楹聯。楹聯作品多出自歷代詩人和名家之手，與地方之人文色彩、歷史背景、地理環境息息相關，反映了傳統寺廟與社群團體之關係，也為當時之詩人活動留下見證，且蘊含文化藝術價值。寺廟楹聯是為民間文學的一環，是藝術之結晶，精煉文字，隱含義理，書法之優美，構成獨特之格調，具有宣揚神威、培養善良風俗、傳達忠孝仁義之倫理價值觀。

　　陶社詩人也在龍潭、關西、全臺各地眾多寺廟楹聯中，留下信仰祭祀之見證，也反映了在地之文化，保留了歷史紀錄，讓後人可從歷史記憶中，重新認識民族傳統文化之瑰寶。

　　如：關西居民信仰中心，除位於大同路上縣定古蹟太和宮外，老社寮三

和宮重修，楹聯也全出自於陶社社友，由魏雲欽甄選；文昌祠重建落成亦由陶社主辦向全臺徵詩，聘請「貂山吟社」林萬榮爲左詞宗、「以文吟社」邱錦福爲右詞宗。分別由中壢曾盛芳、臺北陳榮距獲左、右元。

茲錄民國 82 年 5 月 28 日，慶祝文昌祠重建落成，左元作品：

〈慶祝文昌祠重建落成〉　　中壢曾盛芳

重建文祠感萬千，宏揚傳統舊詩篇，
宮迎關嶺三摩境，地擁螺鬟五指巔；
薪火勤傳培後學，菁莪孕育繼前賢，
母音磅礴中興兆，國運昌隆壯海天。〔註 139〕

第四節　重要詩人作品探微

陶社自創社迄今，已近一個世紀，詩人來自士農工商各行各業，精英盡出，作品琳瑯滿目，詩學傳播至今未歇。因爲他們之作品深入生活細節，心靈之內層，擁有豐富內涵，深具生活性、空間性、思想性、社會性，是近代臺灣詩壇之縮影，具有多元文化之價值，可謂臺灣重要之文化資產。關於陶社重要詩人，本研究針對林柏燕日治時代參與陶社之名單，就龍潭地區遺漏之部分予以補載，至於歷任社長、總幹事、詞宗及特殊人物，一併在此略作分析與探討。

壹、歷任社長

一、邱世濬（1878～1942），字筱園，陶社第一任社長。大正 13 年（1924）與陳子春（旺回）、沈梅岩、鍾盛鑫、徐開祿（錫卿）等 43 人，創立龍潭「陶社」，被推爲社長，至昭和 17 年（1942）逝世止，凡 17 年。也是日治時期，知名之書房教師。祖籍福建詔安，其先祖渡臺後，原居新竹，後徙居八德，再遷至龍潭銅鑼圈定居（今之高平村）。他幼年負笈從師，先後於養家義塾、東寧學校求學十年，精熟詩書，曾設育英義塾、慕甯山館、維新學堂。〔註 140〕由於日治時期逐步停辦漢文義塾，邱世濬乃聚合愛國志士研究詩詞，成立一

〔註 139〕《慶祝文昌祠重建落成詩集》，新竹：關西陶社，1993，頁 1。徐玉鏡提供。
〔註 140〕《桃園縣志・卷六・人物志・立功篇》，桃園：桃園縣文獻委員會，1962，頁 2062。

個能夠推展漢文化傳承之組織，並命名爲「陶社」。〔註141〕他學文習醫外，也向日本勸業銀行貸款，造產經營，不到卅年，竟成爲六十餘甲地產與茶廠之實業家。〔註142〕

　　邱筱園留有兩撇鬍子，溫文儒雅、學識淵博亦精通中醫，尤其是痲科白頭處方箋更是靈驗，且不論貧富，一律施以義診，甚至連日本人都前來求診，救人無數，在鄉里之間，聲望崇高，美譽流傳，鄉人尊稱其爲「邱仙仔」。〔註143〕其三子邱維垣在〈先父創新公行述〉中提及：

> 「先父諱創新，諡剛正，名世濟，詩號筱園。……世居桃園銅鑼圈，
> ……先父賦性聰敏，勤讀詩書，兼習中醫。……聯合龍潭、關西兩鄉
> 愛國文人志士成立「陶社」。……先父對祖國所傳之中醫術之造詣亦
> 甚高明，尤其運用其白頭處方箋之妙，……傳爲美談。某年有日官郡
> 守之子，因患痲痢病將死，西醫已無可救藥，經日籍刑警人員之介紹
> 並監視下，先父親予照顧二天，施予妙方，救回一命！……故先父逝
> 後卅餘年，至今年老鄉親們尚記憶猶新，每言其痲科用方之靈驗，與
> 治急驚風救活之準確，實有口皆碑之良醫。……。」〔註144〕

圖3-4-4　邱筱園

邱逢幹提供

〔註141〕同上註。

〔註142〕邱維垣，〈先父創新公行述〉，《丘（邱）氏會刊》第八期，臺北：臺北市丘（邱）
　　　　氏宗親會，1978，頁62。

〔註143〕蘇阿財口訪資料，2014年7月11日，龍潭高平村蘇宅，筆者親訪。

〔註144〕邱維垣，〈先父創新公行述〉，《丘（邱）氏會刊》第八期，臺北：臺北市丘（邱）
　　　　氏宗親會，1978，頁63。

　　瑳玉吟社創辦人梁盛文，在《耐園隨筆》中提到：「本島北部，粵語詩人，彭鏡泉、邱世濬名最著。……邱世濬，字筱園，新竹銅鑼圈人也。詩名馳島內……。」〔註145〕

圖 3-4-5　邱筱園故居

邱逢幹提供

圖 3-4-6　邱筱園故居現狀

筆者攝

　　邱筱園大正元年（1912）參加桃園吟社，擔任桃園吟社總幹事。大正 2

〔註145〕梁盛文，《耐園隨筆》，未出版，無頁碼，吳家勳提供。

年（1913），桃園吟社之「散處派」與「鹹菜硼派」，為爭邱筱園雙方均投書
報社。1913 年 7 月 1 日，《臺灣日日新報》〈竹風槐日〉，刊載：「爭筱園邱
氏，日前邱氏來函，言始終與『散處派』同一步驟云云。兩者間之爭執遂定。」
〔註146〕1913 年 7 月 5 日，《臺灣日日新報》〈編輯謄錄・七月四日〉載道：
「桃園吟社散處派與鹹菜硼派，爭一邱筱園甚力，投書本社。方今世界，尊
重自由，從邱之意可歟。」〔註147〕邱筱園表明與散處派同步之心可以理解，
蓋邱筱園與簡若川、黃守謙、鄭永南等交誼深厚，且長期擔任《詩報》顧問，
與同為桃園吟社之詩報發行人周石輝為莫逆之交。

　　邱筱園最廣為人知之作品是明治 40 年（1907），參加龍潭吟社第二回課
題〈桃花源〉組詩，此詩並於同年 3 月 15 日發表於《臺灣日日新報》。《瀛海
詩集》也收錄其詩，指其「善屬文能詩，為漢學界耆宿。性亢爽高，有耕隴
抱膝高吟之概，然圭璋品望為世所重……」〔註148〕。

〈桃花源〉　　邱筱園五首之一
　　渾噩無為太古然，避人避地獨完全。
　　簡中不受紅羊劫，方外空談白足禪。
　　此境闊三千世界，其人超十二萬年。
　　風潮急激喧歐美，東海桃源別有天。

　　詞宗植亭〔註149〕點評邱筱園〈桃花源〉詩：「純從桃花源妙處著筆，發
揮盡致，風骨欲仙。五首中無一弱句、無一閒字，琳琅滿紙，如空潭瀉春。
古鏡照神，自是斷輪老手，真當行出色技也。」

　　昭和 5 年（1930）10 月，與盧纘祥、魏清德等人協助桃園吟社周石輝，
創立「吟稿合刊詩報社」，發行全臺之漢文刊物《詩報》，擔任顧問，成為陶
社向外連結之重要平臺。

　　昭和 10 年（1935）4 月 1 日，總督府公佈「臺灣地方自治制度改正」，並

〔註146〕《臺灣日日新報》，〈竹風槐日〉，大正 2 年（1913）7 月 1 日，4695 號，日刊，
　　　　第六版。
〔註147〕同上，〈編輯謄錄〉，大正 2 年（1913）7 月 5 日，4699 號，日刊，第六版。
〔註148〕（可軒）黃洪炎編，1940，《瀛海詩集》，頁 148，臺北：龍文出版社。吳錦
　　　　順提供。
〔註149〕植亭，本名黃茂清（1868～1907），字植亭、植庭，臺北人。明治 29 年（1896），
　　　　加入由日人創立之「玉山吟社」，後又加入「淡社」、「瀛社」。明治 50 年（1897），
　　　　任職臺北辨務署雇員，同年授紳章；明治 33 年（1900），任大稻埕公學校教
　　　　師，擅長詩文。《臺灣列紳傳》謂其詩「洗鍊清奇，優摩範陸之壘」。

於同年 10 月 1 日實施。改革之內容如下：〔註 150〕

「1. 州協議會改爲州會，州協議會員改爲州議會員，性質由原來的諮詢機關改爲議決機關。州會議員由全部官選改爲半數民選，其中市會議員和街庄協議會員具有選舉權與被選舉權。非民選的半數由總督派任。

2. 市協議會改爲市會，市協議會員改爲市會議員，性質由原來的諮詢機關改爲議決機關。市會議員由全部官選改爲半數民選。非民選的半數由州知事派任。

3. 街庄協議會員由全部官選，改爲半數民選。非民選的半數由州知事派任。

4. 州會、市會、街庄協議會議長仍由官派的州知事、市尹、街庄長兼任。

5. 規定年滿二十五歲，年納稅額五元以上〔註 151〕，在選區內居滿六個月以上的男子才具有選舉權與被選舉權，婦女則無選舉權。」

昭和 10 年（1935）11 月 22 日，臺灣總督府舉辦了臺灣史上第一次選舉，第一屆市會及街庄協議會員選舉，意味臺灣居民首次擁有參與政治之機會。邱世濬在這次選舉中，膺任民選之龍潭庄協議會員。與其同時當選之民選庄協議會員，尚有李火來、葉傳福、徐華維、蕭慶壽、張進發、曾健昌；官選庄協議會員計有：阪元信吉、星福太郎、翁新順、黃德源、蕭光暖、呂廷結、徐彩祥。〔註 152〕昭和 14 年（1939）11 月 22 日，因第一屆議員任期終了，總督府舉辦第二屆市會及街庄協議會員選舉，邱世濬再度連任。昭和 18 年（1943）由於正值太平洋戰爭，選舉停辦。

邱筱園作品風格秀麗且溫馨，舉其〈龍潭即景〉爲例，他以七陽韻，一口氣寫下七言絕句共九首，例舉其中一首：「長堤人影亂斜陽，瀲灩金波自菲蒼，一碧涓涓潭底月，幾疑龍吐夜珠光。」透過從容、溫情的描述，舒展穿透力強大的文本架構，自然散發出對土地和自然之故鄉深情。

〔註 150〕臺灣總督府內務局，《改正臺灣地方自治制度實概要》，臺北：臺灣總督府內務局，1936，頁 16～17。臺灣大學館藏。

〔註 151〕相當於當時勞工階級五天的工資。四百萬臺灣民眾裡面，合乎投票資格公民者僅爲兩萬八千餘人。街庄協議會只是諮詢機關，州市會議員與街庄協議會員任期皆爲 4 年。參見陳俐甫，《日治時期臺灣政治運動之研究》，臺北：稻鄉出版社，1996 年，117～118。

〔註 152〕《臺灣新民報》，〈全島市會議員及街庄協議會員一覽表〉，1935 年 11 月 29 日。

〈送沈梅岩社友榮遷永靖〉　邱筱園

置酒張高會〔註 153〕，送子兼送春，春去會有時，子去竟何因。

如何好詩客，不住迴龍津，去去員林道，清風迥絕塵。

官梅數遙驛，心不隔越秦，明年春又至，願子歸結鄰，

敲詩擂社鼓，斯庵句述新，相期敦氣節，來扶大雅輪。

昭和 2 年（1927），沈梅岩調任永靖郵便局局長，〔註 154〕舉辦一個盛大宴會送別，邱筱園以五言古體詩寫下之送別詩，道出了不忍他遠調之情。高會，典出《戰國策・秦策三》：「於是使唐雎載音樂，予之五千金，居武安，高會相與飲。」依詩之內容，是在昭和 2 年春末夏初之際。我們也可以從詩之結尾語氣中，感受到期盼沈梅岩早日歸來之心。

圖 3-4-7　邱筱園手稿

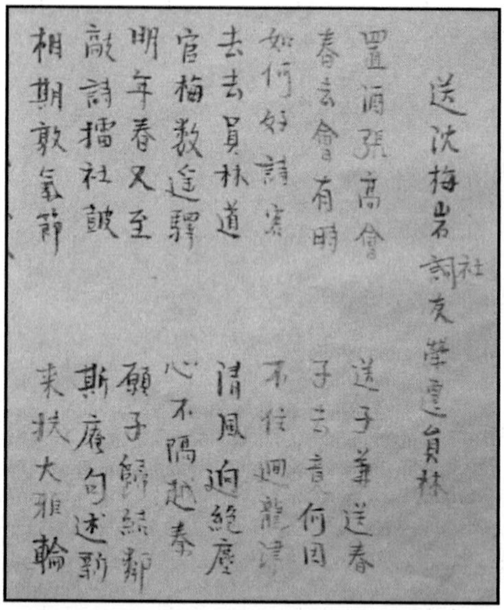
送沈梅岩社友榮遷員林

置酒張高會　送子兼送春
春去會有時　子去竟何因
如何好詩客　不住迴龍津
去去員林道　清風迥絕塵
官梅數遙驛　心不隔越秦
明年春又至　願子歸結鄰
敲詩擂社鼓　斯庵句述新
相期敦氣節　來扶大雅輪

邱逢幹提供

邱世濬去世後，其長子邱維崧集其遺稿詩 42 首，爲《筱園遺稿》。〔註 155〕

〔註 153〕置酒高會，設酒宴辦盛會之意。語出《史記・項羽本紀》：「四月，漢皆已入彭城，收其貨寶美人，日置酒高會。」

〔註 154〕《臺灣總督府職員錄系統》，頁 159。https://www.google.com.tw/。檢索日期：2015/3/26。

〔註 155〕桃園縣文獻委員會編，《桃園縣誌・卷五・文教志》，桃園：桃園縣文獻委員會，1967，頁 154。

後賴李嘉瑜精心整理，完整收錄邱筱園作品，於民國 102 年（2013）出版，《課耕茶是業，避俗竹爲鄰——日治時期臺灣漢詩人：邱筱園及其詩作》，書中對邱筱園作品有詳盡之介紹，總計有漢詩 232 首、散文 2 篇。〔註 156〕

　　二、**沈梅岩**（1892～1969）（本名火），陶社第二任社長。原籍臺中州大甲郡清水街。詩號爲梅岩，也作梅巖。臺灣總督府遞信官吏練習科畢業，大正 7 年（1918），進入遞信部〔註 157〕工作，任職臺中郵便局。大正 10 年（1921），被拔擢爲大溪郡龍潭郵便局局長〔註 158〕，寄留於新竹州大溪郡龍潭庄龍潭二百五十番地。

　　然昭和 13 年（1938），由五味田恕編輯，菅武雄發行之《新竹州の情勢と人物》內文記載：「氏は新竹市南門町の人，……梅巖と號して詩に堪能，溫和なる人格者なり）。〔註 159〕筆者推測，沈氏到新竹市南門町應是戶口寄留於此。

　　昭和 2 年至昭和 4 年，調任永靖郵便局局長，但其戶口並未遷移至永靖。因此，昭和 3 年 10 月 1 日，改選關西庄協議會員，二分之一由民選，另一半爲官派。民選者有：羅阿豐、鍾天富、陳天開、謝多香、范朝燈、徐阿爐、劉滿元、吳清仁八位；官派由郡守任命者有：小林次三郎、沈火、郭澄海、范增壇、陳旺回、陳逢茂、劉玉樹、朱盛楻八位。由此可知，沈梅岩在日治時期，與當局維持極爲良好之互動關係。

　　昭和 4 年，始設關西三等郵便局，沈梅岩擔任第一任關西郵便局局長。陶社成立時，他恭逢其盛，成了創社發起人之一。昭和 5 年 2 月 19 日，陶社在關西成立支部，是年，沈氏也調至關西任職。其後，又任關西庄協議會員、新竹縣文獻委員會委員、省郵務工會監事，民國 35 年（1946）5 月退休。由於沈梅岩個人社經地位隆譽，對社務經營推動與執行，耗費諸多心血，實際上也牽動著整個社務之運作，是陶社支部之重要推手。陶社未在關西設立支部前，關西當地之漢詩人就不少，漢詩活動相當蓬勃。陶社關西支部成立後，因關西有羅享彩、余錫瓊、徐開祿、黃德洋、陳旺回等在地三十餘位鄉紳鄉賢加入，呈現了不同之風貌。陶社與其他詩社聯吟、聯誼活動增加，除了與

〔註156〕李嘉瑜編著，《日治時期臺灣漢詩人：邱筱園詩集》，臺北：秀威資訊科技，2013，頁 47。
〔註157〕「遞信部」是日治時期，臺灣總督府轄下負責全臺郵政及電信之部門。
〔註158〕林進發編，《臺灣官紳年鑑》，臺北：民眾公論社，1934，頁 72。
〔註159〕菅武雄，《新竹州の情勢と人物》，臺北：臺北印刷株式會社，1938，頁 208。

桃園其他四社之外，與新埔大新吟社、湖口同光吟社都曾舉辦聯吟。昭和 17
年，創社社長邱世濬去世後，由沈氏繼任社長，迄民國 58 年，長達 27 年，
對陶社之扶持功不可沒，沈氏去世後由羅享彩接任社長。

圖 3-4-8　沈梅岩

資料來源：瀛洲詩集——林欽賜編（臺大圖書館館藏）筆者翻拍

沈梅岩亦精於岐黃之術，有詩爲證：

〈弔梅岩甚通藥學〉　徐慶松

　　牛耳騷壇百戰身，迴光返照竟悠眞，

　　名流清白稱高士，譽擅岐黃少一人；

　　滿眼兒孫皆國器，盈門桃李盡書紳，

　　復興文化思今已，藝苑宮牆嘆鳳麟。〔註160〕

　　臺灣紅茶公司常務董事羅慶士口述，沈梅岩與他的父親羅享彩爲至交，
在他一、二歲時，罹患小兒麻痺，四處求醫，但藥石罔效，最後是靠沈梅岩
開立處方醫好的。所以羅慶士頻頻說道：「沈梅岩是我的救命恩人。」〔註161〕

　　陶社許多活動選在關西馬武督舉行，如：昭和 5 年 9 月 14 日，沈梅岩在
陶社關西支部抄本中有段記載曰：

〔註160〕《徐慶松全集》，新竹關西：徐慶松自刊本，2011 再刊本，頁 174。
〔註161〕羅慶士口訪資料，2014 年 7 月 11 日，關西紅茶公司，筆者親訪。

「秋日與阿進君約束漫遊馬武督，於是邀集附近諸吟侶同作一日清遊，聊洗俗塵，車聲轆轆，輪停馬武。山中泉流滾滾，足駐白沙灘畔，會開擊鉢。酒泛霞杯，攪亂郇廚，於今香留齒頰，賞玩風光，此時畫映眼簾，賦呈拙作已呈大雅。」詩曰：『馬武溪邊鷗鷺儔，吟心猿鶴共悠悠，多因此地風光好，聊作平原十日遊。』」

正如詩中所言：「多因此地風光好」，沈梅岩與陶社社友間，徜徉於馬武督之好山好水中，留下許多美麗詩篇。馬武督位於新竹縣關西鎮的金山里和錦山里，地當鳳山溪上游、錦山溪河谷地。馬武督之開發史，可追溯到清領乾隆末年，隘墾線之擴張，漢人（以客家人爲主）進入咸菜甕（關西）拓墾，爲客家族群與泰雅族群文化匯聚之地。「馬武督」泰雅族語原稱「武督」，涵義係指人員物資匯集處。日治初期爲新竹州新竹郡所管轄番地，並改爲「馬武督」。〔註162〕

〈泛馬武澄潭感賦〉　沈梅岩

澄澈幽潭碧似油，飛飛白鷺宿灘頭，

平鋪煙樹三更月，點綴湖山一段秋；

恍覩梨花臨水發，翻疑雪影逐波浮，

攜壺漾楫乘清興，領略風光禊事修。〔註163〕

沈梅岩雅耽翰墨，謄稿、改稿、寫信，總是以蒼勁之毛筆字書寫，筆法渾厚蒼勁，結構工整，秀逸有致。

一輪水鏡十分圓，照徹山河大地鮮，

無數裙釵欣踏月，許多騷客喜攤箋；

摘珠競舒探驪手，倚馬爭揮奪錦鞭，

愧我無才成七步，強隨吟友撤金蓮。

〔註162〕黃國憲發行，《關西鎮誌・稿本》、新竹：關西鎮公所，2000，頁281。
〔註163〕林欽賜編輯，《瀛洲詩集》臺北市：光明社，1933，頁168。

圖3-4-9　沈梅岩手稿

資料來源：徐玉鏡提供

此手稿詩句乃沈梅岩借「撤金蓮」〔註164〕之典故，隱喻自己無才，但卻受到吟友們最高規格之隆寵。沈梅岩擔任陶社社長長達27年，他個性謙遜有禮、幽默風趣，處事圓融、精通文墨，不遺餘力推動傳統詩學，是陶社成爲詩壇長青樹之重要舵手。

三、**羅享彩**，號南溪，陶社第三任社長。出生於明治38年（1905），畢業於臺中一中，日治時期曾任庄長。戰後，民國35年（1946），首任官派鎮長，後再連任。之後，當選新竹縣第一、二屆縣議員。曾任職臺灣紅茶公司、玉山石礦公司、南華水泥公司、瑞豐公司董事長、義民中學董事、關西鎮農會理事長、新竹青果運銷合作社監事主席等。民國58年，任陶社第三任社長，集政商儒於一身，在各領域均有卓越成就，爲關西地方知名仕紳，深受時人之敬重與推崇。〔註165〕民國55年（1966）丙午，參加全國詩人大會，

〔註164〕「撤金蓮」，說的是：宋元豐八年（1085）三月，哲宗即位，高太后垂簾聽政。蘇軾任翰林，高太后召見便殿曰：「先帝每見卿奏疏，必曰：『奇才，奇才！』」因命坐賜茶，撤御前金蓮寶炬歸院。

〔註165〕魏雲欽編，《南廬紀集・魏雲欽校後記》，新竹：關西羅享彩自刊本。1974，

以「枕戈」詩題掄元。文曰；「廿年秣馬養精銳，半壁河山久蓄威，佇看反攻傳捷日，神州飄遍漢家旂。」陶社同人紛紛以「蟾宮折桂」爲題賦詩道賀。民國 68 年逝世。

圖 3-4-10　民國 55 年（1966）丙午全國詩人大會羅享彩掄元作品

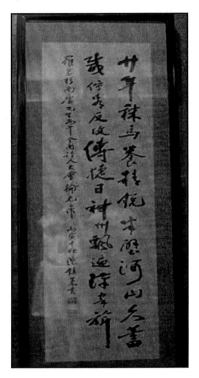

羅慶士提供，筆者翻攝

羅享彩在《南廬紀集》自序中提到其詩學淵源云：

> 「余幼深得家伯碧玉公之薰陶，獲益良多，不懼日據憲警之干擾，乃設私塾，啓蒙後輩，聘宗伯碧萬公爲西席，不忘炎黃子孫，以詩禮傳家爲庭訓。……漸余長陶社既有六載，平日相與唱和，情義交融，……高豎吟幟，弘揚詩教，則莫大焉。……。」〔註166〕

由本段內容亦可看出，陶社成立六年，也就是陶社在關西設支部後，羅享彩才入社。羅享彩號「南溪」，他將住所稱「南廬」，其文章內沒有說明何

無頁碼。

〔註166〕魏雲欽編，《南廬紀集‧羅享彩自序》，新竹：關西羅享彩自刊本。1974，無頁碼。

故？陶社耆宿羅慶堂告知筆者，極有可能是其居於「南安橋」（今之南山大橋）畔、鳳山溪之南故。

　　陶社每年中秋會在「南廬」舉辦詩會，羅享彩之子，現為臺灣紅茶公司常務董事羅慶士口述：「因家祖母（即羅享彩母親）生日是八月十六日（中秋節的第二天），陶社社員每年中秋節都會在我們家聚會，大屋一側搓湯圓，另一側則開詩會。」〔註167〕陶社關西支部手抄本關於中秋在「南廬」聚會也有一段深刻之描述：

> 「八月既望，陶社關西支部諸吟友受羅享錦、享彩君二昆仲之招待，
> 會於同氏之宅，恰有秋桃盛開，雅艷於東墻大樹，濃蔭聳翠於西隅，
> 風清月白景色宜人，兩君即指眼前諸景命題。首唱為「秋桃」、次唱
> 為「大樹」，同人逸興勃然，各揮其筆，共得詩六十餘首，經詞宗評
> 選至更闌盡興而歸。」〔註168〕

　　「南廬」中秋節常態性之詩會，光復後照常舉辦，一直到羅享彩去世為止。因此陶社詩集也留下許多與「南廬」有關之詩篇，如：「南廬賞月、南安橋玩月、南橋踏月、南廬雅集……」等。〔註169〕

圖 3-4-11　羅享彩

羅慶士提供

〔註167〕羅慶士口訪資料，2014 年 7 月 11 日，關西臺灣紅茶公司，筆者親訪。
〔註168〕昭和年間，陶社關西支部手抄本，無頁碼。徐玉鏡提供。
〔註169〕羅慶士口訪資料，2014 年 7 月 11 日，關西臺灣紅茶公司，筆者親訪。

圖 3-4-12　由臺灣紅茶公司遠眺南安橋美景

筆者攝

〈南廬雅集〉　羅享彩

　　中秋纔過後，鷗鷺會詩哦，逸興題明月，毫吟發浩歌；

　　一溪雲作嶂，千壑墨填螺，瀟灑南廬外，文風出薜蘿。〔註170〕

　　關西高中校歌，由羅享彩作詞、陳昌瑞譜曲。關西國中校歌，也是由陶社第三任社長羅享彩，與時任教於新竹女中之作曲家張彩賢一同創作。羅享彩將關西八景詩融入歌詞中，吟詠關西地區自然人文之美。

圖 3-4-13　關西國中校歌

資料來源：新竹縣立關西國民中學全球資訊網

〔註170〕魏雲欽編，《南廬紀集》，新竹：關西羅享彩自刊本。1974，頁75。

　　羅享彩與其兄羅享錦均爲陶社中堅。羅享錦，別號「綺文」，日名「德山大壽」。出生於光緒 19 年（1893），自幼習漢文。大正 2 年（1913），總督府國語學校師範部乙科畢業後，於樹林公學校任教，並擔任訓導；大正 3 年，轉咸菜硼公學校任職；大正 7 年，任紅咸鐵道株式會社監查；昭和 3 年（1928），派任關西庄庄長；昭和 12 年（1937），任職臺灣紅茶株式會社社長。亦曾任關西信用購買販賣利用組合長、關西茶業組合長、赤柯山茶業組合理事、新高茶業組合理事、新竹州紅茶同業組合評議員、臺灣茶共同販賣所評議員、同利商業組合副組合長、關西庄協議會員等職。〔註171〕

　　羅家在日治初期，由羅碧玉號召羅享錦、羅享彩等家族成員，夥同關西地區羅氏宗親及地方人士，共同出錢出力組織「臺灣紅茶株式會社」，羅家爲主要股東，並由羅享錦出任董事長、羅慶增擔任總經理。公司以製造及收購同業生茶，經過精製、拼堆、包裝後，大量運銷至日本、歐、美海外市場。

圖 3-4-14　臺灣紅茶株式會社圖

〔註171〕1・連雅堂序，《人文薈萃》。臺北市：遠藤寫眞館，1921，頁 136。2・興南新聞社，《臺灣人士鑑》，臺北：興南新聞社，1943，頁284。

圖 3-4-15　紅茶公司出貨情形（1954.11.13）

羅慶士提供，筆者翻攝

　　在臺灣茶葉界中，獨佔鰲頭，與北埔姜家同享盛名。而姜瑞昌，可說是北埔新姜家族第二代在日治時期之代表人物。

　　姜瑞昌，出生於光緒 12 年（1886），乃北埔傳奇人物姜滿堂之次子，明治 39 年（1906），總督府國語學校師範部畢業。大正 9 年（1920），總督府在臺施行行政區域改制，自北埔公學校退休之姜瑞昌被拔擢出任北埔庄長，直至昭和 7 年（1932）為止，總共做了 12 年庄長。姜瑞昌卸任庄長後，昭和 7 年（1932），擔任新竹州協議會員。昭和 5 年（1930）創設「北埔瑞昌茶葉組合」；昭和 7 年，創設北埔茶葉試驗場暨小分林附屬茶園，研究改良北埔茶葉，致力於北埔茶之推廣與輔導；〔註172〕昭和 8 年（1933，）任「新竹州農會竹東茶出荷斡旋所主事」。北埔庄在其手腕與努力下免於沒落，他對於茶業之組合組織、品種改良與生產增加等深入研究並奠定基礎，使北埔椪風茶（東方美人茶）名聞遐邇。〔註173〕據《鄧南光的影像故事》中寫道：

〔註172〕宋建和譯，（島袋完義原著），《北埔鄉土誌》，北埔公學校編，新竹縣文化局發行，2006，頁 161～163。
〔註173〕菅武雄，《新竹州の情勢と人物》，臺北：臺北印刷株式會社，1938，頁 257。

姜瑞昌之子姜蔚承指出，昭和 7 年（1932），姜瑞昌不斷嘗試發展高級烏龍茶，有一次用受過小綠葉蟬危害的茶葉來做茶，豈料卻產生特殊蜂蜜味與果香味，於是精選兩斤茶送到臺北茶葉博覽會參展，沒想到總督府以 2 百圓高價全數收購。消息初傳回北埔，當地人不信並譏爲膨風，沒想到事後證實眞有其事，姜瑞昌因此被譽爲「膨風茶之父」。〔註 174〕

　　姜瑞昌與羅享彩在日治時期均是臺灣製茶界名人，由於姜瑞昌十幾歲時曾前往咸菜甕（今之關西鎮）學習漢文。兩人詩文俱佳，彼此間有諸多唱和之作。

圖 3-4-16　姜瑞昌

（北埔鄉公所檔案照片）筆者翻拍

　　茲錄姜瑞昌所做〈南溪先生過訪未獲暢談悵甚爰吟一絕〉以示之：

　　　　遠路迢迢特貴臨，應宜暫駐話知音，

　　　　緣何率爾匆歸去，悵望情長感不禁。〔註 175〕

短短的二十八個字，道盡兩人交誼之深厚。

　　姜瑞昌與羅享彩兩人成長背景，包括家世背景、求學經過、從政履歷、營商環境……等極爲相似，因緣際會，兩人也成爲莫逆之交。姜瑞昌去世時，羅享彩寫下惜別悼詩、對故友無盡哀思之情展露無遺。

〔註 174〕古秀如編撰，《鄧南光的影像故事》，新竹：春水文化工作室，2000 年，頁 54。
〔註 175〕魏雲欽編，《南盧紀集》，新竹：關西羅享彩自刊本。1974，頁 212。

〈弔姜瑞昌先生〉　羅享彩

　　遙望平蕪繞綠波，送君丹旒〔註176〕更如何，

　　斯鄉無復斯人在，此地曾聞此處過；

　　嶺上晴雲連草木，江邊夜月映藤蘿，

　　他年華表歸來日，喬蔭森森聽玉珂。〔註177〕

　　陶社詩人中，會填詞發表者，絕無僅有，筆者只檢索到羅享彩，於《金婚酬唱集》序文中，調寄《蝶戀花》，感謝其賢內助陳氏在悠悠歲月中，同他甘苦與共。

　　男婚女嫁名歸實，合巹開端，喜賦琴和瑟。未識徽音幽有律，忽傳

　　蔗境甜於蜜。

　　青山綠水明相匹，養性舒遲，矢守宜家室。敢向蒼天心自質，結褵

　　半紀憑卿弼。〔註178〕

　　〈蝶戀花〉，是詞牌之名稱，分上下兩闋，共六十個字。姑且不論此〈蝶戀花〉之詞律、平仄、韻味。這表現詩人多方面之創作才能，也窺見其詞作清新婉約之一面。

　　四、劉錦傳，陶社第四任社長，關西鎮南雄里人，號南雄，關西公學校畢業。曾任日治時期保正、南雄里里長、鎮民代表會主席。民國57年（1968），當選關西鎮第六屆鎮長，任內規劃關西鎮都市計畫、興建渡船頭大橋等，〔註179〕建樹頗多。

　　陶社於民國57年1月17日，曾以「詩人報國」為題，慶祝劉錦傳當選關西鎮鎮長，左詞宗由世界詩人大會會長何南史（何召）〔註180〕擔任，右詞宗為中國詩經研究會祕書長馬亦飛〔註181〕。

　　〈詩夢〉　劉錦傳

　　南柯一夢喜掄元，壓倒文場翰墨尊，

〔註176〕旒，**ㄓㄠ丶**。喪事用的一種魂幡。

〔註177〕同註175，頁171。

〔註178〕羅享彩，《金婚酬唱集》，新竹：關西羅享彩自刊本。1977，頁1。曾立德提供。

〔註179〕黃國憲發行，《關西鎮誌・稿本》、新竹：關西鎮公所，1990，頁59。

〔註180〕《東方早報》，張大春，〈閱讀隨手・淹沒與沉吟〉：「何南史原為監察院長于右任之祕書，後任監察院四科科長，極有才，于右任每見客，必稱此君為『臺灣第一大詩人』」。2010年10月17日。

〔註181〕馬亦飛，浙江省義烏人，隨軍來臺，博學多才，曾任中國詩經研究會祕書長、以文吟社、龍吟詩社顧問等職。

博學江淹爭虎榜，雄才李白躍龍門；

三更拔幟誰堪配，五更簪花孰比論，

破曉仍然添逸興，聯篇珠玉壯詩魂。〔註182〕

詩夢詩話，渲染意境，爲此詩特色。詩人所願者，無非是：掄元魁於鄉會，占鼎甲於傳臚，蜚聲於翰苑。但談何容易，只好幻化成江淹、李白，寄情於夢中，憑借想像之翅膀馳騁古今，翱翔八方。

江淹是南朝辭賦大家，與鮑照並稱「江、鮑」。其《恨賦》、《別賦》與鮑照的《蕪城賦》、《舞鶴賦》，均爲當時名篇。泰始（西晉）2 年（公元 466），江淹轉入建平王劉景素幕下，受廣陵令郭彥文案牽連，被誣受賄入獄。江淹最爲知名的當數他在獄中將哀嘆訴諸筆端，一篇《詣建平王書》辭采激揚，不卑不亢，眞情流注於字裡行間，劉景素看了江淹這篇上書後，深受感動，立即釋放了他。〔註183〕

另外，夢境中有「詩仙」、「詩俠」、「酒仙」、「謫仙人」等稱呼之李白，其作品天馬行空，浪漫奔放；詩句如行雲流水，宛若天成。杜甫曾評李白之文章：「筆落驚風雨，詩成泣鬼神。」

此詩妙處，全在綺夢中，彷彿受到江淹與李白之加持，感覺聯篇珠玉紛陳，夢醒仍飄飄然。

〈妓女入道〉　　劉錦傳

平康淪落嘆凋零，姐妹群中我獨醒，

早入空門棲寶刹，靜修佛事誦黃庭；

佳餚美酒成無味，淡飯清蔬別有馨，

洗滌凡塵身自在，晨鐘暮鼓一燈青。〔註184〕

此詩題〈妓女入道〉係民國 66 年 7 月陶社第 40 期的課題詩，新竹讀我書社蕭獻三爲左詞宗、臺北縣景美鎮（今之臺北市文山區）文山吟社高文淵爲右詞宗。意指因身世凋零而墮入青樓賣笑之神女，脫卻煙花後頓入空門，以黃庭堅抄錄之《文益禪師語錄》種菩提。往日之佳餚美酒對照今日之淡飯清蔬之自在心境。

〔註182〕魏雲欽發行，《陶社課題詩選》，新竹：關西陶社，1997，頁 94。。

〔註183〕《維基百科》，http://zh.wikipedia.org/wiki。檢索日期：2014/4/17。

〔註184〕魏雲欽發行，《陶社課題詩選》，1997，40 期，頁 130。

　　五、**魏雲欽**（1913～？）詩號雨金，陶社第五任社長。大正 2 年出生於龍潭，後遷移至關西，早年爲粉筆製造商。曾任關西農會工友，後升任書記。從葉步嚴學詩。戰爭時期曾至中國廣州，後返桃園蘆竹經營農場。戰後，農場遭「公地放領」失去農場，再返關西，任職於「臺灣合會儲蓄股份有限公司」（今之臺灣中小企業銀行股份有限公司』。退休後移居臺北。

　　魏雲欽原配魏呂六妹去世後，民國 49 年（1960），續絃竹東鎮雞林里詹仁德長女詹緣嬌，正逢中秋月，陶社以此爲題，擊鉢祝賀。

　　例舉羅享彩〈中秋月‧賀魏雲欽先生續絃擊鉢吟席上〉，詩曰：

　　　長空一色碧雲天，入夜玲瓏挹露鮮，

　　　金粟晶瑩千里共，玉輪皎潔十分圓；

　　　蟾宮儷影齊爭艷，秋水寒光喜鬥妍，

　　　此夕佳人同伴侶，雙雙鸞鳳慶嬋娟。〔註 185〕

圖 3-4-17　魏雲欽

資料來源：林柏燕編，《陶社詩集》筆者翻攝

〔註 185〕魏雲欽編，《南廬紀集》，新竹：關西羅享彩自刊本。1974，頁 49～50。

圖 3-4-18　魏雨金（魏雲欽）米壽唱和集書影

資料來源：徐玉鏡提供

〈鐵算盤〉　魏雲欽

　　江湖術士賣玄機，葡命觀形斷是非，

　　不藉推珠盤有數，無需肱篋幣全歸；

　　憑空論富皆精確，以少除多總細微，

　　漫說生涯甘落拓，釋疑句句扣心扉。〔註186〕

　　「鐵算盤」，這是民國64年（1975）12月，陶社第22期課題詩；限七律五微韻，聘中壢以文吟社邱伯邨、邱錦福為詞宗。析其意，詩題乃貶義之說。《清稗類鈔・盜匪類・李某遇鐵算盤》少年曰：「不敢相欺，某乃江湖所謂鐵算盤者也。不必探囊肱篋，而能以術取人財……」，社會中常見江湖術士講得天花亂墜，但最終目的是以算計他人、貪財逐利為目的。

〈悼念關西陶社故徐總幹事家祥過身〔註187〕〉　魏雲欽

　　赴召修文君逝矣，悲哉老我悼兄忙，

　　關西吟幟翻無恙，陶社詞鋒亂有章；

　　卷袖扶輪誰得意，移風易俗孰稱殤，

〔註186〕魏雲欽發行，《陶社課題詩選》，新竹：關西陶社。1997，22期，頁70。
〔註187〕「過身」，客語，去世之意。魏雲欽致徐家祥輓詩，徐玉鏡提供，無頁碼。

胡天不佑詩星隕，太息騷壇暗一方。〔註188〕

民國 76 年（1987），關西民政課課長徐家祥力邀魏雲欽返回關西，接任陶社社長，民國 89 年，交棒給徐慶松，魏雲欽任名譽社長，社長任內曾由徐家祥主編《陶社課題詩選》出版。魏雲欽在發刊序文中對徐家祥輔佐歷屆社長，完成任內各種工作計畫，熱心會務、犧牲奉獻達十八年，讚頌有加。所以，徐家祥去世時，孰勝哀痛，賦詩感念。

六、**徐慶松**，陶社第六任社長。出生於大正 10 年（1921），關西公學校畢業，十六歲隨關西太和宮香公伯黃榮海學習漢文，如：《幼學瓊林》、《寫信必讀》……等。民國 32 年（1943），受日本徵調至海南島，日名「福山」。擔任「巡查補」（即員警役），實際上任務與軍人一樣，管理轄區居民，以免他們成群結黨、妨礙軍事或破壞治安，海南島服役期間，受日本軍官中井隊長賞識，教授體育、漢詩及日文詩歌吟唱。民國 34 年，日本戰敗，海南島岌岌可危，為免於落入共黨組織，潛逃到海口，投靠內兄葉錦開。民國 35 年，輾轉由澳門回臺。返臺後，即加入「陶社」。回鄉後不久，曾與「陶社」黃朱興合股購買兩臺揉茶機，經營茶葉生意，因理念不和，一年後退出運作，改營精米所（碾米廠）。但與黃朱興沒有嫌隙，彼此仍為莫逆之交。黃朱興去世時，徐慶松賦詩哀悼。詩曰：「無情遍欲問蒼穹，忽奪斯人恨不窮，魂遂玄冥歸化鶴，歌聽薤露雜啼蟲；何從問字開明弟，無處廣詩覓雅兄，往事縈縈徒悵望，遺篇幾讀幾涕衷。」

徐慶松曾任東光里里長、關西鎮鎮民代表、關西鎮農會理監事、關西鎮太和宮管理委員會主任委員……等。徐慶松一生孜孜矻矻，勤學不倦，也深知失學之苦，特在富光國中設立獎學金。希望能達到拋磚引玉之效果，讓更多鄉紳鄉賢投入獎學金之設立，回饋鄉里，以嘉惠家境清寒之學子。民國 88 年，參加臺南全國詩人大會，次唱「呼籲當局重視固有文化」，「尼山道統嘆凋零，亟待重興正視聽，奮振文風當局責，中華國粹萬年馨。」獲評為全國第一名，各大報多所報導，社會各界更推崇他為「八十老狀元」。〔註189〕

詩人徐慶松感嘆以孔子為代表之儒學，已逐漸凋零，它原是中國傳統最核心之元素。有不可磨滅之價值。然而，新文化運動顛覆傳統中心主義，否認自身之文化價值，因此，沉痛呼籲政府要重視固有文化，千萬不要讓文化

〔註188〕魏雲欽致徐家祥輓詩，徐玉鏡提供，無頁碼。
〔註189〕徐慶松，《徐慶松全集》，〈范振乾序〉，新竹：關西徐慶松自刊本。2011 再版本，頁 5。徐玉鏡提供。

瑰寶流失於無形，畢竟，新文學發展之源，是由傳統文化中奠基的。

圖 3-4-19　徐慶松

民國 97 年客家桐花祭席上吟唱詩歌。（筆者攝）

圖 3-4-20　徐慶松全集書影

徐玉鏡提供

〈打稻聲〉四首之一　徐慶松

颯颯西風感二毛，喜聞秋穫響喧騷，

　　機聲轆轆傳阡陌，鐘影憧憧滿隴皐；

　　地沃田肥欣大有，年豐歲稔樂雄豪，

　　農家十月收禾緊，南畝東郊徹夜罾。〔註190〕

　　十月金黃稻禾迎風搖曳，立冬前後，是農家收穫季節。詩人徐慶松以躬耕為樂，化為詩的養分，四首「打稻聲」組詩，歡樂農家幸福圖躍然於紙。

〈幼稚園老師浴火就兒童捐身〉　徐慶松

　　捐軀拯溺榜師儀，烈焰焚身救稚兒，

　　三島蒸民洟泗涕，滿城父老淚淋漓，

　　儒林特筆名標郁，學府彤圈姓氏熙，

　　大義凜然齊聖哲，楷模千載壯邦基。〔註191〕

　　此詩乃鑒於民國81年（1992）5月15日，臺北市健康幼稚園校外教學，老師、學生及家長53位，在行經桃園縣平鎮市中興路時，因老舊電源線發生短路、電線走火，爆炸起火燃燒。二十名小朋友、兩名家長，以及捨身救人的林靖娟老師，不幸命喪火窟之悲情事蹟。當時，林靖娟原本有機會逃生，然因惦念學生安危，她選擇重回火場，不斷上下車來回地奮勇救出學生逃離火場，欲從死神手中挽救孩子之生命，終因火勢太大，最後以肉身懷抱 4 名學生英勇葬身火場，壯烈犧牲。〔註192〕此情此景，天地同悲。詩人感事而發，關心時事，筆觸深入到社會，關心國家政治，憂心時局，遠至對南亞大海嘯之人道關懷；近如對社會之各種議題，以詩筆淋漓揮灑，或妍或醜，百態橫生，記載社會各個層面之跡象。

　　七、江穎川，陶社第七任社長，自幼生長於新竹縣芎林鄉下山村，卒業於芎林初級中學。畢業後，隨父耕讀，其父江安員飽讀詩書，尤其對傳統國學四書、五經著墨甚深。江穎川受此薰陶，漢學基礎紮根深厚。

　　民國56年（1967），於亞洲水泥公司玉山石礦場任職。民國60年，遷居至關西鎮西安里。移至關西後，結識徐慶松，並向其學習詩詞。民國86年，江穎川於亞洲水泥公司退休。退休後，對傳承漢學及客家文化，莫不全力以

〔註190〕徐慶松，《徐慶松全集》，頁 93。

〔註191〕徐慶松，《徐慶松全集》，新竹：關西徐慶松自刊本。2011 再版本，頁 68。徐玉鏡提供

〔註192〕華視新聞網，〈法網專題〉民國 81 年娃娃車大火，健康幼稚園 23 人喪命。http://news.cts.com.tw/cts/general/201101/201101030644323.html。檢索日期 2014/8/20。

赴；並在各個社團、社區傳授客語漢學，講授傳統婚喪習俗，增加民眾對客家禮儀之認識，對推廣客家文化，助益匪淺。同時，建立詩友們相互切磋學習之平臺，經常舉辦客家詩詞吟唱活動，並將社員作品編輯成冊，免費贈予各級學校或社團，作爲推展客家文學教材，深獲嘉評。

　　江穎川與前社長徐慶松薪火相傳長期推動地方藝文水準，民國 99 年（2010）9 月，同獲臺灣省政府主席林政則及新竹縣長邱鏡淳頒贈陶社及績優人員匾額獎狀。民國 102 年，江穎川因致力於推廣母語教育，傳承客家傳統文化，功績顯著，關西鎮公所推薦爲地方芳草人物，榮獲臺灣省政府表揚。〔註193〕民國 100 年春，陶社詩社申請立案成立「新竹縣陶社詩社」，江穎川獲得全體社員推舉爲第一屆理事長。

圖 3-4-21　江穎川於關西潮音禪寺（陶社 90 週年慶）

筆者攝

〈關西仙草〉　江穎川

　　關西仙草久名揚，市賣殷勤喚客嚐，

　　軟嫩晶瑩如玉液，細柔滑順似瓊漿；

〔註193〕102 年地方基層芳草人物系列報導（卅四），臺灣省政府行政組新聞科，
　　　　http://www.tpg.gov.tw/Caff/people.php?ID=1817&PG=24。檢索日期 2014/8/28。

提神醒腦兼明目，解渴清心又潤腸，

製粉行銷爭外匯，繁榮經濟利工商。〔註194〕

　　關西地形多為丘陵山坡地，加上先天優質水源及毫無污染之空氣，非常適合仙草生長。此詩開頭即道出關西仙草很久以前就名揚四海，「仙草」是一年生的草本植物，其莖葉洗淨後煎汁，加入少量澱粉待其凝固後，便成軟嫩晶瑩之仙草凍。據傳是古代交通不便，出入均靠雙腿，天熱趕路容易中暑生病，有善心人士將一種具有特殊香味的草類植物，曬乾經熬煮成茶，施予中暑之路人食用後，身體很快就復原，認為這種具有神效的草應是仙人所賜予的，因此將此草稱為「仙草」。仙草味甘、性寒、清熱利濕，隨著季節的變化，還有不同之吃法。自古以來，是臺灣常民大眾消暑之食材。關西所生產之仙草品質佳、香味濃、膠質高，產量佔全臺八成，品質更居全臺之冠，使關西鎮成為名符其實之仙草故鄉。詩中描寫仙草製成仙草凍的樣貌，也強調仙草提神醒腦兼明目，解渴清心又潤腸之功用，結句以積極之語氣肯定仙草之大量種植，地方有關單位不斷以新研發之粹取技術，製造出仙草茶包、即溶仙草粉……等，提升了經濟附加價值，也靠出口賺取外匯，扶植工商業發展，促成地方經濟繁榮，締造了經濟奇蹟。

　　〈夏夜〉　江穎川

倦鳥忙棲宿，疏林伴落暉，蚊雷鳴竹院，螢火繞柴扉；

卻暑調冰飲，尋涼羽扇揮，蟬聲仍斷續，月影入簾幃。〔註195〕

　　這首詩勾勒出一幅夏夜暑熱難耐之感受，對周遭環境點染卻有其獨到之處。以淡淡之筆觸描寫，落日餘暉、倦鳥、蚊雷、螢火、蟬聲，盛夏炎熱還可寫出一種悠曠之情，詩人所要表達之意，活躍紙上。

貳、歷任總幹事

　　一、**劉汶清**，字濟卿，陶社第一任總幹事，也是中壢「以文吟社」創始人之一。其後遷居楊梅，由陳昌宏接任總幹事之職。梁盛文稱其：「善導青年，維持古學，雖蔬食美羹，淡如也！其亦安貧樂道之士歟！」〔註196〕大

〔註194〕〈桃竹苗詩人擊鉢徵詩及客語吟詩大會・羅紹麒譜曲〉，陶社詩會，2014，頁17。徐玉鏡提供。

〔註195〕林柏燕選註，《陶社詩集》，新竹：新竹縣文化局，2001年，頁535。

〔註196〕梁盛文，《耐園隨筆》，梁盛文筆記：未刊本，書寫時間不詳，無頁碼。吳家

正七年（1918），任桃園廳咸菜硼區書記。〔註197〕劉汝清曾受聘於楊梅水美里隘口寮「道東堂」擔任鄭家塾師。鄭家子孫，姓名字輩是按劉汝清所題詩句順序排列：字輩詩如下：

　　「大仁承德玉生石瑞紹祖勤賢奕世榮貴；

　　　宗良善群家興水美業經謀成永存恩惠。」〔註198〕

　　劉汝清除在詩壇具有盛名外，經常參加崇文社活動。昭和5年（1930），崇文社附屬新滑稽吟社第二十一期課題詩，詩題：「翰墨林」，由釣黃居士評選。詩榜揭曉，第一名臺南韓承澤、第二名楊梅劉汝清、第三名竹山劉江水、第四名臺中疑問生、第五名楊梅劉汝清、第六名影化汗材、第七名楊梅楊清亭、第八名高雄旭日生、第九名花蓮港僑民、第十名臺中水月生、第十一名臺中吳松淵、第十二名臺中吳松淵、第十三名高雄老愚公、第十四名竹山張達修、第十五名楊梅楊星亭、第十六名臺中尤人鳳。當期寄附者彰化北門胡文土君。〔註199〕第二名與第五名均爲楊梅劉汝清，雖可見作者多篇投稿，故重複入選，但也證明劉汝清文采飛揚，萬象乾坤在其方寸中。

　　例舉劉汝清參加崇文社十五周年紀念圖入選作品賞之：

〈紀念圖〉　　劉汝清

　　斯文未喪賴諸君，十數年來繼續勤，

　　著論救時偏踴躍，立言濟世不紛紜；

　　末朝人刦經何刦，亂世書焚道不焚，

　　一息尚存全倚仗，製圖紀念準酬勳。〔註200〕

　　劉汝清「紀念圖」詩，將崇文社在日治時期歷史背景下，肩負振興禮教、喚醒社會迷信、關懷地方事務、擔負西風東漸後道德沉淪之責任，以及傳遞漢文化之用心良苦，躍然紙上。

　　勳提供。

〔註197〕臺灣總督府職員錄系統，http://who.ith.sinica.edu.tw/s2s.action。檢索日期2014/9/2。

〔註198〕鄭捷生，《來臺始祖鄭大模派下五大房子孫系統圖・修譜自序》，鄭氏宗祠重建委員會，2000。

〔註199〕《臺南新報》，昭和5年10月25日，10332期，頁4。

〔註200〕黃臥松編輯，《崇文社十五週年紀念圖附追懷武訓廖孝女合刊詩集》，彰化：崇文社，1931，頁4。

圖 3-4-22　崇文社十五周年紀念圖詩集書影

吳家勳提供

　　劉汶清也經常在「南瀛佛教」發表詩作，它是日治時期南瀛佛教會〔註201〕
之專屬刊物。劉汶清在「南瀛詩壇」撰稿，對傳統文學篇章多所貢獻。舉其
與竹東詩人詹昭河唱和詩：

〈移居五指山禪林下感賦〉（和詹昭河詩）　　楊梅　劉汶清

　　奇峰如指五枝連，托著清池湧玉泉，

　　滌慮洗心登佛境，攀藤附蔦撥蠻煙；

　　隨緣來結無因果，濟渡思乘大願船，

　　伸手似將尖筆借，禪林寫象問誰先。〔註202〕

這是劉汶清步竹東詩人詹昭河下平聲一先韻之詩。

原詩為：

〈移居五指山禪林下感賦〉　　詹昭河

　　五峰尖筆兩相連，百尺危岩湧佛泉，

〔註201〕南瀛佛教會成立於大正 10 年（1921）4 月 4 日，為臺灣總督府全力主導之臺
　　　　灣民間佛教組織。以總督府內務局社寺課長丸井圭治郎為核心人物，該宗教
　　　　組織是臺灣日治時期最具影響力之臺灣佛教組織。「南瀛佛教」自大正 12 年
　　　　7 月 10 日發行創刊號，於昭和 16 年（1941），正式更名為「臺灣佛教」。昭
　　　　和 20 年（1945），階段性任務完成，南瀛佛教會正式結束運作。
〔註202〕《南瀛佛教會會報》，第十三卷，第十一號，（昭和 10 年，1935 年 11 月），頁 49。

福地千秋浮寶座，清流半壁繞慈煙；

青山本可消塵障，綠水還堪撐法船，

十二勝中推第一，四時花木得春先。〔註203〕

　　新竹五指山，位於北埔、竹東、五峰三鄉鎮之交界，山峰連綿起伏，宛如五指，因而得名。自古以來，五指山即以山形險峻，氣勢雄壯而聞名，《淡水廳志》將其列為全淡八景之一，號稱「指峰凌霄」，而又以「五指連雲」被列為「塹南八景」之一。日治時期，五指山獲選為臺灣十二名勝之一。詩境中呼應詹昭河原詩云及五指山五峰相連、鍾靈毓秀、禪寺聖境，山光水色融入禪林，渾然天成，毫無斧鑿痕跡。雖未身歷其境，然禪林之喜，莫能名之，已臻於心物合一之空靈境界。

　　二、陳昌宏，陶社第二任總幹事，詩號蒼髯，曾任關西鎮公所秘書。〔註204〕為詩壇健將，民國56年8月，中國詩經研究會〔註205〕主辦全國詩人大會，以詩題，「迎秋」奪魁。自費印行「六秩晉一壽辰」、「七旬晉一壽辰」、「金婚酬唱集」之徵詩專輯及《蒼髯吟草》詩集。

圖3-4-23　蒼髯吟草書影

徐玉鏡提供

〔註203〕同上註。

〔註204〕林柏燕選註，《陶社詩集・日據時代陶社詩人本名一覽表》，新竹：新竹縣文化局，2001，頁568。

〔註205〕民國54年（1965）8月8日，中國詩經研究會立案成立，多次舉辦世界詩人大會、全國詩人大會。民國92年（2003）中國詩經研究會改組為中國詩人文化會。

〈題臺灣擊鉢詩選第二集〉二首之一　陳昌宏

　　維繫斯文喜續刊，莫將功力等閒看，

　　荒丘拾翠勞心血，滄海探驪瀝膽肝；

　　鼓起母音充宇域，宏揚正氣壯騷壇，

　　復興藝苑當今日，砥柱中流挽倒瀾。〔註206〕

　　《臺灣擊鉢詩選集》，洪寶昆主編，總共三集。由彰化「詩文之友社」（後改稱「中國詩文之友社」）發行。洪寶昆，字夢若。明治 39 年（1906）出生於臺中州北斗郡。〔註207〕民國 42 年（1953）4 月 20 日，《詩文之友》創刊號正式發行。洪寶昆邀聘彰化知名詩人王友芬（字蘭谷）擔任社長，林爲富（即林荊南）擔任主編，組成詩刊社鐵三角。《臺灣擊鉢詩選集》，第一集，1964 出版；第二集，1969 出版；第三集，1973 出版。洪寶昆畢生奉獻於詩刊及傳統文學之編輯，對推廣詩學與文化紮根工作，有一定的貢獻。陶社沈梅岩、劉碧嵐也賦詩祝賀，共同見證臺灣這塊土地上，古典詩學之美麗與璀璨。

〈涉趣園雅集〉　陳昌宏

　　竹苗鷗鷺侶，挈伴聚丸光，暑薄吟懷爽，詞新逸興長；

　　石泉皆道味，花木亦詩香，欲避炎威迫，來分半榻涼。〔註208〕

　　「涉趣園」乃詩人楊星亭招待社會名流及詩友聚會之園林。楊星亭，名珍（楊阿珍），楊梅鎮二重溪人。楊氏早年曾設立私塾七年，後入楊梅公學校教員八年，辭職歸農，爲以文吟社創始會員之一，著有《涉趣園詩槁》，共積詩八百餘首。經常參加彰化崇文社月課，並屢次掄元，彰化「崇文社」附屬「新滑稽吟社」之課題和徵詩，也常委聘楊星亭擔任評選。梁盛文稱他爲「吟壇健將」，謂其：「天資穎異，處事精明，文章卓絕一時。壯歲執教鞭，晚年歸隱。以讀書蒔花爲樂，其儉德尤可風世焉！」〔註209〕

　　三、**黃朱興**，陶社第三任總幹事，關西人，號紫騰，自幼隨父務農，及壯兼經營茶廠，莊園曰：「東安草廬」。師事黃榮光、黃德洋、沈梅岩。羅享

〔註206〕1、洪寶昆主編，《臺灣擊鉢詩選》（第二集），彰化：詩文之友社，1969，頁
　　　　6。（第三集），1973。（第一集），1964。2、陳昌宏，《蒼聱吟草》，關西陳昌
　　　　宏：自刊本，1976，頁33。徐玉鏡提供。
〔註207〕興南新聞社編，《臺灣人士鑑》，臺北：興南新聞社，1943，頁457。
〔註208〕陳昌宏，《蒼聱吟草》，關西陳昌宏：自刊本，1976，頁35。徐玉鏡提供。
〔註209〕梁盛文，《耐園隨筆》，梁盛文筆記：未刊本，書寫時間不詳，無頁碼。吳家
　　　　勳提供。

彩社長任內總幹事，共推與新竹竹社、苗栗栗社、新埔大新吟社、湖口同光吟社，五社結爲姊妹社。民國 70 年（1981）自費出版詩集《紫藤吟草》。

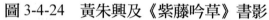

圖 3-4-24　黃朱興及《紫藤吟草》書影

徐玉鏡提供

〈洋菇〉　黃朱興

　　腐草栽培勝稻粱，農村副業足堪彰，

　　纍纍吐出清如璧，顆顆擎來潔比霜；

　　佐酒味超菰耳美，筵賓質蓋肉菽香，

　　而今世界人爭羨，外匯源源裕國昌。〔註210〕

　　黃朱興這首詩描寫家鄉關西種植洋菇之生態景觀，其實也是 4、50 年代臺灣洋菇產業之縮影。日本殖民時期，即在臺灣推動洋菇菌種培養之技術，民國 40 年代經農會輔導農民發展洋菇產業，並積極拓展罐頭外銷市場。當時農民多以栽培洋菇爲生，農民利用水稻收割後的空地改建菇寮，寮內搭建竹架栽培洋菇。農民以種稻爲主，也順勢發展洋菇產業，洋菇需要稻草作爲菌種之養分，先將稻草作堆肥發酵後鋪成菇床讓洋菇生長。農村普遍以種洋菇爲副業，菇舍林立，三、五戶農家就有一戶種植洋菇。每天清晨天未亮，菇農即開始點燈來回穿梭忙碌採收洋菇，準備載給食品工廠製作洋菇罐頭外

〔註210〕黃朱興，《紫藤吟草》，新竹：關西黃朱興自刊本，1981，頁 43。徐玉鏡提供。

銷，也是自家餐桌上待客之美味佳餚，除了繁榮農村經濟，也替國家賺取不少外匯。

〈鳶山覽勝〉　黃朱興

山形如畫似飛鳶，景色宜人入彩箋，

契伴登峰臨絕頂，邀朋策杖賞奇巔；

東瞻峽市千重瑞，西望桃園萬疊妍，

憶昔鄭王留勝蹟，應揮健筆掃狼煙。〔註211〕

鳶山，位於今之新北市三峽區西南方，其頂峰有一巨石，像一突出的鳥嘴，因山形酷似飛鳶而名「鳶山」，名列三峽五景之一。「鳶山覽勝」為黃朱興參加三峽詩社向全國徵詩入選之作。三峽詩社成立於民國 65 年（1976），由周耀東、黃景南、林天送、王明義等，招邀地方仕紳劉鉅篆、陳天賜、林先義、劉人傑、陳重朋、陳榮豐、薛照明、張應晉等十二人，成立三峽詩社，公推周耀東為首任社長。之後，即以「鳶山覽勝」及「謁行修宮」為題，向全國詩友徵詩，各得佳作千餘首。「鳶山覽勝」，七律不限韻，天詞宗為周棄子、地詞宗為王國璠、人詞宗為林灝翁。

四、徐家祥，陶社第四任總幹事，大正 2 年（1913），出生於關西鎮十六張，曾任關西鎮公所民政課課長、擔任陶社總幹事職務近 18 載。卸任後，對接任之總幹事黃朱興及社長劉錦傳仍繼續輔弼，年逾八十仍不輟，直至形骸憔悴不堪描方休。〔註212〕徐家祥認真負責，積極推展會務，繼往開來，建樹良多。民國86 年（1997）12 月，陶社曾出版厚達 652 頁之《陶社課題詩選》，徐家祥厥功甚偉。民國 72 年，自費出版詩集《初苑吟草》。民國 84 年夏，舉辦八秩晉三壽辰，向全國詩人徵詩，詩題：「南極星輝及婺煥」，敦聘邱錦福擔任左詞宗、劉彥甫擔任右詞宗，左元為屏東葉明宗、右元為左營陳滿，並出版「八秩晉三壽辰徵詩紀念冊」專輯。徐家祥是一位優秀詩人，其子徐華翰，亦為陶社詩人，乃後起之秀，表現亦不遑多讓。

〔註211〕《三峽鎮志・第十九章教育文化・第三節藝文・第一項詩文》，三峽鎮志編纂委員會，臺北：三峽鎮公所，1993。http://szt3d.ntpu.edu.tw/taipei/d/c/c_1/c_1_019.html，檢索日期：2014/4/19。
〔註212〕魏雲欽發行，《陶社課題詩選・發刊序》，1997，無頁碼。

圖 3-4-25　徐家祥著作書影

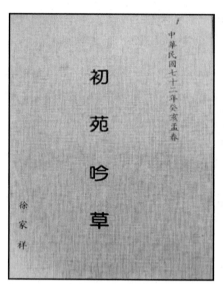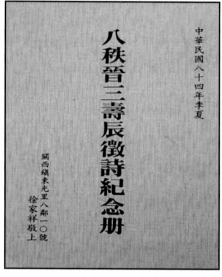

左：《初苑吟草》右：《八秩晉三壽辰徵詩紀念冊》。徐玉鏡提供。

〈題巨幅圖〉　　徐家祥

　　社會安寧感萬千，交杯和卺〔註213〕一旬年，

　　華廳紀念長松茂，翰苑留傳富貴妍；

　　鸞教為妻追聖德，庠宮有子效先賢，

　　服從各職如圖茂，筆墨生花吐色鮮。〔註214〕

　　「題巨幅圖」這首詩，是徐家祥在兒子徐華翰結婚時，所題之詩句。徐華翰服務於警界，但也繼承父志，投入傳統文學之領域中，成為陶社成員。詩中內容總帶著對兒媳幾分勉勵與期許，殷殷叮嚀兒子除在職場上要服從盡職外，也期盼他塊磊滿胸、筆墨生花。

〈悼詩人林熊祥先生〉四首之一　　徐家祥

　　騷人舉國慟哀哉，憑弔詩星殞北臺，

　　淚灑文房追敬悼，吟魂招得到蓬萊。〔註215〕

〔註213〕「卺」，唸作：ㄐㄧㄣˇ古時行婚禮所用的酒杯。《禮記·昏義》：合卺而酳（ㄧㄣˋ）。孔穎達疏：「卺謂半瓢，以一瓢分為兩瓢，謂之卺，婿之與婦各執一片以酳。」

〔註214〕徐家祥，《初苑吟草》，關西徐家祥：自刊本，1983，頁15。

〔註215〕徐家祥，《初苑吟草》，關西徐家祥：自刊本，1983，頁38。

　　此詩爲徐家祥感於痛失長於理學、書法，有「國學鉅子」、「臺灣第一名儒」林熊祥之悼詩。林熊祥（1896～1973），字文訪，號宜齋，別署大屯山民，臺北板橋人，係林本源家族長房本記林國華之曾孫，益記林爾康次子。乙未割臺，林氏舉族內渡，林熊祥於翌年（明治 29 年，1896）7 月 10 日，生於廈門。其母係清太傅陳寶琛之妹。少從舅氏陳寶琛學，故國學深厚。明治 43 年（1910）至大正 7 年（1918）赴日求學，畢業後返臺繼承家業。任林本源製糖會社董事、建興公司社長、臺北商事會社、南洋倉庫會社董事、大有物產株式會社社長等職。戰後，曾任臺灣省通志館顧委會委員，省文獻委員會委員兼總纂、副主委及主任委員，編纂《臺灣省通志稿》一大書，發凡起例，皆手自訂。著有《臺灣史略》（即《臺灣省通志稿》卷首中〈史略〉之縮印本）、《書學原論》二書。民國 62 年（1973）3 月 28 日病逝臺北，年七十八。長子林衡道，精研臺灣地方史蹟，博錄廣蒐，是著名之臺灣史蹟民俗專家，克紹箕裘，嘗任省文獻會主任委員，並輯其父詩文遺著爲《林文訪先生詩文集》。父子先後擔任省文獻會主任委員，允稱臺灣文獻界佳話。〔註 216〕

　　徐家祥對於詩界失去一位貢獻卓著之領袖，痛失尊師，深感哀痛！一口氣寫了四首輓詩，以寄哀思。

　　五、**楊煥彩**，陶社第五任總幹事。原在關西鎮東光里經營振誠製材工廠，得識徐慶松，並從其學詩。楊煥彩因致力於將客語詩詞吟唱，推廣到新竹縣內國中小學，啓蒙學生對古典詩詞之愛好，對藝文貢獻良多，並多次獲得全國各地漢詩吟唱獎項。

〔註 216〕臺灣瀛社詩學會，黃祖蔭，《蘿窗詩話（十三）‧林熊祥》，http://www.tpps.org.tw。檢索日期 2014/4/7。又：國史館編，《國史館現藏民國人物傳記史料彙編》，〈林熊祥先生事略〉，第 13 輯，臺北：國史館，1995，頁 133。

圖 3-4-26　陶社 90 週年慶

楊煥彩帶領「東光國小」小朋友以客語吟詩（前坐者爲江穎川）

2014 年 4 月 20 日筆者攝於潮音禪寺

民國 99 年（2010）9 月 27 日，榮獲臺灣省政府頒予個人薪傳師資獎項。新竹縣長邱鏡淳於 9 月 30 日頒發表揚狀，以感謝陶社及社員對傳承客家文化，推動新竹縣藝文素養之貢獻。同時得到個人獎項者尚有徐慶松、江穎川、徐玉鏡。〔註 217〕

〈夏之晨〉　楊煥彩

　　疏星影點映山林，薄霧迷離曙色侵，

　　縹緲煙籠塵斷隔，朦朧雲掩氣清沉；

　　蝴蜂追逐婆娑舞，鶯雀穿梭婀娜臨，

　　夏曉韶光呈淑景，騷朋連袂賦詩吟。

言及「夏」，腦海總是浮起《水滸傳》第十六回中「赤日炎炎似火燒，野田禾苗半枯焦」之景象。這首「夏之晨」，筆致輕巧空靈，寫出夏日晨間一種清沉之境、悠曠之情。寫山林、寫薄霧、寫紗煙、寫蝴蜂、寫鶯雀，這幅夏

〔註 217〕新竹縣文化局，藝文推廣科新聞稿，2010 年 9 月 30 日。http://www.hchcc.gov.tw/ch/01news。檢索日期 2014/4/7。

日晨景在空間層次有清新、明麗、鮮活之視覺享受，並不著力於刻劃景物，卻能在景物中透露出作者之情思，結句「騷朋連袂賦詩吟」，詩人筆下閒逸灑脫之情懷，讀來別具韻味。

〈礪志〉　楊煥彩

　　秒秒如梭捷步驟，韶光易逝感難禁，

　　三年牖下餘三讀，萬卷書中值萬金；

　　黑髮當須爭日暮，白頭纔識惜分陰，

　　功成譽遂堪題柱，莫待銀髯費苦心。

「礪志」，礪，本義是磨石，用作動詞是磨礪，引申為磨練。「志」，《說文解字》解釋為「意志」。「礪志」，即為磨練堅強之意志。清李漁《憐香交·久要》：「待我礪志青雲，立身廊廟，做些顯親揚名的大事出來。」作者楊煥彩鞭策自己，提醒自身，分分秒秒光陰如梭，他積極投入傳統文學、客家三行詩、及推動鄉土文化教育，以音樂與詩文活絡客庄。其作品詞理懇切，自勉也勉勵世人要成就一番事業，必然要愛惜光陰，勿讓青絲虛度日，莫待白頭空悲嘆。

　　六、**徐玉鏡**，陶社第六任總幹事，為陶社第六任社長徐慶松之哲嗣，自幼受其父之薰陶，品行敦厚，學思通達，奠定深厚之國學基礎。服務於中山科學研究院，公餘之暇，勤於耕讀，不廢吟詠。隨父征戰南北騷壇，在文學上亦有極高之造詣。擔任陶社常務監事期間，實際規劃參與業務推廣，舉辦各項擊鉢詩會活動，民國 99 年（2010）9 月 27 日，與其父徐慶松等四人榮獲臺灣省政府頒予個人薪傳師資獎項，新竹縣長邱鏡淳於 9 月 30 日頒發表揚狀。其父徐慶松過去曾領導關西鎮陶社 15 年，召集各界藝文人士投入研究古典漢詩傳承文化，亦協助新竹縣文化局出版「陶社詩集」。〔註218〕父子共同鼓吹詩教，同臺受獎，傳為佳話。

〔註218〕新竹縣文化局，藝文推廣科新聞稿，2010 年 9 月 30 日。http://www.hchcc.gov.tw/ch/01news。檢索日期 2014/4/7。

圖 3-4-27　民國 97（2008）年於龍潭客家文化館

左：徐玉鏡，中：徐慶松（筆者攝）

〈商德〉　徐玉鏡

　　商業經營道義先，公平取利效先賢，

　　陶公重信情常繫，晏子無欺念每懸；

　　缺德攫財人唾棄，貪婪罔世眾譏屛，

　　餿油毒害邪風熾，亟去疴瘝〔註219〕朗大千。

　　我國自古經商者就講道義，貨眞價實，童叟無欺，信譽第一。雖然逐利是商人之天性，但商人要講商道，要負社會責任，社會道義，社會公德。然而，一波接一波之餿油事件，令人匪夷所思，缺德無良、違背道義之行徑，讓世人所唾棄。作者並引「陶公重信情常繫，晏子無欺念每懸」之典來觀照今日之亂象。陶公，指范蠡，字少伯，又名鴟夷子皮或陶朱公，春秋末著名之政治家、謀士、道家、名賈和實業家。被後人尊稱爲「商聖」。他輔佐越國勾踐滅吳國，一雪會稽之恥。功成名就之後急流勇退，化名爲鴟夷子皮。他後半生，經商以德，講究誠信，期間三次經商成巨富，三散家財，自號陶朱公。世人譽之：「忠以爲國；智以保身；商以致富，成名天下。」〔註220〕晏子，

〔註219〕疴瘝，注音「ㄊㄨㄥ ㄍㄨㄢ」。《書經‧康誥》：「王曰：『嗚呼！小子封，疴瘝乃身，敬哉。』」疴瘝：病痛，比喻疾苦。

〔註220〕1、維基智庫百科，http://wiki.mbalib.com/zh-tw/。2、百度百科，http://baike.

即晏嬰，字仲，謚平，又被稱晏子。春秋後期外交家、思想家。《晏子春秋·內篇問上》「不掩賢以隱長，不刻下以諛上。」引申商人應師法晏子無欺之品格，針砭那些貪婪罔世者。

圖 3-4-28　徐玉鏡詩稿

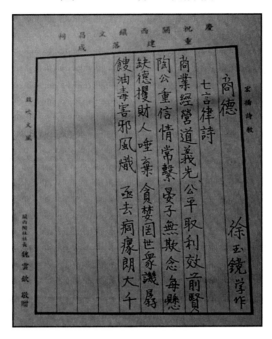

筆者攝

結句，「亟去痾瘵朗大千」，詞意深摯懇切，詩人希望人們遠離病痛，也呼籲為政者，關心群眾生活，把人民之疾苦放在心裡。

〈敬悼游公金華詞宗期頤晉二歸仙〉　徐玉鏡

南極星沉慟萬千，騷壇失舵鷺侶咽，

年前壽宴廣詩酒，此日靈堂涕淚漣；

陶社重興蒙指導，龍吟創立譽名賢，

儒風代有兒孫繼，典範葵思繫片天。

這首詩是哀悼陶社詞宗游金華，游金華於民國 101 年（2012）3 月 23 日去世，頤壽 102 歲。游金華，民國 63 年（1974）加入「陶社」，民國 71 年，在龍潭成立「龍吟詩社」並擔任社長。但對陶社有深摯感情，一直擔任陶社

baidu.com/view。檢索日期 2014/4/7。

詞宗，指導後進。因年高體弱，其子游日光擔心老父不堪重勞，數度要求其父請辭詞宗之職務，陶社社員體其事實，勉爲答應，然始終維繫極爲友好關係，民國 100 年 10 月 16 日，游金華百歲壽辰在龍潭舉辦全國詩人聯吟大會，陶社社員賡詩祝賀，不料，世事多舛，相隔 5 個多月，天人永隔，故有「年前壽宴賡詩酒，此日靈堂涕淚漣」之語。幸得，其子游日光、其女游雅晴等都繼承父親衣鉢，俱爲騷壇健將。

參、龍潭詩人

一、**鍾盛鑫**（1874～1950），字鑑堂，別號「竹山處士」。陶社第一任副社長。出生於龍潭庄八張犁，幼習漢文 20 餘年，於桃澗堡三洽水書房任書房教師。〔註221〕鍾盛鑫於龍潭竹窩子，有別宅，名曰「臥雲樓」，中築一室，以竹環，故名：「竹山巖」，自號「竹山處士」。大正 2 年（1913），被任命爲龍潭陂公學校勤務；昭和 4 年（1929），任大溪郡文化會龍潭分會長暨龍潭庄生活改善實行委員；昭和 8 年，任龍潭農事改良實行小組合長；昭和 12 年，任新竹州農會茵麻栽培指導委員。〔註222〕後遷居龍潭下街，人稱「鍾鑫仙」。爲陶社創社社員。陶社早期徵詩、課題，以其住處爲收件處。

〈祝北港鄉勵吟社成立〉　鍾盛鑫

　　文星耿耿耀瀛東，北港騷壇集會中，

　　健筆凌雲多濟濟，詩翁詞伯邁唐風；

　　鄉勵吟壇日日新，幾多騷客聚芳晨，

　　他時擊鉢催開處，願繼追隨步後塵。〔註223〕

此詩爲北港鄉勵吟社成立時，鍾盛鑫之賀詩。鄉勵吟社於昭和 8 年（1933）元旦在北港成立，社長曾仁杰（或署人杰，字師魯，號金湖逸民）與鍾盛鑫私交甚篤，彼此亦有唱酬之作。

例：

〈呈龍潭鍾盛鑫先生〉　曾仁杰

　　傾心可比向陽葵，忽頌佳章慰所思，

〔註221〕桃園廳役所，《桃園廳報》，明治四十三年六月六日，第二四七號，頁85。
〔註222〕（可軒）黃洪炎編，1940，《瀛海詩集》，頁 209，臺北：龍文出版社。吳錦順提供。
〔註223〕《詩報》，昭和 9 年（1934），3 月 15 日，第七十七號。第三版。

倘許後生師子美，不求聞達只求詩。〔註224〕

鍾盛鑫敬步原韻，詩曰：

未瞻韓范〔註225〕向傾葵，牛耳騷壇感慨思，

他日得成雞黍約，願隨幾席惠新詩。〔註226〕

由曾仁杰與鍾盛鑫酬作詩看來，詩人謙遜知禮性格表露無遺，他們之間憑藉語言文字之表達媒介，巧妙地運用了比興之技巧。據宋代學者朱熹在《詩集注》一書中的解釋是：「比者，以彼物比此物也」；「興者，先言他物以引起所詠之詞也。」通俗說「比」就是比喻，是對人、事或物加以形象之比喻，使其特徵更加鮮明突出；「興」就是起興，即借助其他事物作為詩歌發端，以引起所要歌詠的內容。曾人傑以唐代詩人杜甫（字子美）來比喻鍾盛鑫，主要是對其詩文精鍊表達敬意。鍾盛鑫自謙，哪有大文學家韓愈、范仲淹向傾葵就教之理？鍾盛鑫借《後漢書・卷八十一・獨行傳・范氏傳》裡，漢人范氏與張劭相約，於二年後將拜訪張劭家鄉。到了約定日期，張劭請他的母親準備雞黍，以待范氏之來訪，但張母認為相約已久，范氏不一定會到，然而范氏果然守信，遠從山陽來到汝南。鍾盛鑫善於用典，以此期許兩人長存翰墨緣。

〈遼東豕〉　鍾盛鑫

遼陽豕子白離離，多謂天生獨異奇，

比到龍文爭豹變，沐猴而冠那堪思。〔註227〕

「遼東豕」，詩題出自：南朝・宋・范曄《後漢書・朱浮傳》：「往時遼東有豕，生子白頭，異而獻之，行至河東，見群豕皆白，懷慚而還。若以子之功論於朝廷，則為遼東豕也。」這個典故是指：「西漢末年，幽州牧朱浮用『遼東白豕』的隱喻，來侮辱南陽建宗侯又加大將軍封號之彭寵。意思是說：「從前遼東有隻豬，偶然生了一隻白頭小豬，他的主人覺得很稀奇，要將這隻小豬拿去獻給皇帝。誰知，剛行到遼河東岸，看見那裏之豬全是白的，才懷著慚愧之心情回去。如果拿你（指彭寵）之功勞和朝廷裡之人比較，就像遼東那隻白頭小豬之情形一樣。」詩題乃比喻知識淺薄，少見多怪之井底蛙，為

〔註224〕《詩報》，昭和9年（1934），6月15日，第八十三號，第七版。
〔註225〕唐韓愈為著名文學家，卒謚「文」。宋范仲淹亦以能文著稱，卒謚「文正」。後世因以「韓范」並稱。
〔註226〕同註224。
〔註227〕曾笑雲編，《東寧擊缽吟前集》，臺北：陳鐵厚，1934，頁49。

譏諷詩。本詩末句「沐猴而冠那堪思」，也是用典，語出《史記・卷七・項羽本紀》：「人言楚人沐猴而冠耳，果然。」猴子穿衣戴帽，終究不是人。全文前後呼應，言簡意賅，比喻現今社會人虛有表像，卻不脫粗鄙之本質。

　　二、**魏維水**（1880～1943），出生於龍潭庄八張犁橫崗背，明治 34 年（1901）始，於龍潭庄烏樹林及山子頂教授漢文，努力不懈於漢文化之傳承。明治 44 年，古望林擔任桃園廳龍潭陂區區長時，魏維水任書記。〔註 228〕大正 5 年（1916），任龍潭金融公司楊梅支店長、大正 6 年任苗栗支店長、大正 9 年，任龍潭庄協議會議員。〔註 229〕魏維水日治時期活躍於地方經濟、教育文化等事業，礦業、運輸殖產上亦有其重要角色。

圖 3-4-29　桃園礦業軌道株式會社株主魏維水股票

魏新端提供

　　魏維水為人謙沖自牧，行事態度虛懷若谷，廣受眾人欽仰。魏維水有兄弟五人，他是長兄，依序有維嶽、維崑、維嵩、維崇，日政府輔導開設鶴山茶葉組合製茶工場，由維字輩兄弟合力經營。〔註 230〕據魏新端報導，二十

〔註 228〕《臺灣總督府文官職員錄》，頁 240。http://who.ith.sinica.edu.tw/s2s.action

〔註 229〕（可軒）黃洪炎編，《瀛海詩集》，臺北：臺灣詩人名鑑刊行會，1940 年，頁 148。吳錦順提供。

〔註 230〕魏廷應編修，《武平魏氏始祖侃夫公傳下・十八世祖標芳公派下族譜》，頁：說 39。

世祖學盛公時分家產，魏維水要兄弟們先選，剩餘之畸零地才是他的。（按：烏樹林之地一甲可收穫稻穀五千多斤，而八張犁一甲地只能收穫兩千多斤。〔註231〕

〈詠雪〉　　魏維水

雪滿豐年稔，藍關接翠微，三分梅蕊白，六出稻梁肥；

片片梨花落，紛紛柳絮飛，江山迷昤域，草木減芳菲；

兜率三千界，瓊樓十二圍，無疆歌盛世，翹首望京畿。〔註232〕

　　此詩爲五言排律，簡稱「五排」。排律是詩歌體裁之一，所謂排律，就是按照一般律詩的格式加以鋪排延長而成，它一切規律都以律詩爲標準，故稱排律，也稱長律。排律分五言排律和七言排律兩種，唐朝始就有排律，但一直沒出排律之名，自元代楊士宏編《唐音》，始列「排律」一目。其後高棅《唐詩彙品》也從之。

　　張夢機云：「排律分五言、七言兩種，但通常以五言居多。排律講究佈置有序，首尾通貫，所以比律詩更受束縛，更多困難。尤其是七言排律，『以句長則體散』（錢木庵語），很難出現傑作，是以在唐代作者就不多，後世詩人也不肯輕易嘗試。也正由於作品少的緣故，因此許多分類的詩選總集裏，只有五言排律，沒有七言排律的類目。」〔註233〕魏維水此詩內「藍關」，引自唐代詩人韓愈〈左遷至藍關示姪孫湘〉中之「雪擁藍關馬不前」。會景而生心，由寫景之情境，寄意在佛教之最高境界。詩中「兜率」，乃佛教之欲界天，分內外二院，內院爲彌勒菩薩之淨土，外院爲天人享樂之地方。「瓊樓十二圍」，乃喻佛教界之「須彌山」，由七金山、七香海及十二部洲所圍成。此詩末句，「翹首望京畿」，目睹臺灣在日治時期風雨飄搖，憂戚與共，詩人關心國事之心躍然紙上。

〈家聲室即景〉　　魏維水

山繞人家水繞池，沉吟席上寫新詩，

興來勃勃嫌箋短，醉到昏昏得句遲；

久耳此間書萬卷，有心是處論三奇，

〔註231〕魏新端口述資料，98 年 11 月 3 日，聖德村魏宅，溫光秀與筆者親訪。

〔註232〕同註229，頁 206。

〔註233〕《印刻文學生活誌》，「兩張詩譚」專欄，（張夢機・五言排律），第 3 卷第 3 期，2006 年 11 月號。「兩張」係張夢機撰論（並詩作示範）、張大春和詩，內容兼具古典詩創作之學理與實務。

於今想見高人品，嘯傲煙霞幾許時。〔註234〕

「家聲室即景」，乃陶社於昭和15年6月，應呂廷結之邀，在其別莊舉辦擊鉢吟。擊鉢詩題爲七律「家聲室即景」及七絕「梅雨書懷」。首唱「家聲室即景」，左詞宗爲劉汶清、右詞宗爲羅浮子；次唱「梅雨書懷」，左詞宗爲鍾盛鑫、右詞宗爲曾南海。「家聲室」，指的不是楊梅富岡之「呂家聲洋樓」，而是位於龍潭三洽水之呂廷結別莊。

圖 3-4-30　昭和 15 年 6 月 16 日陶社擊鉢詩油印稿

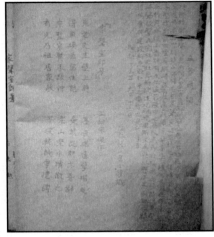

詹煥章提供

從〈卷頭詞〉及詩家作品中可進一步瞭解，是日擊鉢吟會之盛況：

「時際非常，鉢聲久息，而詞人墨客匿跡，以蹈高者指不勝屈。今有呂廷結先生寓居洽水山中，別築一洋樓，名曰『家聲室』。庭有鏡池、魚龍噴水、奇花滿架、高豎旗台，前有雲峯縱峙、後有層巒列嶂。涼傘峯之右繞、仰天湖之左旋。松風竹月、水綠山青，別有天地，儼若隆中之高臥焉！即於梅雨之候，詩旗高豎、鉢聲啓擊，爲陶社之壯色。將欲使抎雅揚風、斯文再興。……是所厚幸。

昭和十五年六月十六日

陶社竹山居士謹識。」〔註235〕

〔註234〕《詩報》昭和15年8月16日，第二三〇號，第十一版。

〔註235〕陶社「家聲室即景」及「梅雨書懷」擊鉢詩油印稿，昭和15年6月16日，無頁碼。竹山居士爲鍾盛鑫。詹煥章提供。

　　一般人所說之「家聲室」，是指楊梅富岡「呂家聲洋樓」而言。洋樓建造人呂家聲，爲呂廷結之父，呂家聲原住新竹州中壢郡新屋庄社仔，漢文造詣深且精通日文，曾任保正、庄長，1905 年任楊梅區長、1910 任楊梅壢區長、1915 年授紳章、1916 年總督授饗大禮紀念章、1928 年以地方開發功勞者，再賜大禮紀念章，上山總督授賞狀褒狀。樂善好施，捐助中壢郡新屋庄慈善事業及獎學事業基金、捐助新埔大橋建造費、捐助軍人會館建設費及東京大震。〔註236〕昭和 4 年（1929），建了五開間之華麗洋房，歷時 2 年半，於 1931 年完工，爲融合東、西方特色之二層樓複合式建築。呂家聲初期當挑夫，且曾做過「水丁」，後以賣肥料維生，靠賣肥料賺錢大量買進新屋、楊梅之土地，而成大地主。後因到萬華做生意，結識了一個水路工程師，得知擬開闢之桃園大圳水路流經地段，於是，預先大量採購那些地段，而成爲擁有將近兩百甲土地之大地主。〔註237〕呂廷結爲呂家聲之長子，出生於清光緒 18 年（1892），幼年進入社子書房學習漢學，明治 44 年（1911），楊梅壢公學校畢業後，進入臺北私立中學校就讀；大正 2 年（1913）畢業後，負笈日本東京私立正則預備中學留學；大正 5 年（1916），結業於日本大學法科；大正 7 年（1918），日本大學高等研究科畢，獲日本法學士學位。大正 8 年（1919），任東京日華新報社記者，次年返臺。返臺後，經營日用雜貨商、米穀商及綢緞商，熱心於地方公共事業與產業發展，昭和 5 年（1930），被任命爲第六屆新屋庄協議會員。昭和 9 年（1934），擔任臺灣麻瘋病預防協會特別會員，昭和 15 年（1940）6 月，選任龍潭產業組合理事，籍設三洽水。亦曾任臺灣在鄉軍人名譽會員、日本紅十字社正社員、楊梅輕鐵株式會社監查等職。〔註238〕

　　三、曾南海（1881～1944），《瀛海詩集》記載曾南海：「氏幼攻漢學經

〔註236〕1、臺灣總督府編，《臺灣列紳傳》，臺北：臺灣總督府，1916，頁 112。2、連雅堂序，《人文薈萃》，1921，頁 143。3、林進發編著，《臺灣官紳年鑑》，1934 刊本，臺北：成文出版社重新印行，1999 年，頁 68。4、楊建成，《日治時期臺灣人士紳圖文鑑》稿本，http://blog.xuite.net/wu，檢索日期，2013/09/02。

〔註237〕傅寶玉，《古圳·南桃園水圳空間與文化》，臺北：日創社，2007，頁 114。

〔註238〕1、《臺灣人士鑑》，臺灣新民報調查部編，臺北：臺灣新民報，1937，頁 477。2、《臺灣人士鑑》，興南新聞社編，臺北：興南新聞社，1943，頁 468。3、林進發編著，《臺灣官紳年鑑》，1934 刊本，臺北：成文出版社重新印行，1999 年，頁 64。4、原幹次郎（幹洲）編，《臺灣自治制度改正十週年紀念人物史》，臺北：勤勞と富源社，1931，頁 21。5、楊建成，《日治時期臺灣人士紳圖文鑑》稿本，http://blog.xuite.net/wu，檢索日期，2013/09/02。

史，執教鞭於書房，十有餘年，後棲息於農村，學種桑麻。夜間教讀卒業生
輩以古文經史。門前桃李芬芬，受其薰陶者不乏其人。或吟詠於窗下，悠悠
自適云。」〔註239〕

　　曾南海學識廣博，才情橫溢，書藝高深，常替人代筆書寫鬮書及契字（含
田契、租約、收養等）。鬮書與契字，是民間常見之契約文書。曾南海之能力、
學識、見識及煉字煅句，都受人肯定。坊間流傳許多曾南海代筆之鬮書、分
水契約書……等。

圖 3-4-31　曾南海於明治 33 年（1900），代筆之水分合約書

曾水棠提供原件。筆者翻攝。

〈蚌珠〉　曾南海

　　明珠價值重如山，老蚌幾經日月環，

　　寄語須防投暗處，精光留照惠王輬。〔註240〕

　　曾南海詩辭懇切，語重心長，透過明珠之華麗貴重，寄語莫將明珠之光
環棄於混沌之暗處。此詩蘊藉含蓄，文字表現不無明珠暗投之虞。憂心珍貴

〔註239〕（可軒）黃洪炎編，《瀛海詩集》，臺北：臺灣詩人名鑑刊行會，1940 年，頁
　　　　170。吳錦順提供。
〔註240〕林柏燕輯註，《大新吟社詩集》，新竹：新竹縣文化局，2000，頁 131。

之寶珠落入不明價值者之手，而得不到賞識或珍愛。筆者認為詩人乃引喻西漢・司馬遷《史記・魯仲連鄒陽列傳》：「臣聞明月之珠，夜光之璧，以闇投人於道路，人無不按劍相眄者。何則？無因而至前也。」〔註241〕魯仲連、鄒陽均齊國人，兩人均高才遠致，慷慨獻說，為王所器。然獨好保持超然高節，不肯仕宦任職，不屈身受制于諸侯，不貪世俗之富貴。象徵詩人品格思想亦若是。

〈臥雲樓小集〉　曾南海

　　白首雲樓臥，先生一枕安，同登思慕藺，小集仰瞻韓；

　　俯眺龍潭月，遙觀馬武彎，珍藏書萬卷，高志勝彈冠。〔註242〕

圖 3-4-32　陶社昭和 9 年 3 月 25 日擊鉢詩油印稿

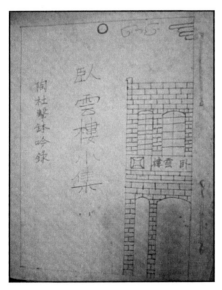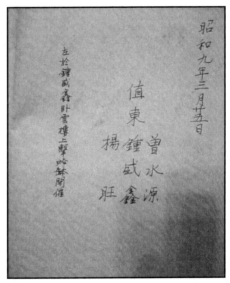

詹煥章提供

　　「臥雲樓」，即鍾盛鑫位於龍潭竹窩子之別莊，陶社同人常在此切磋詩藝，留下許多傲人之詩篇，如：「遊竹山巖」、「竹山巖即景」、「臥雲樓」……等。

　　莊園主人鍾盛鑫自吟道：

〔註241〕【典出】，西漢・司馬遷，《史記卷八十三・魯仲連鄒陽列傳第二十三》。

〔註242〕1、《詩報》，昭和 9 年（1934），4 月 15 日，第七十九號，第十版。2、陶社「臥雲樓小集」擊鉢詩油印稿，昭和 15 年 6 月 16 日，無頁碼。詹煥章提供。

穀風習習滿庭除，放鶴歸來又曝書，

時有騷人擊鉢吟，不知世事自安舒；

竹籬茅屋白雲居，世事無關樂有餘，

眼看滄桑無限感，春婆夢境總成虛。

鍾盛鑫頗有感悟陶淵明「歸園田居」所體現之情懷，以及淡泊名利，悠然自得之心境。而曾南海此詩借景達情，寫臥雲樓美景「俯眺龍潭月，遙觀馬武巒」，卻獨出心裁，以景寓情，饒富韻味。

四、葉步巖（1891～1985），早年才高八斗，三餐不繼，側身於葉氏家廟當香公。其後，在役場〔註243〕任職。臺灣光復後，臺大醫學院聘爲漢文講師，並考取中醫師特考，以中醫師爲業。〔註244〕烏樹林翁廷銓曾賦詩祝賀這位授業恩師，收錄在其出版之「翁廷銓八秩紀念書畫集」中。

圖 3-4-33　《翁廷銓八秩紀念書畫集》

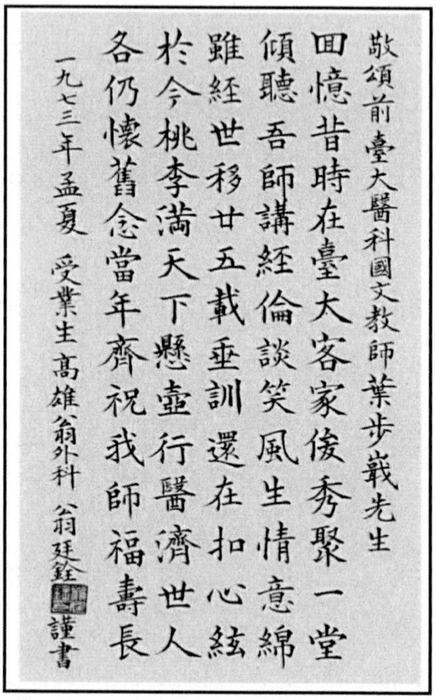

敬頌前臺大醫科國文教師葉步巖先生

回憶昔時在臺大　客家俊秀聚一堂

傾聽吾師講經倫　談笑風生情意綿

雖經世移廿五載　垂訓還在扣心絃

於今桃李滿天下　懸壺行醫濟世人

各仍懷舊念當年　齊祝我師福壽長

一九七三年孟夏　受業生高雄翁外科　翁廷銓　謹書

圖片資料來源（翁仁炫提供）。筆者翻攝。

〔註243〕「役場」，日本公務員辦公處叫「役場」，「庄役場」，則類似我們所稱之鄉、鎮、區公所。

〔註244〕林柏燕選註，《陶社詩集・陶社的時代背景及其發展（代序）》，新竹：新竹縣文化局，2001 年，頁 11。

　　翁廷銓〈敬頌臺大醫科國文教師葉步崴先生〉，詩曰：「回憶昔時在臺大，客家俊秀聚一堂，傾聽吾師講經緯，談笑風生情意綿。雖經世移廿五載，垂訓還在扣心弦，於今桃李滿天下，懸壺行醫濟世人。各仍懷舊念當年，齊祝我師福壽長。」由此可見，葉步崴是深受學生愛戴的。

　　陶社第三任社長羅享彩、第五任社長魏雲欽，均為葉步崴之得意門生。與烏樹林翁廷俊博士〔註245〕交情匪淺，民國65年（1976），翁廷俊為保存母語，以「國語辭典」為本，逐字由其女翁素貞，以北京語發音讀出。然後，再由鄉儒葉步崴以客語讀之，翁廷俊親自操作錄音機，將整本字典所收錄之萬餘漢字讀音全部錄下來。翁氏並作序曰：「保存到將來無人講客話時，供語言學者研究客語之用」。〔註246〕

〈長壽吟〉　葉步崴

　　保養三般精氣神，清心寡慾自強身，

　　食為半飽無嫌味，酒飲三分莫過頻；

　　玩山觀水多快樂，吟詩作賦不生瞋，

　　騷朋共用長庚福，矍鑠逍遙過百春。〔註247〕

　　葉步崴談養生保健最具說服力，他是詩人，又是中醫師，且高齡95歲才辭世。可見其養生之道與《黃帝內經‧素問‧上古天真論》篇：「食飲有節，起居有常，不妄作勞，志閑而少欲，心安而不懼，形勞而不倦，故能形與神俱，皆能度百歲而動作不衰」相符。又如：南宋著名詩人陸游「食粥」詩：「世人個個學長年，不悟長年在目前，我得宛丘平易法〔註248〕，只將食粥致神仙。」詩中提到「宛丘平易法」，正是他的養生心得，助他高齡95歲仍耳聰目明。葉步崴此詩提到「吟詩作賦不生瞋」，吟詩讀書可以陶冶胸襟、抒發情懷，經常吟詩之人，精神得以調劑，自然有益於健康和長壽。

〈陶園樓小集〉　葉步崴

　　約伴陶園閣上賓，愧無辭獻大邱陳，

〔註245〕翁廷俊（1914～1992），臺灣醫學家。臺北帝國大學醫學博士，臺大醫學院內科主任，臺北翁內科診所負責人。

〔註246〕《客家人月報》，鍾肇政，〈母語運動的先知先覺——悼吾鄉鄉賢翁廷俊博士〉，臺北：自由時報副刊出版，1992年4月25日。

〔註247〕黃朱興，《紫藤吟草》，新竹：關西黃朱興自刊本，1981，頁4。徐玉鏡提供。

〔註248〕「宛丘平易法」，指的是「蘇門四學士」之一的張耒，他有《宛丘集》問世，書中有一篇〈粥記〉，大力宣揚食粥的益處。

> 敢將隱士陪名士，聊藉詩人聚雅人；
>
> 暢論哄堂忘竟夜，高吟滿座盡生春，
>
> 細思珍重惟斯會，也算桃源好避秦。〔註249〕

此詩乃昭和 5 年 11 月 22 日，於陶園樓舉辦之擊鉢詩。有則記事敍述當日之盛會，文曰：

> 「小春三日爲土曜吟會，諸同人小集於子春詞友之陶園樓上，數點靈山、映夕陽而回峰影；一渠流水、漾新月而作琴聲；幾間室雅、安吟榻而有餘；一座樓高、樂同人而不厭；滿眼風光、已足吾儕之詩料矣！又何所他題乎？景澄乃曰：『以陶園樓小集即事如何？』眾口稱曰『善』。即拈眞韻、七律，定之如是。各自凝思琢句、神入吟箋。須史，大舞臺中，樂音齊響曲韻清流；不寥不躁、度東窗而添雅趣；一鼓一絃、鬧北角無礙吟歡。當此時也、不亞揚州之煙景；篇成題就、猶覺餘興之難禁。梅岩乃吟絕句一首，示之同人，同人亦齊和之。誠吾儕天眞爛漫之一盛會耳！故記之。」
>
> 記者識〔註250〕

「陶園樓」，是陳子春（旺回）之莊園，也是陶社社員最常聚會之處。陳旺回，別號子春，陶社創社會員之一。光緒 12 年（1886）生於竹北二堡咸菜硼街。其父陳興源爲咸菜支硼廳第一堡保正，幼時隨郭俊卿及陳理祿學習漢學，亦曾於育秀書院崇文閣、拔茅書室、文藻書房等學習漢學，漢學造詣深，擅長詩文及書法。曾任保甲聯合會長、國語練習會長、風俗改良委員、關西茶業組合理事、桃園廳地方稅調查委員、日本紅十字社特別社員、桃園廳產業組合聯合會研究調查委員、桃園廳產業組合聯合會研究調查委員、東成公司理事長、關西庄協議會員等職，對地方事務十分盡心，曾與羅碧玉等發起集資五萬餘元，組建建廟委員會，重建太和宮。大正 15 年（1926），創立東成鑛業公司，資本金 15 萬圓，營業項目爲運輸與礦業，架設關西、馬武督間之臺車輕軌線。〔註251〕

〔註249〕陶社關西支部昭和年間手抄本，無頁碼，徐玉鏡提供。陶園樓爲陶社陳子春別莊。

〔註250〕林柏燕疑此篇記事爲葉步戢所作。

〔註251〕1、五味田恕，《新竹州の情勢と人物》，臺北印刷株式會社，臺北：興南新聞社，1938，頁 199。2、大園市藏，《臺灣人物誌》，臺北：穀澤書店，1916，頁 41。3、臺灣新民報調查部編，《臺灣人士鑑》，臺北：臺灣新民報，1934，

　　五、黃道中（1900～1972），號香模，出生於桃園廳桃澗堡三洽水庄（今本鄉三和村泥橋子），其父爲秀才黃金彩（號維漢），通曉經史，曾於龍潭設立私塾，教育鄉里子弟，受其父啓蒙和薰陶，博學多才，畢業於日本錦誠中學。歸國後，在龍潭庄役場當助役〔註252〕，暇時行雲詩筆，縱橫騷壇，爲不可多得之才子。光復後，遷居臺南，任職於省立臺南一中。其祖屋「江夏科文祖堂」〔註253〕已列爲歷史建築，創建於清咸同年間（1850～1887）。桃園縣政府文化局，於民國92年（2003）10月5日公告登錄理由：三合院建築保存完整，構造物之石作及紅磚相當精美，具地域性風格、民間藝術及臺灣傳統農村住宅特色以及再利用之潛力。〔註254〕祖屋正身廳堂，祖先牌位兩側對聯「江迴錦浪波千頃，夏繞薰風扇一枝」爲黃道中墨寶。

圖 3-4-34　江夏科文祖堂外觀

筆者攝

　　　頁118。4、連雅堂序，《人文薈萃》。臺北：遠藤寫眞館。1921，頁132。
〔註252〕助役，相當於副鄉長。
〔註253〕「江夏」爲世代相襲之堂號。「科文」，爲黃氏第十八世開臺始祖黃科文。
〔註254〕桃園縣文化局，歷史建築登錄網站：http://www2.tyccc.gov.tw/。2014/9/03。

圖 3-4-35　江夏科文祖堂正廳

筆者攝

〈德宏詞伯八旬晉一榮壽誌喜〉〔註255〕　　黃道中

　　群欽高士隱高原，陶社爭推齒德尊，

　　此日清和開壽宇，喜看耄臺惠豚膰。〔註256〕

　　此詩爲蕭慶壽（德宏）八旬晉一壽辰之賀詩。蕭慶壽居住在龍潭銅鑼圈。
銅鑼圈範圍包含高原村與高平村，是桃園臺地最南端隆起之弧形高地，它的
形狀像覆蓋之樂器「銅鑼」，故被稱爲「銅鑼圈」。蕭家客廳掛滿八旬晉一壽
辰時陶社同仁及友社之賀詩。

〔註255〕摘自龍潭高平村「榮封第」客廳掛聯。蕭慶壽（德宏）81歲榮壽時，黃道中
　　　　（香模）賦詩祝賀。筆者親攝。邱逢幹、吳家勳陪同。
〔註256〕膰，又作燔，音讀「ㄈㄢˊ」，宗廟祭祀所用之熟肉也。

圖 3-4-36　蕭慶壽（德宏）祖居「榮封第」〔註257〕

圖 3-4-37　「榮封第」廳內現景

筆者攝

〈竹山巖即景〉　黃道中

　　竹影重重護，山光淡淡增，種柑誇老圃，煮茗款高僧；

　　地拓三弓秀，池開半畝澂，斯人真不俗，下榻迓良朋。

〔註257〕「榮封第」與林家於光緒年間捐款爲五品大夫之封典榮銜不同。蕭家爲平埔
　　　　　族，因皇帝賜姓「蕭」，故曰「榮封第」。

　　竹山巖是陶社副社長鍾盛鑫位於龍潭竹窩子之莊園，陶社及來自全國各地之詩人墨客經常在此雅聚、飲酒賦詩唱酬，切磋詩藝，友誼深篤。詩中先寫景，後寫人，景中寫情，細密清淡。寫景、敘事、抒情交織在一起，也是對竹山巖主人之尊敬與傾慕。

　　六、**陸昌義**（1881～1955），原居桃園廳海山堡大料崁下街，明治 45 年（1912）4 月寄留桃園廳桃澗堡打鐵坑庄，大正 5 年（1916）定居新竹州大溪郡三坑子庄，大正 9 年，曾短暫寄留於臺北州臺北市大稻埕九間仔后街。曾任桃園廳三坑仔區區長、〔註 258〕龍潭庄協議會員。〔註 259〕光緒 13 年 3月，陸昌義之父陸細番與四大股夥金廣成〔註 260〕，仝立奉諭開墾合約字，成爲金廣成貞字號股首之一，墾地爲十寮至大竹坑一帶。〔註 261〕明治 44 年（1911）間，陸昌義與龍潭、大溪之地方之菁英組合投入關西地區經營「安咸輕便軌道組合」，修築安平到龍潭陂間的輕軌，到了 1912 年又改成「安咸輕便公司」，再向鐵道部申請修築龍潭陂到關西的輕軌，並於 1912 年底完成，成爲關西地區的第一條輕便軌道。〔註 262〕陸昌義也投資煤礦開採業，大正 10 年間，獅頭山下之獅鼻壢凸山、崩山（赤柯山）〔註 263〕至盪耙山等山腳一帶發現煤炭，蘊藏豐富，引來陸昌義、簡阿泉、黎文成、徐雲海、瑞福煤礦業等人陸續大量開採銷售，民國 75 年間炭業結束。〔註 264〕

〔註 258〕臺灣總督府職員錄系統 http://who.ith.sinica.edu.tw/s2s.action，頁 230。
〔註 259〕連雅堂序，《人文薈萃》。臺北：遠藤寫眞館。1921，頁 163。
〔註 260〕四大股夥金廣成，即張秀欽、蔡華亮、周元寶、范琳生、梁阿傳、徐阿連、曾阿統、陸細番等。鬮分條款與墾界範圍：徐阿連與陸細番份下所分後面青山開墾股份，係憑鬮拈得四鬮貞字號一股，址在拾寮一處，自造公館一座。其四至界址：東至彩和山頂爲界；西至大粗坑尾崗頂分水爲界；南至九寮毗連爲界；北至九寮尾抽心龍透下大壢透至對面圓墩大壢直透上彩和山頂爲界，此一股四界係連股夥內人共僱工本辦理招佃開墾成業，批照。
〔註 261〕資料來源：〈明治四十二年海山堡大料崁街土名下街二十七番地陸昌義申告理由書〉，收入臺灣總督府，《臺灣總督府公文類纂》，〈開墾地業主權認定及土地臺帳登錄方認可ノ件〉，財務門，1516 冊第 1 件，1909 年 12 月 20 號。
〔註 262〕《臺灣日日新報》，1916 年 7 月 23 日，第 5772 號；1918 年 5 月 10 日，第 6422 號。
〔註 263〕玉山里，舊地名爲赤柯山，因山峰上赤柯樹多而得名。位於新竹縣關西鎮東南方，東有帽盒山，北有上盪耙山，西南方有獅頭山，西有崩山、凸山，崩山後改爲赤柯山。
〔註 264〕亞洲水泥新竹製造廠玉山礦場簡介，http://163.19.49.66/www.school/yses20/。檢索日期：2014/3/20。

〈金瓜石紀念小集〉　陸昌義

　旅中何幸聚群英，難得居停表志誠，

　明日匆匆將告別，尚期後會報隆情。〔註265〕

　　陸昌義，是陶社同時也是崁津吟社社員。《詩報》刊載，崁津吟社社友陸
昌義、邱春木〔註266〕兩先生視察金瓜石，並寫下交流之紀念小集。日治時期
金瓜石的金礦產量高居日、臺第一，同時也是全臺唯一有銅礦出口之地。陸
昌義到此繁華之黃金山城造訪，賦詩相酬爲樂。

〈墨菊〉三首之一　陸昌義

　試寫浮金不寫妍，都因旨趣效陶然，

　愛花莫限圖花味，墨裡藏芬不論錢。〔註267〕

　　此詩爲昭和4年，大新吟社與陶社之詩題，左詞宗由大新吟社林孔昭擔
綱，右詞宗爲陶社張金昌，左詞宗林孔昭評選黃道中爲第一名、右詞宗張金
昌選評第一名爲徐開祿，陸昌義同題連寫三首同韻之詩篇，誠屬不易。

　　七、曾彭金龍（1901～1978），詩號「雲池」，早期參加陶社，後期加入
龍吟詩社。法號「宗鑑」，是家傳第五代之黑頭法師。〔註268〕由於他精於齋醮
科儀，善於運用步虛〔註269〕和青詞〔註270〕，他腹蘊珠璣、妙筆生花，屢屢在
大小詩會中掄元奪魁，獨步騷壇，燦然可觀。地方廟宇祈福法會、超度亡者
之誦經拜懺、挑經、過橋、弄觀音等，常見其登壇表奏、主持科儀，咒訣罡
步，足跡甚至遠至花東地區，也曾任徵信新聞龍潭辦事處主任。

　　其書法蒼勁有力、張弛自如，民國57年（1968）11月27日，參加桃園
縣第十九屆書法比賽，榮獲社會組第四名佳績。民國65年2月27日，於全
國詩人聯吟賽中，曾彭金龍獨占雙魁，這椿大喜事，當時轟動整個龍潭。陶

〔註265〕《詩報》，昭和8年5月15日，第五十九號，第十五版。

〔註266〕邱春木，崁津吟社創始人之一。

〔註267〕林柏燕輯註，《大新吟社詩集》，新竹：新竹縣文化局，2000，頁129。

〔註268〕臺灣道士傳統分「黑頭法師」與「紅頭法師」。俗話説：「紅頭渡生、黑頭渡
　　　　死」，其差別在於紅頭法師以消災解厄、神明進香、開光等爲主；黑頭法師一
　　　　般以大型法會爲主，如：如齋醮、操渡亡魂等科儀爲主。

〔註269〕「步虛」，是諛神之辭，是道士在醮壇上口誦詞章採用之曲調行腔，傳説其旋
　　　　律宛如眾仙飄渺步行虛空，故得名「步虛」。步虛詞爲詩體之一種，或五言，
　　　　七言，八句、十句、二十二句不等。

〔註270〕「青詞」，又稱青辭，亦名綠章。唐李肇《翰林志》説：「凡太清宮道觀薦告
　　　　詞文，用青藤紙朱字，謂之青詞。」齋醮時呈獻天神之奏章祝文。多爲駢體，
　　　　以四六文句構成，對仗工整，文辭華麗。

社也於民國65年4月20日，登出小啟：

「為祝曾彭金龍詞長於65年2月27日，臺北工農品展覽會、中國詩經研究會合辦聯吟大會，首唱「于老墨香」榮獲狀元，次唱「工農展」奪魁，兩唱占鰲。如下列課題敬賀。

第26期課題：

首唱：1、詩題：登龍虎榜。2、體韻：七絕、九佳。

次唱：1、詩題：健行早操。2、體韻：七律、十灰。

以上截稿：65年5月3日止。交卷處：請寄關西鎮公所徐家祥收

陶社敬具　65年4月20日」〔註271〕

圖 3-4-38　陶社課題〈登龍虎榜〉油印本

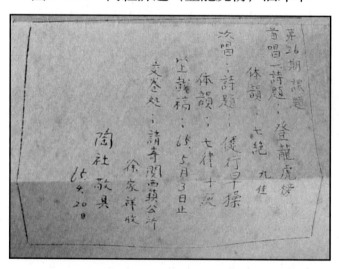

曾立德提供

　　林柏燕及魏雲欽所編之《陶社詩集》均遺漏首唱「登龍虎榜」，只登載次唱詩題「健行早操」，社友對曾彭金龍之歌頌難窺全貌。只能從少數社友私人手稿中獲知一、二。

　　如：徐家祥初苑吟草〈登龍虎榜〉，有詩讚曰：

「文光射斗耀天階，筆走龍蛇韻事佳，

喜羨雙鰲誇獨占，復興文化作模楷。」〔註272〕

〔註271〕〈陶社課題油印本‧登龍虎榜〉，曾立德提供。

　　另外，游金華以〈曾雲池先生全國吟會雙奪榜〉五律七陽韻，賦詩讚道：

　　　「北斗才高士，文章獨擅長，塵詩魁碩彥，擊鉢冠群芳；

　　　折桂輕揮斧，掄元若處囊，雲池龍起躍，陶社共沾光。」〔註273〕

　　曾彭金龍也是南瀛佛教會之會員，大正14年，感嘆當時佛教界僧侶風紀敗壞，如：叢林職事可用金錢換得。又如：開元寺成圓和尚，拐帶隨侍某官家，在開元寺養病之侍妾，捲款潛逃至南洋等。〔註274〕《臺灣日日新報》報導：「成圓淪落而之廈門，居無所，病魔為祟，繼以目疾，調治近一載始療，幾失明。然已一窮徹骨，糊口維艱，不獲（得）已，混跡賭場，冀可一博獲廬第，終難僥倖。身又染煙癮，途窮日暮，遂挺而走險，集二、三無賴，截途搶劫商旅。案發，為駐廈領事館遞解回臺。」〔註275〕成圓和尚後來從南洋流落到廈門，因搶劫案被押解返臺。日治時期，臺籍人仗殖民之勢，有日籍治外法權保護傘，在對岸胡作非為，被厭稱為「臺灣惡狗」，時有所聞。曾彭金龍心有戚戚焉，洋洋灑灑地寫下陳情書，呈請第二代會長內務局長木下信（草稿誤為本下信）整裁一番。由此可見，詩人除寫詩外，不乏對社會的關注。

圖 3-4-39　曾彭金龍致南瀛佛教會會長木下信陳情書

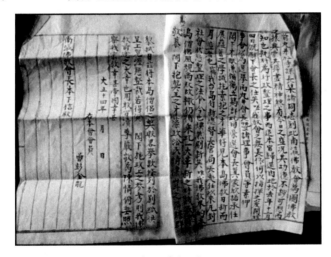

曾立德提供

〔註272〕徐家祥，《初苑吟草》，關西徐家祥：自刊本，1983，頁37。此詩韻腳「楷」為上聲「九蟹」韻。
〔註273〕游金華，《游金華詩文集》，桃園：桃園文化局，2000，頁134。
〔註274〕黃臥松編，《鳴鼓集二集‧逐歸禿賊》，彰化：崇文社，1925，頁30。
〔註275〕《臺灣日日新報》，〈臺南開元寺舊住持誘官家妾逃往南洋終客死廈門思明路煙館中妾早已溝水東西不知去向〉，不著撰人，（1933年5月17日），4版。

〈臥龍谷求奉宮安座慶典〉二首之一　　曾彭金龍

　　臥龍谷上臥龍崗，水秀山明仰佛光，

　　南有屏山仰象鼻，北呈雲嶺若獅昂；

　　香煙鼎盛崇三教，廟貌輝煌煥一堂，

　　合掌虔誠安寶座，祈求國泰護民康。〔註276〕

　　此詩爲民國66年（1977）6月，嘉義臥龍谷求奉宮向全國徵詩之作，描寫求奉宮地理位置及廟貌，結句雙手合掌虔誠安寶座，向慈悲之神佛祈求國泰民安，詩人筆下莊嚴隆重之安座場面，如躬逢盛會，感受慈航。

圖3-4-40　曾彭金龍手稿

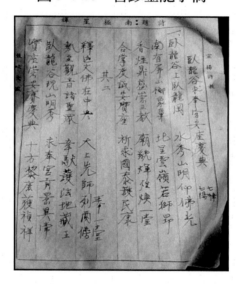

曾立德提供

〈敬和陶社羅社長南溪七十感懷瑤韻〉　　雲池（曾彭金龍）

　　古稀初度且安居，自有三多並九如，

　　爲政爲商皆顯績，經商經貫不生疏；

　　書香門第傳家訓，錦繡山莊紹祖譽，

　　積德善人常吉慶，南溪學士隱南廬。〔註277〕

　　此爲酬唱詩，是步羅享彩（南溪）「七十感懷」六魚韻而作之和詩。和韻有同韻與次韻之分。同韻容易一些，只要和詩之韻同即可，不必考慮韻之前

〔註276〕曾彭金龍手稿，曾立德提供。2014年1月29日，筆者親訪。
〔註277〕魏雲欽編，《南廬紀集》，新竹：關西羅享彩自刊本。1974，頁11～12。

後次序。而次韻不僅要求同韻，且韻之前後次序也必須相同。

羅享彩「七十感懷」原作：

> 古稀初度賦閒居，秋雨春風意自如，
>
> 爲政十年空有績，經商半世覺生疏；
>
> 弄孫膝下承庭訓，課子階前紹祖譽，
>
> 憶昔辛勞長歲月，虛心積善隱南廬。

曾彭金龍以「雲池」詩名，步羅享彩之詩韻相酬和。短短一首詩，人物描述就躍然紙上，幾乎就是羅享彩一生之縮影。

八、曾水泌（1902～2003），字春濤，生於平鎮庄東勢金雞湖 56 番地，臺北師範本科畢業後，奉派高原國民學校任教。昭和 17 年（1942），轉職龍潭國民學校訓導。〔註278〕民國 34 年（1945）11 月 15 日，奉令接收龍潭農校及龍潭國民學校，擔任龍潭國民學校光復後之首任校長。並先後在瑞埔、中壢、新街等校，擔任校長職達 30 餘年。曾當選桃園縣教育會首屆理事長。其妻邱允妹爲陶社創辦人邱筱園之長女，育有六男三女。2002 年，重陽敬老活動，曾水泌與曾邱允妹，夫妻倆接受總統陳水扁頒發敬老狀，縣政府表揚百歲人瑞禮讚。曾水泌爲陶社、以文吟社社員，經常參加詩社徵詩比賽，七次獲得全國詩詞金牌獎座。

圖 3-4-41　民國 91 年，媒體報導曾水泌與曾邱允妹歡度百歲生日

資料來源：曾盛芳提供

〔註278〕《臺灣總督府及所屬官署職員錄》，519。http://who.ith.sinica.edu.tw/corrigendumList。檢索日期：2014/3/26。

〈武陵初夏〉　曾水泌

　　虎嶺巍峩畫意涵，武陵仙境喜來探，

　　鳥啼庭院高低樹，煙繞郊原遠近嵐；

　　微雨乍晴梅乍熟，垂楊拖綠水拖藍，

　　天中節近吟懷爽，蕭鼓龍舟樂且耽。〔註279〕

　　此爲桃園詩社第 42 期徵詩，左詞宗爲新竹張奎五、右詞宗爲瀛社陳佩坤，地點在桃園詩社蘇忠仁社長文昌堂自宅。「武陵」地名之由來，源於嘉慶 14 年（1809），桃仔園漳藉住民爲了防範泉藉人士騷擾，發起募款興建土牆，區隔漳泉人士及城內與城外。道光 14 年（1834），廢土牆改爲石堡。土城石堡之外區城，即今東門溪之範圍，是一片桃仔園，春季桃花盛開，「夾岸數百步，中無雜樹，芳草鮮美，落英繽紛。」有如武陵人陶淵明忽逢桃花林，故牆外區域泛稱「武陵」。〔註280〕詩中所提到之「虎嶺」，是指「虎頭山」，其山勢外形有如猛虎一般，因此又有「虎嶼山」之稱。爲桃園市之最高點，立於桃園市東北方，爲桃園市抵擋東北季風之天然屏障。〔註281〕「武陵初夏」，著意寫武陵初夏景色，寥寥幾筆就把初夏武陵特有景色勾勒出來，前六句著重寫景，景緻優美、宛如仙境，充滿恬靜氣氛，結句蕭鼓、龍舟，兩個意象抒發怡然自得之樂。

〈人造雨〉　曾水泌

　　人造甘霖向碧蒼，昌明科學濟時殃，

　　絲絲雨細嵐光麗，習習風輕活力長；

　　沙渚涵濡欣野鴨，芳畦潑墨舞商羊，

　　老天不負三農望，豫卜豐收兆國昌。〔註282〕

　　水是生命之泉源，是我們生命中不可缺少之基本元素。過去臺灣是農業社會，經濟生產以農業爲重心，水對於農業生產尤爲重要，農業產物是社會發展之根本保障。現在，隨著經濟發展，工業用水逐年上升，導致經常缺水。政府執行人工增雨已超過半世紀。早期曾由臺電、中油合組人造雨研究所；氣象局及空軍等單位亦經常合作，藉由空中施作乾冰、碘化銀及飽和食鹽水，或在地面廣燃燄劑等方式，進行人工增雨（或稱人工造雨）作業，希望

〔註279〕〈桃園詩社選卷〉，第 42 期，1986 年 7 月 27 日，無頁碼。曾盛芳提供。
〔註280〕國立武陵高級中學，http://www.wlsh.tyc.edu.tw/ezfiles。檢索日期，2014/3/23。
〔註281〕桃園生活入口 http://www.taoyuan-life.net.tw/cgi-bin。檢索日期，2014/3/23。
〔註282〕魏雲欽發行，《陶社課題詩選》，新竹：關西陶社。1997，38 期，頁 124。

能多下一點雨。〔註283〕本詩第六句乃引喻《孔子家語》卷三〈辯政篇〉:「齊有一足之鳥,飛集於宮朝,下止於殿前,舒翅而跳,齊侯大怪之,使使聘魯,問孔子。孔子曰:『此鳥名曰商羊,水祥也。』昔童兒有屈其一腳,振訊兩眉而跳且謠曰:『天將大雨,商羊鼓舞。今齊有之,其應至矣。』急告民趨治溝渠,修隄防,將有大水爲災,頃之大霖雨,水溢泛諸國,傷害民人,唯齊有備,不敗。」景公曰:「聖人之言,信而徵矣。」意思是說:乾旱時,農民們便會期待商羊鳥跳舞帶來豐沛之雨水,屆時沙洲上也可看見野鴨歡欣戲水,更高興的莫過於皇天不負苦心人,農民的願望得以實現。其詩所引用之典故極其精切妥當。

　　九、邱欽忠(1913~1987)祖籍詔安,曾接受九年私塾教育,漢學根基相當紮實。後設帳授徒,致力於漢文之推廣,傳揚漢學精粹,對詩文尤感興趣。熱心地方事務,日治時期曾任保正,曾任龍潭上林村第一任、第二任村長。學過勘輿,精通陰陽五行。與詩人游金華私交甚篤,同時進入陶社,也是龍吟詩社創始會員之一,經常參加各種詩會徵詩或徵聯,獲獎無數。

圖3-4-42　邱欽忠民國64年參加陶社徵詩獎狀

邱清盛提供

〔註283〕經濟部水利署防災資訊服務網,http://fhy.wra.gov.tw/PUB_WEB。檢索日期,2014/3/24。

圖 3-4-43　邱欽忠手編漢文勸善歌謠教材

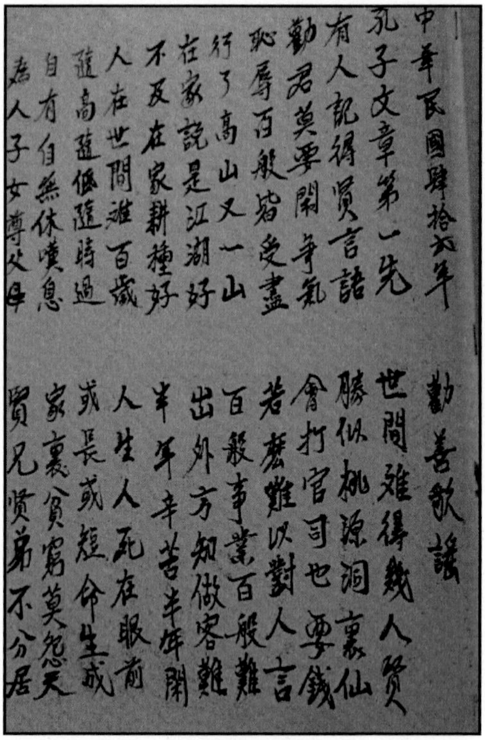
中華民國肆拾六年
孔子文章第一先
有人記得賢言語
勸君莫要鬧争氣
恥辱百般皆受盡
行了高山又一山
在家說是江湖好
不及在家耕種好
人在世間誰百歲
雖高雖低雖時過
自有自無休嘆息
為人子女尊父母

勸善歌謠
世間難得幾人賢
勝似桃源洞裏仙
會打官司也要錢
若處難以對人言
百般事業百般難
出外方知做客難
半年辛苦半年閑
人生人死在眼前
或長或短命生成
家裏貧窮莫怨天
賢兄賢弟不分居

邱清盛提供

〈先嗇宮增建後殿〉　徵聯邱欽忠

先聖神農廟貌輝煌安四境

嗇宮帝顯香煙燦爛護三重〔註 284〕

此廟聯爲民國 67 年（1978），先嗇宮因後殿增建，由董事會以「先嗇」聯首向全國徵聯入選之作。先嗇宮，清乾隆 20 年（1755）始建於新莊頭前庄，後輾轉遷建於二重埔五穀王村現址。先嗇宮原名「五穀先帝廟」，又名「五穀王廟」，日治時期更名爲「先嗇宮」。爲三重區最古老之廟宇，也是唯一之市定古蹟。「先嗇」之名取自古代天子祭天之「八蠟」禮之首，「八蠟」者，先嗇、司嗇、農、郵表畷、貓虎、坊、水庸、昆蟲等八農業神是也，而其中以「先嗇」爲首，爲眾農業神之首，即神農之神，由於所供奉之主神爲神農氏，故以「先嗇」爲廟名。〔註 285〕

〔註 284〕《先嗇宮增建後殿徵聯集》，1978，三重市：先嗇宮董事會，頁 5。
〔註 285〕臺北縣文化資產手冊，新北市政府：文化局。http://www.boch.gov.tw/。檢索

〈梅雪獻瑞〉　　邱欽忠

雪花六出傳佳訊，兆應豐年玉樹高，

新歲梅開迎淑氣，舊時柳正舞東皋；

乾坤祥瑞邦家泰，風雨調和景物豪，

四海昇平歡此日，萬民鼓腹醉醇醪。〔註286〕

此詩爲民國 66 年，陶社第 35 期課題詩，左詞宗爲高雄市壽峰詩社社長呂筆、右詞宗爲臺北中華傳統詩學會理事長蔡秋金評選。邱欽忠獲右詞宗蔡秋金評選第二名之詩作。自古迄今，梅與雪在詩人筆下結了不解之緣。如：宋王安石《梅花》詩：「牆角數枝梅，凌寒獨自開，遙知不是雪，爲有暗香來。」宋盧梅坡《雪梅》詩：「有梅無雪不精神，有雪無詩俗了人。」梅與雪相映成趣，新歲梅開透露出春之訊息、舊時之楊柳仍兀自在水邊向陽高地展示它生命力之強韌。由梅雪寫景巧妙地轉向四海昇之歡樂景象。

十、詹煌順（1917～2011），字藜菴，號文光，後因與族人同名改爲啓明。昭和 5 年（1930），畢業於龍潭公學校，昭和 7 年 3 月，畢業於龍潭農業專修學校。龍潭農校畢業後，曾師事三坑塾師李安邦研究漢學，恩師李安邦去世時，親撰「敬悼恩師李安邦先生仙遊」輓聯及哀章，哀章悼曰：

「緬維夫子，冠世鴻儒，……。痛感文學衰微，故而自宅設帳授徒，循循然善誘，繼鹿洞遺規。〔註287〕莘莘學子，近悅遠尋、擔囊負笈，……。愚自公學校畢業……。纔將兩載，因事別離，身雖函丈，心未嘗忘。恩還未報，鴻恩萬一，豈期竟作古人兮！泰山其頹，吾等失依；哲人已萎，吾其何立。……。憑靈而弔，莫欷籲不能辭。……。嗚呼痛哉！」

昭和 11 年 10 月，拜命八張犁國語講習所講師，昭和 12 年 4 月任龍潭青年團副團長。昭和 13 年 1 月，任龍潭郵便局通信事務員。民國 57 年（1968），當選爲桃園縣第七屆議長。民國 64 年，任臺灣區製茶工業同業公會理事長，曾從事製材所及新臺茶廠。民國 89 年，擔任財團法人桃園縣龍潭國小百週年紀念助學基金會董事長,此基金會乃提供在校學子助學金及急

日期：2014/3/24。

〔註286〕魏雲欽發行，《陶社課題詩選》，新竹：關西陶社。1997，35 期，頁 115。

〔註287〕「鹿洞遺規」，指宋代理學家朱熹重建白鹿洞書院時，立下《白鹿洞書院學規》或稱《白鹿洞書院揭示》，首列五教（父子有親。君臣有義。夫婦有別。長幼有序。朋友有信。）學之序（博學之。審問之。慎思之。明辨之。篤行之。）

難救助。民國 100 年（2011）8 月 7 日去世，享壽 95 歲。

圖 3-4-44　詹煌順漢詩手稿

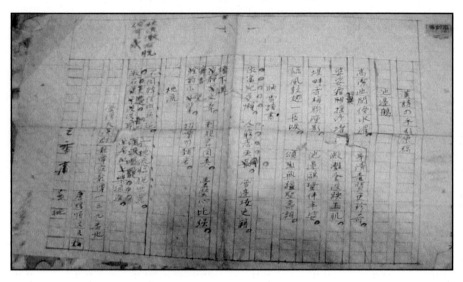

詹煥章提供。筆者翻攝。

〈震災〉二首之一　詹煌順

　　不測風雲忽捲來，轟然地震襲中臺，

　　牆墀屋倒生靈損，慘次關東大禍災。〔註 288〕

　　　此爲詹煌順參加臺北縣蘆洲鄉鷺州吟社社員鄭金柱徵詩之入選作品。鄭
金柱，號木村，臺北人，營布商。昭和 10 年（1935）5 月 15 日，在詩報刊登
徵詩啓事：

　　「詩題：震災

　　　體韻：七絕不拘韻

　　　詞宗：左李世昌、右鄭文治兩氏

　　　期限：5 月 15 日。發表：六月上旬

　　　備考：詩須貼切新竹臺中兩州下震災苦狀

　　　贈品：左右二十名內薄贈

　　　交卷：臺北市永樂町三ノ三八新春成内鄭金柱收」〔註 289〕

〔註 288〕鄭金柱輯，《臺灣新竹州、臺中州震災詩集》，臺北市：永樂町鄭金柱自印，
　　　　1935，頁 26。詹煥章提供。

〔註 289〕《詩報》，昭和 10 年 5 月 15 日，第○號五，第一版。

　　鄭金柱徵詩，詩作得到熱烈迴響，總計收到一千多件來自全臺各地之詩稿。之後，鄭金柱輯成《臺灣新竹州、臺中州震災詩集》，並在序言中陳述事件經過。

> 「時惟レ今年四月二十一日早曉，突然臺灣未曾有ノ大震災ヲ受ラケレタ新竹臺中兩州下，我ガ三千四百餘人ノ英靈ヲ永久記念トシテ，曩ニ募集シタル廣ク内外諸賢人作震災七言絕詩集ヲ編纂シ普天下ノ諸人士ニ贈ラントス。紀錄スル所ノ作詩兩百首ハ，應募作計千四十二首ノ多數ヲ得ラレテ，鸞州吟社詩人黄哉培、李世昌、鄭文治三先生ガ審查選定シタル優秀作ハ悉ク義心愛ノ發露ニシテ國民精神ノ振興ニ資スベキハ言ヲ俟タズ幸ニシテ日タ拜誦シ以テ一般ノ社會精神ノ訓育ユ一助タルヲ得ハ欣快之レニ過グルモノアラザルナリ，終リニ謹ンデ新竹臺中兩州下ノ英靈ヲ祭弔ノ意ヲ表ヲ置ク。
>
> 昭和十年乙亥盛夏鄭金柱謹誌」〔註290〕

　　臺灣向為天然災害頻仍之區，昭和10年（1935）4月21日清晨6時許，新竹、臺中兩州發生芮氏規模7.1大地震，造成新竹州及臺中州（約今新竹縣市、苗栗縣、臺中市）3,276人死亡，12,053人受傷，房屋全倒達17907戶，半倒則有36781戶，是臺灣有史以來傷亡最慘重之自然災害。受害地區為新竹州與臺中州，災情最慘重之區域包括新竹州之竹東、竹南、苗栗、大湖各郡，與臺中州之東勢、豐原、大甲各郡。受害總面積達315平方公里。〔註291〕

　　〈綠陰移榻〉五首之一　詹煌順

　　　一榻相隨避暑蒸，綠陰靜處好風乘，

　　　老夫獨在清涼境，那管趨炎俗可憎。

　　此詩為「丙子夏小集」，所以應為昭和11年（1936）夏，由曾泛舟（曾南海）、竹山居士（鍾盛鑫）、詹藜菴（詹煌順）發起，左詞宗邱筱園、右詞宗黄香模。詹煌順才華橫溢，連寫七絕五首同題（綠陰移榻）同韻（下平聲十蒸韻）之詩篇。且前三名都是他一人獨得。詹煌順領域多元化，不但寫傳

〔註290〕鄭金柱輯，《臺灣新竹州、臺中州震災詩集‧自序》，臺北市：永樂町鄭金柱自印，1935，頁26。詹煥章提供。（原文無標點符號，蒙鍾肇政者老協助標示。）
〔註291〕森宣雄、吳瑞雲著，《臺灣大地震──1935年中部大震災紀實》，臺北市，遠流出版，1996。

統詩也做文章，文章經常發表於新民報，在各領域中均大放異彩，商界如此、政界如此、藝文界亦若是，爲不可多得之全方位人才。「綠陰移榻」這首詩詩中雖然寫的是綠陰、好風、清涼、然結句話鋒一轉，朝向「趨炎」、「俗」、「可憎」，值得詠思。

十一、**蕭慶壽**（1880～1963），字德宏，乃霄裡社通事知母六（漢名蕭那英）六世孫。其家族眞正到龍潭開墾，是由其三世祖蕭東盛自備斧資，自霄裡社轉進銅鑼圈等處開墾，蕭東盛爲頭目、通事，隘首，亦曾於乾隆年間出任北路六屯把總，於任內獲頒例授奮武郎之官職。其第四世蕭鳴皋因招佃拓墾及設屯建隘防守方面貢獻良多，因此，受朝廷封爲武略騎尉、例授屯千總。嘉慶9年（1804），蕭鳴皋也和咸菜甕墾首衛阿貴合資開闢大料嵌經蕃仔寮、牛欄河至咸菜硼的道路，路長三十華里。〔註292〕第五世祖蕭瑞雲，招佃銅鑼圈十股寮，將人丁分爲十股開墾，十股寮因而得名。清領時期蕭瑞雲爲「貢生」。日治時期，明治30年（1897）任桃澗堡第二十九區庄長，爲龍潭陂公學校創校發起人之一。

蕭東盛更捐地興建銅鑼圈之祭祀中心三元宮。三元宮廟地奉獻爲三世蕭東盛、廟宇創造經理爲四世蕭鳴皋、廟宇改築經理爲五世例貢元蕭瑞雲、廟宇前堂增築後殿重修爲六世蕭慶壽。蕭家因爲是建廟主力，每年三元宮祭典，廟方會到蕭家上香，以表敬意。〔註293〕

蕭慶壽在日治時期歷任：區長事務代表、保甲聯合會員、銅鑼圈信用組合監事、保正、龍潭庄協議會議員、大溪郡文化會銅鑼圈分會長等，發起設立高原小學。大正10年至11年（1921～1922），學校興建期間曾暫以銅鑼圈三元宮爲上課場所，大正12年才搬到高原小學新建好之校舍。蕭慶壽擔任高原小學家長會長達三十多年，也曾任龍潭高農、龍源小學家長會長，戰後，爲首任高平村村長。其曾孫蕭培墩及地方耆老蘇阿財等津津樂道，稱其溫文爾雅、德高望重，鄉鄰親友，家誼叔侄，有問題均請其出面主持公道、排憂解紛，恩怨總是很快平息下來。蕭慶壽自幼習漢文，爲陶社創始社員。由民國46年（1957），蕭慶壽家書中之一段內文，可見其醉心詩文，寄情山水，領略和諧恬靜之村居生活。

〔註292〕《桃園縣志》卷四經濟志（中），桃園：桃園縣政府，1979，頁92。
〔註293〕張素玢，〈龍潭十股寮蕭家——一個霄裡社家族的研究〉，收於潘英海、詹素娟主編，《平埔研究論文集》，臺北：中央研究院臺灣史研究所籌備處，1995。

「數畝之宅，幾畝之田，有池有水，有竹千竿。勿謂土狹勿謂地偏，
足以容膝，足以息肩。有台有亭，有橋有船，有詩有酒，有歌有弦，
有叟在中。白髮飄然，識分知足，外無求焉。如鳥擇木姑務巢安，
如蛙居坎不知海寬，靈鶴怪石，紫菱白蓮皆我所好，盡在吾前。時
引一杯，常吟一篇，妻兒嬉嬉，雞犬閒閒，遊哉優哉，快樂是其間。」
〔註294〕

　　蕭慶壽次子蕭柏舟，也有作品發表於林柏燕及魏雲欽編輯之《陶社詩集》
內，但據其同窗游金華告訴筆者，蕭柏舟及其堂兄弟蕭廷祥（號玉山，書房
老師）並未加入陶社，也不大多作，故未予納入本研究範圍。

〈香訧堂即景〉　　蕭慶壽
寶閣花龕接眼欣，訧堂名勝不虛聞，
橫嵐低拱成羅漢，涼傘高懸蓋佛薰；
坑鹿右從鳴法道，籠雞左順唱經文，
蓮池座上慈航現，渡眾同登大雅群。〔註295〕

　　此為新埔大新吟社於昭和 9 年（1934）之擊鉢詩，主催者陳貞城，左詞
宗為劉汶清、右詞宗為黃道中。香訧堂所在地點為竹北二堡打鐵坑庄（今新
竹縣新埔鎮新北里），創立時間為清道光 7 年（1827），〔註296〕主神為觀音，
籌建人為鍾兆星。〔註297〕香訧堂為金幢教在北臺灣惟一之齋堂，廣傳金幢教
義。

〔註294〕張素玢，〈龍潭十股寮蕭家──一個霄裡社家族的研究〉，http://www.ianthro.
　　　　tw/p/96，平埔文化資訊網。檢索日期：2014/03/28。
〔註295〕《詩報》，昭和 9 年（1934）12 月 1 日，94 期，第八版。
〔註296〕也有文獻記載香訧堂，始建於清嘉慶元年（1796）。
〔註297〕中央研究院，臺灣史研究所，〈數位典藏資料〉，http://c.ianthro.tw/162778。檢
　　　　索日期：2014/03/28。

圖 3-4-45　香訖堂

筆者攝

〈八秩晉一感懷〉　蕭慶壽

　　喜超週甲慶金婚，弧帨同懸〔註298〕此德門，

　　滿眼階除蘭蕙馥，小孫生子子添孫。〔註299〕

民國 49 年，蕭慶壽 81 歲壽辰，自撰此詩，並題語曰：

　　「茲餘年登杖朝〔註300〕加一，荊妻八旬初度。結婚六十年以上，新
　　式稱爲金剛鑽夫妻。時於庚子孟夏，弧帨同懸並得曾孫之喜。長、
　　次兩孫，畢業高工、高農學校，一家和順、四代同堂，乃此聊成一
　　詩，以爲紀念。」

〔註298〕弧帨同懸，夫妻雙壽之辭。古時生男則置木製弓於門左，生女則佩巾於門右。
　　　　所以弓和佩巾同懸，在祝人夫婦長壽。帨，音ㄕㄨㄟˋ。佩巾，手帕。

〔註299〕蕭慶壽 81 歲壽辰自撰詩。民國 49 年，懸掛於蕭家榮封第客廳。蕭培墩提
　　　　供。

〔註300〕「杖朝」，指八十歲。周制允許八十歲以上老人拄著枴杖入朝。出自《禮記‧
　　　　王制篇》，「五十杖於家；六十杖於鄉；七十杖於國；八十杖於朝；九十者，
　　　　天子欲有問焉，則就其室，以珍從。」

圖 3-4-46　蕭慶壽杖朝加一壽辰及金剛鑽婚喜四代同堂，自題詩

（中）蕭慶壽（右）子－蕭柏舟；（左）曾孫－蕭培墩（下）孫－蕭文熙
筆者攝於十股寮榮封第蕭家大廳

　　明治 30 年（1897），蕭慶壽與陳宜妹結爲連理，後夫婦同心，共創家業，幸得妻賢子孝，四代同堂，其樂融融。

　　蕭家雖爲平埔族，但蕭慶壽戶籍種族欄登記爲「廣」，蕭家漢化、客化非常早，對客家之認同比一般強烈。第五世祖蕭瑞雲，其妻楊水妹，是客家人，十分能幹，蕭瑞雲公務繁忙，家中收租都由楊水妹負責。〔註 301〕第六世蕭慶壽妻子陳宜妹爲桃園廳桃澗堡石頭庄陳屋客家人；第七世蕭柏舟妻子蕭莊專妹，爲新竹州中壢郡中壢街客家人；第八世蕭文熙妻子蕭楊金絮爲龍潭三角林客家人。〔註 302〕自道光初年，蕭家三世祖蕭東盛遷往龍潭銅鑼

〔註 301〕張素玢，〈龍潭十股寮蕭家——一個霄裡社家族的研究〉，http://www.ianthro.tw/p/96，平埔文化資訊網。檢索日期：2014/03/28。
〔註 302〕蕭培墩口述資料，2013 年 10 月 15 日，十股寮蕭家，筆者親訪。

圈、三洽水開墾以來，墾民、佃戶、語言、婚姻、風俗……等，都情牽客家，他們知客家認同早已建立在彼此共同之記憶與經驗中。

十二、袁卓明，光緒 29 年（1903）生於廣東梅縣，巴黎大學市政學院畢業，隨國民政府來臺後居於臺北市古亭區羅斯福路。民國 62 年（1975）左右，孓然一身遷居龍潭，號「半粟園丁」。與游金華爲鄰，兩人因詩結緣，惺惺相惜而成莫逆之交。從游金華〈和袁卓明教授七十感懷〉：「半粟園翁笑口呵，栽花種竹樂中過，五車學識應師範，滿腹經綸可嘯歌；兩袖清風渾自得，三千白髮鬢如皤，年高七二詩猶壯，大作掄元折桂柯。」〔註 303〕可見其淡泊名利，以栽花種竹樂餘生，民國 66 年去世。

〈娛冬〉　袁卓明

　　扶筇應約赴江樓，入望寒郊白霧浮，

　　玉雪飄飛橫嶺表，銀沙撒播滿山陬；

　　高朋拈韻忙吟詠，雅士移樽競唱酬，

　　暖閣融融情意好，人生何必定封侯。〔註 304〕

此乃民國 63 年（1974）12 月，陶社第十一期課題詩，左詞宗爲新竹劉彥甫、右詞宗爲中壢黃坤禎。前四句寫景，寫的是冬日景色。實際上，寒郊白霧、玉雪飄飛、銀沙撒播，正是詩人思念家園之寫照。藉著詩朋吟詠唱酬，精神上得到享受和滿足，透露出作者安於現狀，享受吟詠之樂，人生又何必封什麼將相公侯呢？

〈年糕〉　袁卓明

　　大陸魔災及古今，迎年無復舊時心，

　　背人偷試甜糕味，酸淚盈眶滴滿襟。〔註 305〕

此爲民國 64 年（1975）1 月，陶社第十二期課題詩，左詞宗爲苗栗賴綠水、右詞宗爲中壢古少泉。民國 64 年，正是臺灣經濟起飛之黃金歲月。當時，臺灣是亞洲「四小龍」中之領頭羊，經濟是何等之意氣風發！臺灣本土詩人內容儘是「香糕美味更甜心」、「鹹甜美味團圓樂」、「煮酒煎糕迎戚友」……等生活富裕、家庭和樂之昇平景象；相較於袁卓明，離鄉背井，孤家寡人，膝下無子，心念親人，迎年已不復舊時心，物換星移，其中酸楚，

〔註 303〕游金華，《游金華詩文集》，桃園：桃園文化局，2000，頁 77。
〔註 304〕魏雲欽發行，《陶社課題詩選》，新竹：關西陶社。1997，11 期，頁 34。
〔註 305〕魏雲欽發行，《陶社課題詩選》，新竹：關西陶社。1997，12 期，頁 38。

令人為之感慨！

十三、**彭士傑**，民國 11 年（1922）出生於湖南省衡陽縣，陸軍參謀大學畢，陸軍中校。後遷居龍潭鄉干城五村，曾任干城五村第三屆村長、潛龍國小家長會長、龍潭鄉民眾服務社常委、桃園縣榮光藝文協會的會務顧問。詩、書、畫三絕，享譽藝壇。早年，桃園地區有特定政治人物送給民眾之匾聯，均為其所作。

圖 3-4-47　彭士傑書法　　　　**圖 3-4-48　彭士傑國畫**

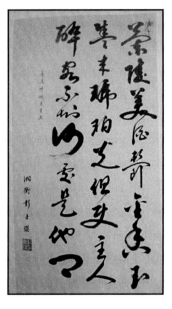 

資料來源：榮光風華 20 年，彭湘玲提供

〈榮獲工學博士〉　　彭士傑

　　榮膺博士報西洋，樂煞椿萱耀祖光，

　　埋首石油窮學理，傾心礦物煥文章；

　　名題雁塔恢先緒，譽賦鷹揚在自強，

　　共道中華賢國士，聰仁四海姓飄香。〔註306〕

此為陶社第十八期課題詩，社友徐登欽之公子徐聰仁，留美深造，民國 64 年（1975），榮獲分析石油工學博士學位，陶社同仁賦詩祝賀。「名題雁塔」，有恭賀進士及第之意。雁塔即大雁塔，在陝西西安之慈恩寺中，為唐玄奘所

〔註306〕魏雲欽發行，《陶社課題詩選》，新竹：關西陶社。1997，18 期，頁 55。

建，唐朝新中進士，均在大雁塔內提名。「椿萱」喻父母，古稱父爲「椿庭」，母爲「萱堂」。民國 64 年，能獲博士學位，在鄉下地方必定光宗耀祖美名揚。

〈宏揚武聖〉　　彭士傑

　　天睿神威舉世誇，一生忠義燦雲霞，

　　封金掛印標青史，匹馬單刀懾眾邪；

　　功蓋三分扶國祚，勳昭萬古振邦家，

　　帝恩浩蕩陰黎庶，擊鉢南宮祝聖遐。〔註307〕

　　此爲民國 63 年（1974），南天宮爲慶祝武聖關公一八一五年誕辰紀念，擊鉢詩題。南天宮座落於龍潭鄉觀光大池人工島上，創建於民國 61 年（1972），是一座儒、道、佛三教合一之廟宇，一樓正殿主祀關聖帝君。武聖關公一生爲國家盡忠，爲民族盡義。徵詩「弘揚武聖」，除了宏揚武聖關公之精神，更希望透過這種方式傳承固有文化。

　　十四、陳添吉，祖籍詔安，於九座寮經營茶工廠，從實業出發，進而進入政治、文化事業等領域。熱心服務，曾連任七屆村長職，爲九龍村第一任至第七任村長。詩才敏捷作詩格律精嚴，章法講究。

〈秋味〉　　陳添吉

　　容易西風節序更，眼前景物倍關情，

　　井梧葉落新霜冷，籬菊花香宿露清；

　　蟹美鱸肥吟味好，天高氣爽月光明，

　　嘗來別有酸心處，十載家鄉未返程。〔註308〕

　　這首詩是民國 63 年（1974），陶社第八期課題詩，左詞宗爲崁津吟社李傳亮，右詞宗爲以文吟社邱伯邨，左詞宗李傳亮評選爲第一名之作品。「秋」，在大自然中，扮演的幾乎是一個悲涼之角色，詩人對於秋景意象是梧桐葉落、籬菊飄香、蟹美鱸肥、秋高氣爽之開闊景象，與劉禹錫〈秋詞〉：「自古逢秋悲寂寥，我言秋日勝春朝。」有著同樣之詩情。開闊景象，意蘊深沉，爲全詩鋪設了思鄉之氛圍，用詞精煉，讓讀者有份蒼涼之感。

〈忠義橋〉　　陳添吉

　　堂皇一座勢如龍，橫跨菱潭氣派衝，

　　影倒池中橋九曲，形浮水面浪千重；

〔註307〕同上註，6 期，頁 16。

〔註308〕魏雲欽發行，《陶社課題詩選》，新竹：關西陶社。1997，8 期，頁 25。

名稱忠義誠堪仰，廟祀神靈足可恭，

此後天宮開盛會，往來眾客步從容。〔註309〕

此詩為民國 64 年（1975），陶社第十七期課題詩，左詞宗為栗社賴綠水，右詞宗為竹社黃祉齋。右詞宗黃祉齋評選為第二名之作品。龍潭鄉觀光大池上之觀光廟宇南天宮，於民國 63 年（1974），續建山門與九曲橋取名「忠義橋」，以彰顯主祀神關聖帝君忠肝義膽之情操。

圖 3-4-49　南天宮美景

筆者攝

站在忠義橋上欣賞南天宮之巍峨殿宇、湖光山色，水中倒影，悠然自得，映入眼簾的盡是絕美之風景畫。彷彿有置身天界南天門闕之感。

肆、小　結

綜述陶社史，「陶社」在龍潭的時間僅有 6 年多，但在龍潭活動期間之文獻並未保存，反而是「陶社關西支部」，詩家作品被完整保存下來。由於陶社早期徵詩、課題，大致以龍潭鍾盛鑫之住處為收件處，因鍾氏裔孫不知去向，

〔註309〕同上註，17 期，頁 50。

無法探其究竟。繼鍾盛鑫之後，總幹事劉汶清也因遷居楊梅而離開關西。

陶社網羅了在地各階層之精英，其社群透過漢詩文以風雅爲號召，例會或擊鉢吟唱，輪流至各地方舉辦，有關西庄役場、郵便局應接室等外、尚有，如梅岩宅、陶然樓、關西茶工廠、景澄宅、昌宏宅、仲仁宅……等社友別莊或宅院。他們也經常嬉遊於山巔腹谷、自然原野間，或春陽或夏暮、或蘭秋或殘冬，凝聚一股強大之向心式結構。

圖3-4-50　昭和10年，陶社於赤柯山茶工廠詩會留影

資料來源：徐玉鏡提供

陶社詩人有「客平埔」，如：蕭慶壽。所謂「客平埔」，指他原是平埔族，與來臺拓墾之客家族群長時間融合相處，且透過與客族通婚關係而認同自己爲客家族群。也有「客福佬」，如：沈梅岩。所謂「客福佬」，係指原本爲「學老」〔註310〕人，結果客語說得比學老話還流暢，或者認同自己爲客家族群者。

此外，陶社成員間也藉許多綿密關係作爲支撐：如父子檔、兄弟檔，師

〔註310〕「河洛話」、「鶴老話」、「學老話」，是同一個發音。因正字尚未考證出來，所以本文以「學老」稱之。

生檔、商業盟友或姻親關係。例：陳旺回與陳濟昌為父子；徐慶松與徐玉鏡為父子；羅享錦與羅享彩為兄弟；葉步崶之高徒有羅享彩與魏雲欽；徐開祿之門生有羅享錦、陳旺回、黃朱興師事黃德洋、沈梅岩；陳旺回與吳錦來都曾受業於藍華峰，也結盟於東成礦業；徐慶松與黃朱興合股於茶葉；陳旺回之長子陳濟昌娶羅享錦之次女羅瓊英（英妹）為妻。陳、羅兩家聯姻，也促成兩家經濟結盟，版圖更加擴張。

　　日治時期，陶社與學老區域詩社往來密切，也經常同臺切磋，應與邱筱園及沈梅岩有莫大之關係。邱筱園是詔安客，詔安客在原鄉漳州就和「學老人」毗鄰而居甚至混居，多數擁有雙語能力。邱筱園祖輩來臺後，原居八德，父輩遷移至龍潭銅鑼圈客庄，邱氏具三語能力（包括日語），早年曾加入閩南語系之桃園吟社，且人際脈絡寬廣。沈梅岩是學老人，也具三語能力，日語流暢，居客庄，會講客語，很快融入客家社群。陶社社員在日治時期多具有雙語能力，與學老詩人相互交流至少可以用日語溝通，再加上邱筱園與沈梅岩學老話嫻熟與良好之社交能力，積極帶領陶社社員與外面之詩社交流，或觀摩、或欣賞、或學習，或借鑒，從而增進瞭解，開闊更高之視野。例：昭和 8 年（1933），北門郡學甲庄學甲吟社，以「學甲吟社」四字冠首〔註 311〕向全島徵詩，左詞宗為南社趙雲石、右詞宗為鷗社陳文石。沈梅岩、陳蒼髯、張煥章、陳子春都入選得到佳績。

　　陶社發源於龍潭客庄，成長茁壯在關西客庄，關鍵人物卻是閩南裔沈梅岩，沈梅岩從大正 13 年（1924）創社至昭和 17 年（1942）接任社長，一直到民國 58 年（1969）去世為止，扣除昭和 2 年～昭和 4 年，調任永靖郵便局局長外，在關西時間長達 40 餘年之久。

　　昭和年間，陶社關西支部留下之文獻，可窺見沈梅岩終日案牘勞形，向詞宗及吟友催稿，收稿、寄稿均一身挑起。如：「支部閒話」有一段描述向邱筱園催促評選詩稿之雅事。據推估應在昭和 6 年左右。文曰：

　　　「十月二十夜，子春過訪梅岩宅，坐談中，梅岩忽語及筱園先生評選蓮花詩尚無消息，竟使同人渴望，非作詩以催之，恐無他策。君以為何如？子春曰：『然，當用何體何韻？』梅岩曰：『七絕六麻韻可乎？』子春曰：『可，夜將就寢，明日方得脫稿。』梅岩曰：『催詩以速進為功，吾且刻燭為開臨時擊鉢吟。』且笑曰：『詩不成，不

〔註311〕冠首詩（坐頭詩），把詩每句之第一個字連起來就是「學甲吟社」。

許就寢。』以是，各自搜索枯腸，詩將就而景澄忽至，笑曰：『沈陳二君，今夜別有興趣，何如乎？』梅君曰：『且休問，吾作催詩將成，毋阻吾興。』景澄曰：『果如是乎，正合吾意中事。』言畢，即出卷袖中，閱之，亦作呈邱詞宗佳句七絕陽韻一首。如此，志同道合，靈犀相通，亦足爲今夜之笑話耳！記之，以博同人一燦。〔註312〕

試看子春（陳旺回）所作「戲呈筱園先生」詩句：

　　「知否門人望眼賒，刪詩難不比刪麻，

　　　一年歹景今將盡，請看蓮花莫看茶。」

支部閒話編者並未署名，不知何人所記，其對此詩加註曰：「先生（指邱筱園）乃此地豪農，故有刪麻及看茶等語。歹景，語雖俗，入詩詼諧味活躍紙上，讀之令人解頤。」

沈梅岩催詩善用激將法，屢向黃香模催詩，詩文並茂，文曰：「農忙詩選外，拙作有『不育豸』疑義，若置之不聞，不符研究主旨，故書數句俚詞，戲呈大雅，聊以解嘲。」又曰：「農忙詩選，許久未見擲還，故邀陳詞兄（按陳旺回）鳴鼓而攻之。哈哈！孟浪勿責，請將貴答和韻惠我。」賦詩云：「知君牝牡驪黃〔註313〕外，賞識才高伯樂同，莫使壯心悲駿骨，早從冀北選青驄。」此舉，逼得黃香模不得不舉旗投降。

沈梅岩詩文清新有意趣，詼諧活潑，向才高八斗之葉步戩催詩，兩人之間應和詩，也堪稱一絕。沈梅岩「戲呈步戩詞兄」提到：「牧笛詩約束本日惠稿，竟渺如黃鶴，使僕望眼欲穿，故書數句俚詞戲之，望至，急和韻。」

沈梅岩賦詩曰：

　　明珠心思價難論，二十年華未許婚，

　　幽約枉尋桃葉渡，空留桂楫伴黃昏。

葉步戩〈和呈梅岩詞兄〉詩曰：

　　綠窗老女不堪論，鬢髮將皤愧未婚，

　　祇爲霓裳歌未熟，至今枯寂度晨昏。〔註314〕

劉勰，《文心雕龍・諧隱》所稱：「諧之言皆也。辭淺會俗，皆悅笑也」。

〔註312〕陶社關西支部，昭和年間手抄本，無頁碼，徐玉鏡提供。標點符號爲筆者加註。

〔註313〕「牝牡驪黃」，典出《列子・說符篇》：「秦穆公使九方皋求馬，報曰：『牝而黃。』使人往取之，牡而驪。穆公不悅，伯樂喟然嘆息曰：『若皋之所視，天機也，得其精而忘其粗，在其內而忘其外，乃是貴乎馬也。』馬至，果天下之馬也。」。

〔註314〕陶社關西支部，昭和年間手抄本，無頁碼，徐玉鏡提供。

〔註315〕沈葉兩氏在和韻詩作中，迸射出之火花，讀之，真令人燦然悅笑耳。

唱和詩，較易凝聚情感，達到共鳴，也是陶社社群發展延續之原動力。詩人相互之間酬韻唱和，乃是時代風尚。陶社詩人對外有些唱和之作難免會流於形式，然內部彼此唱和之作，至情至性者為數不少。如吳錦來（雁賓）與陳旺回（子春）四首互相戲謔遣悶之詩賞析：

〈寄子春硯友〉　　吳錦來（雁賓）

　飽食閒談不作為，避辭公僕學詩摹，

　算來六事君輸我，盡日孳孳到幾時。

　人事常多素願違，一生幾度錦衣歸，

　問君一語君應笑，富貴身忙是也非。

　屈指關西占富魁，也須知足醉銜杯，

　春風別與君情好，白髮吹成黑髮來。

　尋樂謀歡煩惱去，功成名遂自由來，

　新詩四首無他意，為問君頭回不回。〔註316〕

吳錦來第一首詩是以四支韻、第二首詩是以五微韻、第三、四首詩是十灰韻。吳錦來，詩號雁賓。出生於光緒9年（1883），居新竹州新竹郡關西庄苧子園，十歲入書房學習四書五經，大正4年（1915），於咸菜硼街經營碾米所。曾任：木材中盤商、信用組合理事、茶業改良公司理事、創立東成公司，從事碳開採及鐵路敷設。〔註317〕

〈喜雁賓硯友見寄即次原韻以答〉　　陳旺回（子春）

　不比尋常俗所為，偷閒妙處借詩摹，

　知君非久池中物，正是龍興得雨時。

　夫子常稱仁不違，春風沂水詠而歸，

　當時言志殊三子，不必人間論是非。

　敢曰富魁恐罪魁，漸無酒量每辭杯，

　君誠長我宜相教，願乞時時鞭撻來。

　已探臺北繁華去，當念關西發蹟來，

〔註315〕劉勰，《文心雕龍・諧隱》，周振甫注，《文心雕龍注釋》，臺北：里仁書局，1984，頁274。

〔註316〕《詩報》，昭和16年7月4日，第二五一號，第六版。

〔註317〕1、連雅堂序，《人文薈萃》。臺北市：遠藤寫真館，1921，頁136。2、楊建成，《日治時期臺灣人士紳圖文鑑》，http://blog.xuite.net/wu。檢索日期：2014/4/23。

座有四知老楊震，孔門況有少顏回。

吳錦來與陳旺回都是實業家，他們是詩友，也是事業上之夥伴。這種往來唱和，摯友間揶揄戲謔，大有藉他人之酒杯，澆自己胸中塊壘之酣暢淋漓感，情感在相同之音韻中得到共鳴，體現詩人洋溢著幽默之歡娛。

除了唱和詩，偶爾可見聯句詩。即兩人或多人共作一詩，依次出句。但需意思連貫，相聯成篇，通常是文人詩酒宴席上炫才耀文之遊戲。如：昭和初年（疑為昭和6年）2月27日，在沈梅岩宅舉行擊鉢吟，詞宗內聘。劉濟卿（汶清）為左詞宗、黃子鷹為右詞宗。詩題：「春宴」，陳子春與沈梅岩聯句。

春宵一會醉如仙（陳子春），不管輸拳若放顛（沈梅岩），

為黍殺雞供子路（陳子春），談仁說義做顏淵（沈梅岩），

飛觴片刻千金重（陳子春），好語微言九鼎堅（沈梅岩），

笑把新詩澆濁酒（陳子春），與君樂此願年年（沈梅岩）。〔註318〕

「為黍殺雞供子路」，典出《論語‧微子》：「子路拱而立。止子路宿，殺雞為黍而食之」，釋文：「子路拱着手恭敬地站着，他（指老者）便留子路到家裡住宿，殺雞、做黃米飯，款待子路。」陳子春此句詩中之意，乃指主人沈梅岩殷勤款待賓客。

陶社詩作多為課題與擊鉢，題材相當廣泛，主題相當多元。大體而言，題材多為描寫景物占相當大部分，配合節日、時事，及詩人間互相酬贈等主題。按其題材內容大致可分為寫景抒情、生活記事、即事感懷、詠物言志、懷古詠史及麗澤酬唱六大項。本文嘗試以高德曼文學社會學理論，來析究詩人作品之文化意涵。從而找出思想形成過程及深入了解其文學風格之涵義。

詩人要想寫好一首好詩，下筆向來是最難的，有時寫了一首詩，總是千百次地修改，一直改到自己滿意了才心安。恰如袁枚《小倉山房詩集》所言：「愛好由來落筆難，一詩千改始心安。」一字之易，可使全篇生輝。為此，陶社詩家常常嘔心瀝血地「煉字」，每一首詩都得琢磨再三，經過不斷地推敲琢磨刪改後，才能讓心安心。相對的，研究者可從經過無數次修改掙扎後之手稿，從而仔細觀察、細膩分析，手稿上每一絲塗改痕跡，都可以洩露詩人及其詩作初始之「意念」、「意動」。

例：邱筱園詩作手稿，寫景抒情。如：〈龍潭即景〉九首之三，「四山雲

〔註318〕林柏燕選註，《陶社詩集》，新竹：新竹縣文化局，2001，頁134。

氣漾波光，一水偏能濟歲荒，十五村莊流澤遍，有龍靈豈說荒唐。」其中「一水偏能濟歲『荒』」，就修改成「一水偏能濟歲『凶』」。

圖 3-4-51 邱筱園〈龍潭即景〉手稿

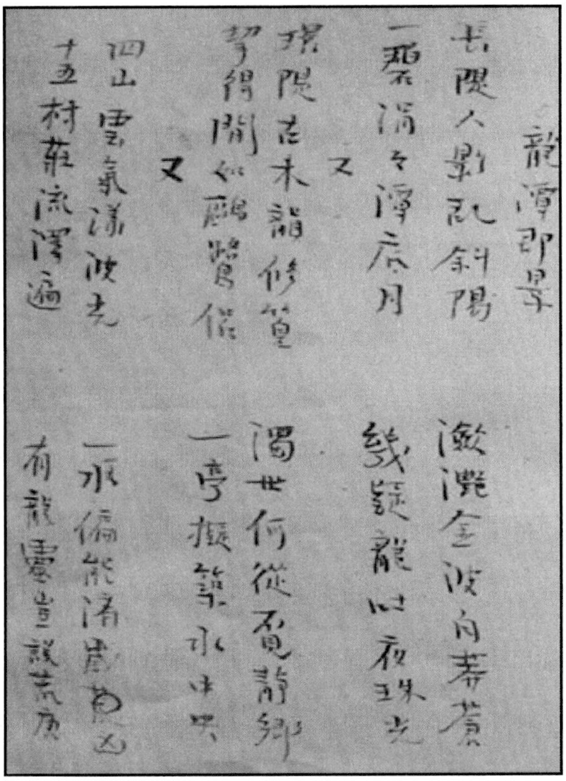

邱逢幹提供

　　由於「荒」為下平聲七陽韻，而「凶」乃上平聲二多韻，此類改稿，非用韻問題而修改，說明他作詩態度之慎重，字字推敲之用心。龍潭，因龍潭陂而得名，邱筱園以「七陽韻」連寫九篇「龍潭即景」，詩中沒有過度之鋪陳與渲染，全篇看似寫景，實則平淡中見真情，寓情於景，以景襯情，情景交融，表達了詩人深摯細膩之家鄉情懷，似芳谷幽蘭，淡雅而有韻味。揭露出詩人懷鄉之象徵意涵。

　　由陶社關西支部昭和年間手抄本中，值東者將詩作抄錄呈沈梅岩後，他並未束之高台，一直鍥而不捨、字斟句酌之改詩，體現了對古典詩詞之執著追求。

圖 3-4-52　陶社關西支部，昭和年間手抄本吟錄

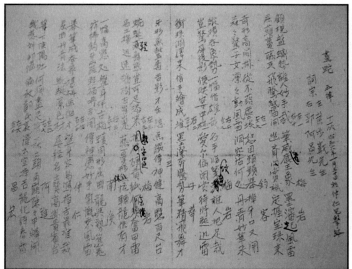

徐玉鏡提供

　　杜甫《解悶十二首·其七》有詩云：「陶冶性靈存底物？新詩改罷自長吟」，這是詩人改詩追求完美之寫照。明朝謝榛《四溟詩話·卷二》說：「詩不厭改，貴乎精也。」有人強調改詩之難、難於做詩，何也？「作詩」，興會所至，容易成篇；「改詩」，則興會已過，大局已定，有一二字於心不安，千力萬氣，求易不得。

　　例舉沈梅岩「畫蛇」擊鉢詩，此詩為五律十灰韻，昭和 6 年 1 月 30 日，於仲仁宅舉行詩曰：「蜿蜒『疾』舞態，豈可足添來，『把得』硬黃紙，『何須』奮甲雷；名工揮迅速，蟠樹在崔嵬，藤蔓形『無』怪，輔龍信有才。」雙引號部分為其塗改、潤色痕跡。首句蜿蜒「疾」舞態，「疾」改成「輕」，吟安一個字，味道大不同。「把得」改成「安置」；「何須」改成「無從」；「無」改成「休」。改過之全詩：「蜿蜒輕舞態，豈可足添來，安置硬黃紙，無從奮甲雷；名工揮迅速，蟠樹在崔嵬，藤蔓形休怪，輔龍信有才。」改過之全詩境界更高，用對一個字，易；用活一個字，難。此詩詠物為工，言志為本。民間常把蛇稱為『小龍』，《易·繫辭》「龍蛇之蟄，以存身也。」超絕之想像、靈活之轉化、細膩之描摹，託物言志，是詩人內在精神世界之表露，也是詩人深知事物轉換哲學之大智慧。

　　陶社詩人無一不能入詩，平凡無奇之日常瑣碎記事，也在詩人筆鋒下舞

湧而出，粲然生光。例舉：黃南琚生活記事詩，「孫稚亂舞精神渺，好將課題滿地投，覓盡書齋尋未得，明天重寫寄郵不。」名高望眾之實業家黃南琚〔註319〕，詩筆述寫生活小事，意象生動，充滿濃厚之鄉土氣息和生活情趣。

　　通過上述陶社社群之介紹，對龍潭傳統文學視角有一梗概性之瞭解，詩人作品看起來似乎與社會現實格格不入，其實不然，仔細探究這些詩人社會脈絡早已有跡可循，龍潭陶社詩家是其中之佼佼者。法國社會學理論家呂西安・高德曼試圖建立一個功能的連接（Liaison fonctionnelle），以使作品與社會團體的集體意識之「結構對應關係」（homologie structurale）能顯現出來。文學作品結構同作家所從屬之社群「心理結構」對應起來，認為文學作品從社會意識和社會行為中產生，文學不是表現自我，而是表現作家從屬之社會階級，雖然作家個人作品也不能否定，但文學作品、文學主題都是超越個人的，世界觀是高德曼理論之核心，是作品中之意涵結構。高德曼認為世界觀雖由作品所呈顯但卻非作者所能有，而是由作者所屬之社會階級建構出來的。

〔註319〕黃南琚，原名鴻登，本字道彰，臺灣改棣易名南琚，號燭環，或燭凡。出生於光緒8年（1882），新竹州新竹郡關西庄石崗仔。曾任桃園廳石崗仔區書記、關西庄協議會員、桃園廳石崗仔區長。

第四章　龍吟詩社（楚騷吟社）之組織與發展

第一節　龍吟詩社成立背景

壹、成立背景

　　龍吟詩社成立於民國 71 年（1982）冬至日，發起人爲游金華與龍華醫院院長吳統禹，邀集地方人士及龍潭各中小學校長、老師參加。有曾彭金龍、魏雲欽、詹煌順、邱欽忠、陳添吉、黃用秀、張維溫、葉步鏞、張自銘、李勝火、方雨庵、傅朝枝、謝鑑枝、林於亮、鄧維仁、游日正……等三十三人參加。首次會議是游日正主持，會議中，眾人推舉游金華爲社長、吳統禹爲副社長、曹橋水爲總幹事，並議決以「龍吟詩社」爲名，每兩個月開一次會議。並聘請林荊南〔註1〕、曾文新〔註2〕、傅秋鏞〔註3〕、蔡秋金〔註4〕、洪玉

〔註1〕　林荊南（1915～2002），龍吟詩社顧問。本名林爲富，號芥子樓主，彰化縣竹塘鄉人。歷任報界、雜誌界主筆多年，曾主編《古典詩文月刊》。提倡「巷中體」，即是打破傳統五言詩之禁制，句中平仄不拘，韻腳可用通韻或協韻，每段可以換韻，詩境拓寬，還給「詩」之自由，爲傳統詩開創新里程碑。
〔註2〕　曾文新，龍吟詩社、中華楚騷研究會顧問。本名啓明，號了齋，晚年號了翁。出生於新竹。曾主編《東臺新報》詩壇，《臺灣新生報》花蓮特派記者，嗣任辦事處主任。屆退休之年，調升臺北本社。與陳竹峰、王省三、白正忠等創立奇萊吟社，後改組爲蓮社。
〔註3〕　傅秋鏞，龍吟詩社顧問。天籟吟社中堅、中華民國傳統詩學會創會者之一。於臺語唐詩班、長安詩社教授詩學。

璋〔註5〕、……等幾位詞宗，就社員之作品來指導改正。〔註6〕

爲慶祝龍吟詩社成立，公開徵詩，左詞宗爲曾了翁、右詞宗爲傅秋鏞，詩題「龍吟詩社成立喜賦」。陳綿芳獲左元右眼（即左詞宗曾了翁評爲第一名、右詞宗傅秋鏞評爲第二名）：詩曰「新詞乍譜水龍吟，冬至名潭歲已深，從此昌詩鳴盛世，丹山雛鳳倘來臨。」左詞宗曾了翁評語：「起胎息李白詩，結從玉溪生佳句脫化而來，各具有獨到處，與一般作者有別，故特拔爲壓卷。」右詞宗傅秋鏞評曰：「工夫老到，頗善擒題，運典亦簇簇生新。」高策軒得到右元左眼（右詞宗傅秋鏞評爲第一名、左詞宗曾了翁評爲第二名）：其詩云「嶄新頭角露崢嶸，高築詩壇按酒兵，不愧異軍今突起，龍吟珂里振天聲。」右詞宗傅秋鏞評語：「戛戛獨造，清切如題，自足壓倒群雄。」左詞宗曾了翁評曰：「擒題造句，極盡鋪張之能事，故佳。」〔註7〕

曾文新也賦詩爲賀，如文：

〈龍吟詩社喜賦〉　曾文新

　　名潭結社振元音，豪氣橫天壓士林，

　　要替晉安扶大雅，騷壇後起是龍吟。〔註8〕

龍吟詩社成立後，鄉長游日正承諾每年編列五萬元作爲「詩社」之運作費用。到了民國75年，游日正競選鄉長失敗。落選後，原編列之五萬元經費就沒有撥出，社友邱欽忠、黃用秀、張維溫，顧問蔡秋金也相繼往生，同時學校老師有的遷移或調至別處任教。游金華因年事已高，謙辭社長職務。民國75年，由吳統禹繼任，由於沒有向大家收取會費，預算又被刪除，社務在艱難中維持，民國85年，吳統禹去世，由谷翼麟繼任第三任社長。谷翼麟當時也擔任楚騷研究會會長，次年（民國86年）12月7日，谷翼麟於將「龍吟詩社」與「楚騷研究會」合併，向內政部申請立案，宗旨爲：「本會依法創立，

〔註4〕　蔡秋金（1933～2004），龍吟詩社、中華楚騷研究會顧問。號醉佛，祖籍福建晉江。昭和8年（1933）生於鹿港。曾任〈中華民國傳統詩學會〉理事、任臺北市詩人聯吟會會長達三十載。晚年移居新莊，有詩稿三千，付梓八百，曰《醉佛詩稿》。

〔註5〕　洪玉璋，臺灣瀛社詩學會常務理事、天籟吟社監事。於瀛社推廣研習班、新北市灘音吟社教授詩文。

〔註6〕　1、游金華口述歷史，96年2月10日，龍潭鄉立圖書館2樓講座廳，筆者記錄。2、游金華口述資料，96年9月28日，大同路游宅，筆者親訪。

〔註7〕　《臺灣新生報‧新生詩苑》，第299期。

〔註8〕　曾文新撰，《了齋詩鈔》，臺北：龍文出版社，2006，頁113。

非以營利爲目的之民間社會文化團體；其目的，復興中華文化，弘揚詩教，配合政府推行政令，促進安和融洽之社會。」民國 87 年，內政部 87 年 1 月 15 日正式核准立案通過，「龍吟詩社」自此與「楚騷研究會」合併爲「中華楚騷研究會」。

　　龍吟詩社創立時，是沿襲一般詩社組織，只設社長、副社長、總幹事，由社員輪流值東？或設有理、監事及其他幹部？不得而知。時至今日，當時之主導人物如：鄉長游日正、社長游金華、副社長吳統禹、總幹事曹橋水均已離世，文獻沒有保留，無從訪談深究。如今，只能從非核心人物及報章雜誌中挖掘一、二。

貳、龍吟詩社之詩文活動

（一）例會活動

　　龍吟詩社每兩個月開一次例會，據古靜江提及，地點常在龍華醫院樓上，因爲這裡有可容納二十餘人之大桌子。此外，也常在三角林游金華之澹園。小人國等地舉辦，小人國女主人游月霞對詩社很護持，有龍吟詩社社員留下許多詩篇爲證。

　　例：

〈小人國紀遊〉二首之一　　劉治慶

　　龍潭小人國，氣派接自然，佔地十餘頃，興建近九年；

　　朱君大手筆，投資八億圓，模型按圖塑，心細瀝血研；

　　六六景觀區，區區景物全，中古兼近史，歷朝史蹟傳；

　　堂皇古宮殿，祭壇佛廟連，秦朝大建築，長城現眼前。〔註9〕

　　此詩爲「巷中體」，「巷中體」之作，先見於詩經、楚辭、古詩十九首、陶淵明……等先賢往哲有所發揮，林荊南揉合古法予以創新，立一格，曰「巷中體」。〔註 10〕即是打破傳統五言詩之禁制，句中平仄不拘，韻腳可用通韻或協韻，每段可以換韻。芥子（林荊南）評曰：「以賦體爲法，直入佳境，難得。」

　　又

〔註9〕　《臺灣新生報・新生詩苑》，第 1628 期。

〔註10〕　林荊南，《芥子樓詩稿》，彰化：中國詩文之友雜誌社，1989，頁 177。

〈小人國紀遊〉二首之二　　劉治慶

　　清代名畫棟，拙園結構玄，大院清真寺，荷蘭景觀鮮；

　　十建最有方，中輪鼓浪航，飛機滑跑道，火車駛平岡；

　　公路聯成網，水庫碧波揚，桃能煉油廠，臺船與中鋼；

　　園藝匠心具，九曲橋孔長，庭院迴廊廟，翠荷珠露香。〔註11〕

　　芥子（林荊南）評曰：「換篇詩境一變，有如古體換韻，可喜。」

　　私立方曙高級商工職業學校（簡稱方曙商工）建有「望月亭」，又名「觀日亭」。亭上遠眺龍潭全景，皆可盡收眼底。校內望月亭落成時，創辦人為龍吟詩社副社長方雨庵〔註12〕。邀請龍吟詩社全社社員蒞臨參觀。於是，例會移師至方曙商工舉辦，詩社社員及來賓紛紛以〈登望月亭〉為題賦詩祝賀。

　　如：

〈登望月亭〉　　龍吟詩社顧問傅秋鏞

　　詩酒聯歡醉復醒，盤桓方曙上幽亭，

　　姮娥夜織登科錦，光散商工職校庭。〔註13〕

〈登望月亭〉　　龍吟詩社社長游金華

　　名亭望月喜同探，秋日登臨共雨庵，

　　玉鏡東昇杯在手，嫦娥與我影成三。

〈登望月亭〉　　龍吟詩社社員鄧維仁

　　望月亭高引客來，憑欄西眺翠成堆，

　　龍潭池畔桃千樹，有待方家一手栽。〔註14〕

　　龍潭丘陵起伏，平均海拔 300～380 公尺，氣候溫和，清晨及黃昏多有薄霧籠罩，又有紅土地質，為適合茶樹生長之優良環境。民國72年（1983），時任省主席之李登輝將龍泉包種茶命名為「龍泉茶」，至此聲名大噪。龍吟詩社例會，也特別參觀龍潭龍門茶莊觀光茶園，莊主羅濟巧，臺大畢業，人稱「茶學士」，擅製龍泉包種茶，龍吟詩社社員專車結隊到龍門茶莊舉行例會。

〔註11〕同註9。

〔註12〕方雨庵，字曙，別號現代老夫子，原籍江蘇省常州市，生於民國9年（1920），辛於民國92年。民國24年在上海法政學院畢業，勤學進修，相繼榮獲美國佛蘭克林大學哲學博士、林肯大學教育博士。長期從事教育新聞事業。

〔註13〕《臺灣新生報‧新生詩苑》，第1490期。

〔註14〕同上註。

〈龍門茶莊品茗賦呈濟巧學士〉　龍吟詩社顧問莊幼岳

　　精製煙旗與露芽，清神甘口信非誇，

　　文山鹿谷無多讓，包種龍泉品最嘉。

〈龍潭品茗〉　龍潭鄉長游日正

　　龍潭鷗鷺試龍泉，馥郁如蘭活火煎，

　　細品三盃消酷暑，心涼脾爽似神仙。

〈龍潭品茗〉　龍吟詩社社員田夢麟

　　碧蘿春雨綻新芽，雲霧茶山入望賒，

　　品種龍泉誇第一，聲名自古出羅家。〔註15〕

龍吟詩社例會也會選在龍潭客家莊餐廳舉辦，由社員輪流作東。

〈龍吟詩社春宴〉　龍吟詩社副社長吳統禹

　　歡聚重續客家莊，春日遲遲萃一堂，

　　疑是大開金谷宴，滿園桃李有餘香。〔註16〕

〈龍吟詩社春宴〉　龍吟詩社社員蔡松茂

　　細雨斜風孃碧烟，客家莊裡結詩緣，

　　更逢詩社開春宴，理合參加會俊賢。〔註17〕

又如：

〈龍吟詩社雅集〉　龍吟詩社總幹事曹橋水

　　龍芽碧野間桑蔴，舊友重逢笑語譁，

　　勝賞奇峯籠翠霧，近看珍樹著青紗；

　　龍吟節拍聲聲慢，梅調清高句句賒，

　　待嫁女兒心事重，歌喉婉轉臉飛霞。〔註18〕

　　由此詩可見當年龍吟詩社詩人例會聚餐之盛況。席間由作者曹橋水獻唱龍吟調，梅社社長吳梅魂譜二簧演唱梅花詩，待字閨中之羅素秋演唱待嫁女兒心。

　　另外，三和錦鯉園也是他們常去之地點，此地田園秀麗、廣闊、靜謐，主人黃氏慷慨豪爽，也喜詩酒風雅。

〔註15〕《臺灣新生報・新生詩苑》，第 1402 期。
〔註16〕同上註，第 1373 期。
〔註17〕同上註，第 1373 期。
〔註18〕同上註，第 1822 期。

（二）聯吟活動

由「新生詩苑」之詩訊內容可知，龍吟詩社、以文吟社、陶社，這三大客家詩社輪流舉辦聯吟大會。由龍吟詩社社長游金華值東，假其莊園龍潭劍書閣舉行三社聯吟，分擊鉢、閒詠二組進行，約八十多人參加此一盛會。擊鉢詩「劍書閣雅集」由以文吟社出題、閒詠詩「龍潭夏集」由龍吟詩社擬題。會後，擊鉢詩由以文吟社整理，寄詩文之友發表；閒詠詩由龍吟詩社整理，寄新生詩苑發表。〔註19〕後來，擊鉢詩題「劍書閣雅集」也在新生詩苑發表。時任鄉長之游日正，也於盛會中賦詩曰：「三社騷朋萃一堂，澹園雅會共飛觴，迎來李杜情偏逸，拜識蘇韓意更長；蓬華難能鴻印跡，劍書有幸閣留芳，南皮禊事今重啟，鼓起吟風繼盛唐。」游日正爲龍吟詩社社長游金華之子，故有「蓬華」之語。游日正於鄉長任內，對龍吟詩社苦心扶掖，如新生詩苑1711 期詩訊：「龍吟詩社今（廿）日下午二時，假龍潭鄉公所三樓召開會員大會，慶祝該社成立兩周年，會後，由鄉長設宴招待，表示賀意。」〔註20〕

（三）聯句遊戲活動

龍吟詩社有別於一般詩社，有許多眾人聯句之詩篇，聯句是舊時作詩方式之一。由兩人或多人共作一首，相聯成篇，多用於飲宴或朋友間之酬答應景之作。這類作品，漢代稱爲連句詩，齊梁以後稱爲聯句詩。聯句詩被認爲是一種遊戲詩體。

聯句詩起源於「柏梁詩」，漢武帝元鼎 2 年（西元前 115 年）春，起造一座柏梁臺。此臺用香柏爲梁，故名柏梁。元封 3 年（西元前 108 年），漢武帝在柏梁臺上開宴，規定二千石以上的官，能作七言詩者，可以坐於上席。於是，皇帝首先作了一句七言詩，親王、大將軍、丞相等按官位高低，每人接下去作一句，都用皇帝所作第一句的韻腳。從此文學史上出現了第一首連句體的「柏梁詩」或稱「柏梁體」。〔註21〕

龍吟詩社柏梁體之作，如：〈龍潭春集酒後聯句〉（吳統禹）爲首：

寒舍增輝萃八仙（吳統禹），甫辭竹塹鬥詩篇（傅紫眞），

風光肯讓蘭亭會（劉治慶），清韻爭傳桃色先（王勉），

酒後烹茶言灑落（陳洒寒），筵前起舞影翩躚（林恭祖），

〔註19〕《臺灣新生報·新生詩苑》，第 1438 期、第 1439 期。

〔註20〕同上註，第 1438 期、第 1711 期。

〔註21〕施蟄存，《唐詩百話》，上海：古籍出版社，1987，頁 239。

氛埃門外渾忘卻（莊幼岳），綠野紅泥自管絃（李維楨）。

由詩中得知，此乃春日吟宴於吳統禹家中之聯句詩。

又如：〈迎龍吟詩社諸方家〉三首之一：

艷陽高照似初春（胡恩全），掃徑呼兒迓貴賓（陳定元）

深慶有緣陪末座（胡恩全），愧無旨酒宴鄉親（陳定元）。〔註22〕

此聯句詩共有三首，第二首由劉治慶、陳定元、田浪萍、吳統禹聯句。第三首由陳定元、吳統禹、鄧維仁、胡恩全聯句。詩中內容可知，賓客在冬晴日，來到香山陳定元家中歡聚之聯句詩。聯句詩爭一字之奇，鬥一韻之巧，雖是文字遊戲，但可由此見到龍吟詩社社友間彼此深厚之情誼。

（四）推動詩教

龍吟詩社製作社歌及龍吟調詩歌，首於一週年大會時獻唱，聲調優美，獲得大家讚賞。據總幹事曹橋水表示，詩歌吟唱，可以美化人生，目標朝桃園縣境轄區各級學校推廣，俾使桃園縣成爲詩歌吟唱之模範中心。〔註23〕社歌由吳統禹作詞，林保奎譜曲。

（五）推動客家文化

民國72年（1983）6月19日，龍吟詩社適逢二週年慶，爲推展客家學術文化活動，以「龍潭展望」爲題，舉辦擊鉢聯吟大會，供各方俊彥發揮。

如：

〈龍潭展望〉　游日正

卓幟靈潭韻事修，龍吟虎嘯二週年，

堂皇筆陣乾坤壯，照耀文光日月悠；

擊鉢敲詩爭上乘，扶輪砥柱障中流，

紀時令節逢冬至，酌酒搓丸祝鷺鷗。〔註24〕

〈龍潭展望〉　顏大豪

環顧龍潭吐采芒，茶園十里有餘香，

農村發展民生裕，工業繁忙社運昌；

義廟英魂千古頌，石門美景五洲揚，

諸端計畫完成日，澤惠枌榆政績彰。

〔註22〕《楚騷吟刊》，雲林斗六：中華楚騷研究會，1992，第6期，頁22。

〔註23〕《臺灣新生報‧新生詩苑》，第1509期。

〔註24〕《臺灣新生報‧新生詩苑》，第1758期。

　　為發掘客家文化及保存民族文化資產，加強民族精神教育，改善社會風氣，民國72年（1983）10月25日起，於龍潭鄉舉辦為期一週之「臺灣區客家民俗活動」，時任籌備會主任委員之游日正提到：「這是客家遷臺以來，第一次透過政府之引導，結合民間有組織有系統地整理及介紹客家人之民俗活動。民國84年，龍吟詩社、楚騷研究會會員共襄盛舉，以〈龍潭客家文化大展〉為題賦詩，作品有閒詠也有擊鉢，登載於楚騷吟刊第21期，詩體有五律、七絕、七律、詞等。

　　如：

〈龍潭客家文化大展〉　　方子丹〔註25〕

　　曾登庾嶺涉蠻溪，紅槿花妍越鳥啼，

　　今日珂鄉文化展，不才何幸得留題。

〈龍潭客家文化大展〉　　傅紫真

　　客裔來嘉應，流徽著儉勤，歌謠採茶盛，技藝畫圖分；

　　共參文物展，恍覺鼓鼙聞，鯤海波濤湧，舉頭望白雲。

〈客家文化大展〉　　王鎮華　　左元

　　客家文化溯中原，寶炬千光輝上元，

　　射覆謎燈如火市，採茶戲劇勝梨園；

　　繡球拋織鴛鴦夢，大鼓擂開民族魂，

　　最是牧童吟一曲，山歌和響萬家村。

　　此為擊鉢詩，左詞宗傅紫真、右詞宗蔡秋金。左詞宗傅紫真評選為第一名之作品。

〈客家文化大展〉　　黃仁蚓　　右元

　　文化般般展示紛，客家兒女學超群，

　　有聲有色菁英萃，多采多姿遠近聞；

　　一脈民風頻創造，千秋才藝賴耕耘，

　　龍潭盛會逢三屆，繼往開來不世勳。

〔註25〕方子丹，字旨聃。江蘇灌雲人，清宣統二年（1910年）生。畢業於河北大學政治經濟系。曾任湖南永興縣政府秘書。民國38年來臺，任東南軍政長官公署秘書，行政院參議。退休後，又被聘為中國文化學院教授，輔仁大學教授。

〈客家文化大展〉調寄〈好事近〉　　陳友儀

　　文物展風華，文化淵源華夏。曲藝歎稱琳總，最是詩書畫。

　　先民古物遍人家，風車簸禾稼。杼織葛紗穿戴，勤儉聞天下。

　　《好事近》詞牌名。又名《釣船笛》,《張子野詞》。雙調四十五字，前後段各四句、兩仄韻。

參、龍吟詩社社員作品發表園地

　　由於新生報主編曾文新為龍吟詩社顧問，龍吟詩社詩人作品，先期大部分刊載於《臺灣新生報》「新生詩苑」。民國 65 年（1976）以後，《臺灣新生報》同時開設了「臺灣詩壇」與「新生詩苑」,「臺灣詩壇」為每週六出刊、「新生詩苑」為每週二、四、日出刊，並附有「詩訊」,刊載臺灣詩社、詩人動態。吳統禹接任社長後期民國 83 年起，除了《臺灣新生報》,《楚騷吟刊》也成為主要的發表園地。

　　如:「新生詩苑」第 1309 期「詩訊」:「龍吟詩社例會，訂今（十九）日上午十一時，在鄉公所會議室舉行，由社長游金華主持。詩題為『龍潭早春』,七絕不限韻。擬聘莊幼岳、羅尚、傅秋鏞、曾了翁等前往評閱詩卷。」又如:「新生詩苑」第 1373 期「詩訊」:「龍吟詩社春宴，於烟雨濛濛中在龍潭客家莊餐廳盛開，與會者頗多，堪稱一時盛會，茲將詩公開，歡迎欣賞。」民國 74 年,〈龍吟詩社春宴〉作品被選錄登出者計有:曾文新、吳統禹、馬芳耀、洪玉璋、游金華、游日正、鄧維仁、顏大豪、葉步鏞、蔡松茂、李崇慶、金侍雲、曹橋水、莊育進、劉治慶。舉曾文新作品為例:「客家遲日雅筵開，裙屐聯翩結隊來，烟雨一潭春正好，吟邊狂謷盡餘杯。」

第二節　楚騷研究會成立背景與發展

壹、「楚騷研究會」創會史

　　依據民國 95 年（2006）5 月，李春初於「楚騷吟刊」中細說創會之過程:

　　　「緣於民國七十五、六年間，部分湘籍詩人感於在臺湖湘詩人甚眾，倡議組詩社，俾發揚湘楚騷風。首由黃志翔、蔣滌非、楊挺分別函促本人發起。因余自感才疏學淺、而予婉拒。蓋當時湘籍名家如:許君武、范叔寒、伏嘉謨、何㕙、成麟昭諸先生，皆叱咤騷壇，何

不請彼等出面，而捨長取短耶？……乃敦請東海大學梅校長可望博
士出面，其應允連署發起人應另覓領導人。楊挺擬具組社宣言，並
寄發宣言及入會申請書。發起署名者有梅可望、吳統禹、李嘉溪、
黃志翔、蔣滌非、楊挺（已歿），及本人』〔註26〕

　　宣言及入會申請書發出後，獲得熱烈迴響，入會者近百人，限於法規每
縣市不得有兩個詩社之規定，故取名為「楚騷研究會」。會長人選，原有何南
史（名𠫤，以字行）意願極高，並函示李春初曰：「爾後，中國詩經研究會與
楚騷研究會合作，必定順利。」但有人憂心，未來楚騷研究會必遭吞併，因
而作罷。

　　何南史，曾任監察院長于右任秘書，後任監察院四科科長，極有才，于
右任每見客，必稱何南史為「臺灣第一大詩人」。〔註27〕何南史在臺北市創辦
中國詩經研究會，旨在研究詩學、經學，提倡新舊詩合流。後來眾人屬意伏
嘉謨出任會長，伏嘉謨本人也有意願，但他恐何南史不悅，不敢答應，改由
退役上將劉詠堯擔任會長。

　　楚騷研究會於民國79年9月2日，假臺北市信義路國際大餐廳召開成
立大會，由劉詠堯主持、蔣滌非記錄，會中有伏嘉謨及湖南鄉親劉逸心致詞，
李嘉溪報告組會經過，除通過章程及有關事項外，念及梅可望發起組會之
功，特別通過其為永久榮譽會長。組織如下：「首任會長劉詠堯、榮譽會長
梅可望、副會長范叔寒、吳統禹；秘書長李嘉溪、副秘書長馮嘉格、理事姚
平、鄧傑、陳英、黃英、蔣滌非、黃志翔、譚次修、楊挺、李嘉溪、馮祥鸞、
馮嘉格；監事李春初、楊挺；詩刊編輯李春初。」

　　首任秘書長李嘉溪，別號農，湖南湘陰人（今之汨羅市），民國12年生。
自幼即熟讀四書五經，高師畢業後，進入黃埔軍校第二十二期接受軍事教育，
民國38年2月畢業。曾任排、連、營長、上校教官、參謀指揮等職。例退後，
任國民大會研究委員。性耽吟詠，頗工書法，著有春實樓詩文集。〔註28〕

　　民國81年（1992）秋改選，副會長吳統禹當選會長，楊挺、陳定元任副
會長，劉治慶任秘書，馮嘉格任總幹事，吳統禹在會期間，熱心積極、出錢

〔註26〕《楚騷吟刊》，雲林斗六：中華楚騷研究會，2006，第65期，頁93～94。
〔註27〕〈張大春部落格・淹沒與沉吟〉，http://istory.pixnet.net/blog/post/，檢索日期：
　　　　2014/5/3。
〔註28〕博客來，《春實樓詩文集・作者簡介》，http://findbook.tw/book//basic，檢索日
　　　　期：2014/5/3。

出力，對會內貢獻良多，會員往訪龍潭拜訪，大有賓至如歸之感。民國 84 年 5 月出版之「楚騷吟刊」，封面始以「楚騷研究會」及「龍吟詩社」聯名發行。同年 5 月 15 日，「楚騷研究會」暨「龍吟詩社」聯袂組團訪問大陸廣州、杭州、蘇州、南京、武漢、長沙等各詩會，作文化交流並觀光。原定由吳統禹擔任領隊、谷翼麟擔任榮譽領隊、陳定元、楊挺兩位副會長擔任副領隊，古典詩會榮譽會長鄧璧擔任顧問。後來因吳統禹身體欠適，未能隨行，其夫人古靜江隨隊至廣州代表吳統禹致詞，並頒發獎品。此項江南詩詞之旅，由吳統禹夫婦各方奔走，籌得新臺幣十萬餘元，支付紀念品及宴席等費用，旅程才得以圓滿完成。

圖 4-2-1　（1995 年 5 月 21 日）廣州日報報導楚騷研究會
暨龍吟詩社訪問團

資料來源：古靜江提供

由此可知，吳統禹任內，即盡心籌畫兩個社群合併事宜。然天不佑人，吳統禹於民國 85 年春節後病逝，旋即在喪宅召開臨時大會，推舉谷翼麟繼任

會長。劉治慶仍任秘書職，詩稿由他校對發行，原在臺北印刷之吟刊，也遷至龍潭印刷。

民國 86 年 5 月，楚騷吟刊在「詩訊」中登出啓事：「本會報請內政部立案，業經內政部批准，將於 5 月 4 日在臺中蓮園餐廳舉行成立大會，由內政部派員指導，並應邀各詩社負責人出席，自有一番盛況。」〔註 29〕依人民團體法第八條及第九條規定，人民團體之組織，應由發起人檢具申請書、章程草案及發起名冊，向主管機關申請許可。經許可後，始得召開發起人會議及籌備會議，俟籌備完成後再召開成立大會。所以，86 年 5 月 4 日在臺中蓮園餐廳舉行籌備會議。據陳无藉紀錄「丑歲春集紀略」中提到：

> 「歲之春杪，中華楚騷研究會假臺中蓮園餐廳舉行，分由東、南、北、中各地專程赴會會友到場者計四十六人，另貴賓則有前訓練司令鄒鵬奇將軍、臺灣古典詩社社長吳東源詞長、中社社長張鐵民教授、新生詩苑主編劉榮生先生暨名詩人周彭高先生等多位，大會由谷會長翼麟將軍主持，會議主討論事項為：立案報備、調整組織、策進會務等多項均獲協議，訂為成案，會後聚餐，雍雍穆穆盡半日之歡！

> 顧吾人標榜楚騷，旨在激勵忠愛以促進國泰民昌；況當南國春華，名園幽勝之會，廣聚鷗朋暢舒胸臆，其所呈高絃雅調絕不下古蘭亭之勝概！

> 再者，先是本會掣發「楚騷回顧與前瞻」詩題，徵得珠璣之作洋洋灑灑，亦應在此鄭重作一公佈以光篇幅，謹此並贅！」〔註 30〕

陳无藉謹識

陳无藉並賦詩曰：「龍潭當日起騷風，頓使潭清淑氣融，一旦流徽瀰九禹，中華舉族沐鴻濛。」主編有為（陳无藉）按：記龍潭為楚騷發祥地。〔註 31〕

同年，5 月 11 日在《臺灣新生報‧臺灣詩壇》也刊出由黃宏介報導「中華楚騷研究會籌備立案會員大會紀盛」，如文：

> 「中華楚騷研究會〔註 32〕暨臺灣龍吟詩社，合併組織及活動已有八

〔註 29〕　《楚騷吟刊‧詩訊》，雲林斗六：中華楚騷研究會，1997，第 29 期，頁 111。
〔註 30〕　《楚騷吟刊》，雲林斗六：中華楚騷研究會，86 年 8 月 1 日，第 30 期，頁 1。
〔註 31〕　同上註，頁 13。
〔註 32〕　中華楚騷研究會，按：未立案前，為「楚騷研究會」。

年。會員們有感於向政府機關立案之需要，乃擇於本年 5 月 4 日上午，假臺中市蓮園餐廳，舉行籌備成立會員大會。邀請貴賓有郇鵬奇將軍，暨吳東源、張鐵民、劉清河、劉榮生、周彭高諸詞長觀禮指導。

會中敦請郇老將軍演講，指出詩學爲最高最好之藝術境界，詩爲歷史文化之精華，爲護國之支柱，勉會員多能承繼先賢，端正社會風氣思想。再由籌備會主委谷翼麟將軍勉會員以「衣缽相傳、生生不息」爲培育後秀之目標。接由姚植詞長作會務工作報告。大會事項討論完畢，宴會交誼，盡一日之歡。

會中並頒發首唱擊鉢得獎者金牌，課題爲「楚騷回顧與前瞻」，聘左詞宗蔡秋金詞長，右詞宗周彭高詞長。」〔註33〕

貳、「楚騷吟刊」發行史

楚騷研究會原擬與湖南文獻合作出版事宜，俾詩文相輝映，增添湘湖文采，然合作破局，李春初乃肩挑出版事務，第一期委由會員劉英擔任吟刊編輯，課題爲「楚騷研究會成立」，並發行季刊，定名爲「楚騷吟刊」。部分詩作，刊登於民國 80 年 1 月 11 日，臺灣新生報新生詩苑。會員來稿諸作內容全遭秘書長刪改，導致怨聲四起，咸欲退會。故於民國 80 年 4 月 25 日自第三期起（80 年 6 月出版），詩作一律寄草屯，由李春初主編，馮嘉格負責校印並發引。〔註34〕民國 86 年 8 月，主編工作改由陳无藉負責。詩刊前五期稱「楚騷吟稿」，後改「楚騷吟刊」，並從第十期起，採用書法名家彭鴻所題封面。民國 87 年 8 月，陳无藉因身體欠適，且有自作詩文有待整理出版，辭去主編工作，由劉治慶接任。由於劉治慶協助編務前後十餘年，年齡、體力負荷過重，於民國 93 年 3 月改由李春初負責。時值會長易蘇民因病李春初代理期間，吟刊也交由其主編，首要之務便是恢復彭鴻之封面題字。

〔註33〕　《臺灣新生報・臺灣詩壇》，86 年 5 月 11 日，旅遊 9。
〔註34〕　《楚騷吟刊》，雲林斗六：中華楚騷研究會，2006，第 65 期，頁 95～96。

圖 4-2-2　創刊號「楚騷吟稿」　圖 4-2-3　第六期起易名「楚騷吟刊」

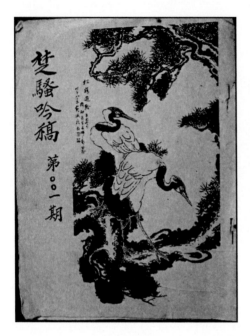

劉治慶提供　　　　　　　　　　　劉治慶提供

　　彭鴻（1907～1997），又名彭星輝，字在炳，別號虜虜，祖籍湖南衡山，黃埔軍校第十二期畢業。民國 38 年（1949）到臺灣，歷任營長、團長、參謀主任等職。雖在軍陣，不廢詩書，素耽八法，益喜吟韻，是故「戈雖枕而筆不投，毫常揮而書益進」。爲國內有名之詩人書法家。書法無論大篆、小篆、甲骨、草書、行書、隸書、楷書無所不精，先後參加中國書法學會、標準草書學會、詩書畫家學會、中國文藝聯誼會等，並任理事或常務理監事工作；複參加後樂、網溪等詩社；並應聘四海詩社、全球漢詩學會顧問、中華詩學院師學研究所委員、春人詩社副社長及兩岸書藝團體顧問等職。〔註 35〕

　　楚騷吟刊創刊號起至 24 期（85 年 3 月 1 日出版），都由書法大家彭鴻題字。谷翼麟、易蘇民任內都是自題封面。

〔註 35〕劉鐘山、趙鵬，《書法藝術・臺灣著名書法家彭鴻先生的書藝生涯》，1994 年第 03 期，頁 28。

圖 4-2-4　谷翼麟自題封面　　　　圖 4-2-5　易蘇民自題封面

 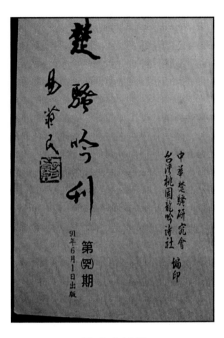

劉治慶提供　　　　　　　　　劉治慶提供

　　56 期（93 年 3 月 1 日出版），李春初代理會長，及其任內，覓得屈子遺像，並恢復彭鴻封面題字，且從 61 期起，改由橫式照相排版，在 62 期說明改成照相排版，是因為有人愛用古字，不但打字小姐不知讀音而無法打字，編者（李春初）自謙學識淺陋，……照相排版則無是項困擾矣。95 年 11 月 1 日（67 期）起，姚植擔任理事長長後又恢復自題封面，將橫式照相排版，再度改回直式打字排版，並由姚植自行擔任主編、饒漢濱擔任副編。

圖 4-2-6　楚騷吟刊 56 期封面　　　　圖 4-2-7　姚植自題封面
　　　　　恢復彭鴻題字

劉治慶提供　　　　　　　　　劉治慶提供

姚植於會訊中明白告示數點關鍵事項：如：請不要用手寫草稿交副編打字，因他要另覓人打字，別自己打小算盤，加在他的大算盤上；吟稿不可跨越副編（臺中市）直接寄給主編（花蓮市）；神州詩鴻之吟稿，請不要用簡體字，以免本刊打字小姐識誤，因為姚植在臺教書四十載，已成中國大陸文盲；各詞長對本會如有建議，請以書面直接寄給理事長，姚植因重聽，恐生誤會；作詩不可使用中華新韻。

　　楚騷吟刊對稿約向來都有規範，特別是詩韻詞譜。因為詞之調體太多，限用白香詞譜之正式詞牌，並要求作者將詞譜隨詞寄出，便於詞宗審閱。否則不予刊出。至於詩韻，臺、港、澳及海外詩人均依《平水韻》，平、上、去、入四聲，共 106 韻平仄作詩。而「中華新韻」，為教育部國語推行委員會編，民國 30 年（1941）10 月 10 日由國民政府頒行，「中華新韻」把傳統韻書「平上去入」四聲分開之編列法，改變為國語之「陰陽上去」四聲不分韻目之編法，韻目共有十八個。中華民國在大陸所頒之「中華新韻」，臺灣

知者甚少，現在，反而是大陸在推廣。1965 年，由中華書局上海編輯所出版之《詩韻新編》，乃源於《中華新韻》。1978 年由上海古籍出版社修訂，編有十八韻、十三轍。1984 年再修訂，修訂後之《詩韻新編》取十八韻，只流通於大陸，未獲臺、港、澳及世界華人之認可。

　　曾有花蓮會員徐教五去函編輯部，言及時代不同，不要過分講求韻律等……，時任秘書之劉治慶駁其言論，認為舉凡遊戲都有規則，「詩」，一旦登上詩刊，並非自己欣賞而已，尤其是課題詩，意在大家觀摩，相互學習，求得進步，更應詳細思考，無法盡善盡美，起碼要作到平仄相諧。雖說前人有平仄不調之作，也能流傳千古，但畢竟是少之又少，豈可相比？

　　楚騷吟刊之園地，原來只限於會員發表，因與南京求真詩社締結為姐妹會，民國 82 年 8 月 1 日出刊，開始登出兩會吟友之唱和詩，自此開啟「兩岸詩聲」。後來因兩岸交流越趨頻繁，詩友更擴及大陸各地及海內外。

　　楚騷吟刊於第 52 期（92 年 3 月 1 日出版），刊載新進會員賴怡如「凝眸回首話詩情」一篇散文，內容述說自己寫作之心路歷程，是因得名師指導，學了依律入詩填詞後，才發覺白話詩之創作，竟也典雅多了。然主編唯恐讀者不知作者是名女性，特別在作者姓名之上特別加註「女」賴怡如。旅美詩人舒憲波〔註 36〕投書給編輯，主旨為「對本刊一點建議」，其中一段如此說道：

> 「本刊應非純男性之壟斷刊物，倘有女性詩人參與，應男女視同平
> 等地位。豈以本刊自創刊來已為社員老大哥所把持『把持二字遣詞
> 欠當』，或女詩人尚未發現此一園地。因之，本刊夐創刊以來，未
> 有女詩人投稿，乃引致各位社員老大哥認定此乃男詩人之禁區，女
> 性不容羼入，故賴怡如一篇投稿，認為異數。編者遂於其姓名上加
> 註一『女』以示識別，殊不知有此標誌，益令女性望而卻步矣！」
> 〔註 37〕

　　唯不知（把持二字遣詞欠當）為作者自注還是編者加註之詞，然編者亦從善如流，此後就沒再發生了。

　　詩社及詩刊既以楚騷為名，吟刊 34 期，首刊林荊南著之「楚辭之起源及

〔註 36〕舒憲波，紅學專家，祖籍湖南湘鄉。1925 年生，20 多歲來臺，國民大會專門
　　　　委員退休後移居美國，曾任美國加州洛杉磯詩社會長，中華文藝協會會員。

〔註 37〕《楚騷吟刊・》，雲林斗六：中華楚騷研究會，92 年 9 月 1 日，第 54 期，頁
　　　　121～122。

其文藝價值」，內容除了介紹楚辭之興起，同時認為中國南方巫風較盛，祝禱歌舞發達對音樂及文學之影響很大。楚辭雖免不了受詩經影響，然章句之長短自由，韻律比詩經婉曼，特別是屈子離騷之作，凡二千四百六十字，音節優美，表達了幽怨之情懷，成楚辭之根基，允為楚國文學之菁華，照耀千古。並抄錄部分「離騷」附與朱註。

楚騷吟刊要目包涵有：「課題詩」、「兩岸詩聲」、「慶賀篇」、「酬唱篇」、「閑詠篇」「雄詞妙聯」、「論著」、「詩訊」、「評詩」、「前賢遺作」等，62 期（94年 8 月 1 日）起增加「保健篇」，66 期（95 年 8 月 1 日）甚至出現客家山歌歌詞，有老山歌、山歌子、平板、下南調等。

參、「楚騷吟刊」作品類型

楚騷吟刊作品內容類型，大致可分下列六項：

一、**寫景抒情**：詩緣情，任何題材都是為了抒發作者之情感而創作的，大多是描繪佳山勝水，場景有臺灣、有故鄉、或到世界各地遊山玩水時所譜下之詩詞，體現詩人內心親近大自然之樂趣。

如：

〈瀛洲〔註38〕初冬詩序〉　　馬芳耀

臺瀛遠渤海灣外，居太平洋西，地暖泉甘，民豐物阜。椰榆林茂，千株萬株，稻茗香飄，十里百里。初冬旋至，萬象依然，澗柏清榮，迎霜樹骨，山楓挺秀，在冬猶春，蘭雨竹風，涵芬送爽，玉山草嶺，疊翠橫青。詞人逸興待抒，瀛海吟風遂起。

乃有楚騷吟社者，群才競爽，六義宏宣，情寄煙蘿，輝生壇坫，頃以「瀛洲初冬」為題，藉抒才人襟抱，聊暢孟冬詩情。僕筆遜鮑庾，才非潘陸，牿諸詩律，兼嗜駢辭，乃賦詩以迎辰，竝擒文而撰序。攬鏡嗟鬢鬢欲雪，且載筆而寫心，在瀛之草木恆春，每臨冬而增色。

〔註39〕

此為民國 82 年冬，作者馬芳耀於楚騷吟社課題詩「瀛洲初冬」所作之詩

〔註38〕瀛洲，連雅堂《臺灣通史・卷 1・開闢記》，謂：「臺灣則瀛洲也」。清代福建漳州、泉州人士對臺灣之慣稱。

〔註39〕《楚騷吟刊》，雲林斗六：中華楚騷研究會，83 年 1 月 1 日，第 15 期，頁 1～2。

序，全詩序描寫臺灣之地理風土景物。透過詩人詩序之描寫，充分反映臺灣初冬田園、山水自然景物之美。

如：

〈潮〉　伍仲俊

　　海岸觀潮抱興來，南濱賞景獨徘徊，

　　千軍陷陣呼天嘯，萬馬騰空動地哀；

　　勢若奔雷隨浪湧，形同飛雪噴花開，

　　汪洋浩瀚如斯美，日落西山帶月回。

詩中描畫觀潮景象，對仗工整，頷聯是何等之詞高氣壯。

二、**即事感懷**：詩人善於把自己心頭所想、口裡要說的話，以「即事」為題寫下詩句，抒寫心中之感慨。「即事」詩題材廣泛，如懷親、思鄉、送別、酬贈、人生感悟等，皆可入詩。

如：

〈念雙暉〉二首之一　陳定元

　　歡娛晚景正其時，底事傷心淚暗垂，

　　鏡裡滿頭皆白髮，客中屈指幾相知；

　　既悲老伴離塵遠，復念雙暉鎮日癡，

　　卅載情書今尚在，繫人哀愫柳絲絲。〔註40〕

民國34年，抗戰勝利之初，作者陳定元與同學吳洞暉訂婚，未及迎娶，又值閱牆之亂，輾轉來臺，有家難歸。後因緣際會與臺籍張英妹結婚，婚前已將其情詳告，並將張英妹易名為亞暉，以為紀念。轉瞬四十餘年，始得回鄉，得悉洞暉已改嫁，且已亡故，遺有一女，陳定元愛屋及烏，予以約見，以義女視之。民國83年（甲戌）秋，亞暉亦不幸故世，某夜，陳定元起而檢視亞暉遺物及珍藏四十餘年洞暉之最後來信，睹物思情，倍增懷念，因作詩以紀之。

又如：

〈壬戌冬接內子劉學華女士近影貌極衰老幾不能辨識矣愴然賦此〉

張鶴（白翎）

　　三十二年辜負過，杜鵑空喚悵如何？

<hr>

〔註40〕《楚騷吟刊》，雲林斗六：中華楚騷研究會，85年9月1日，第26期，頁77
～78。

　　　夢中泣訴桃花老，影裏愁看鶴髮多；

　　　貧己累卿更憔悴，狂應憐我尚吟哦，

　　　但祈天許重圓早，一棹雙溪泛碧波。

　　此為作者張鶴在民國 71 年，夢中見到久別妻子劉學華影貌極其衰老幾乎認不出來的悲愴感賦。

　　三、詠物言志：詠物言志大抵是指詩人心有積鬱，不直接表露自己之思想、感情，而是托物言志，採用象徵、興寄等之手法，藉詩表現情懷，是詩人情感宣洩之窗口。

〈照相機〉　劉榮生

　　　玲瓏小體逐時新，一閃金光萬象陳，

　　　聞道黑箱多詭異，箱中顯影但清真。

　　此詩前兩句提到照相機之結構形式及功能，然第三句話鋒一轉，諷刺黑箱作業多弊端，結句反其說。所詠之照相機，切合題旨，且有寓意，不愧是上乘之作。

　　又如：

〈談虎〉　馮嘉格

　　　在藪威風震八方，犬欺獨怨落平陽，

　　　人窮失勢均如此，何必勞神比短長。〔註41〕

　　老虎在叢林中風震八方，一旦離開山林流落到平陽，因為失去了屏障，連狗都敢欺負牠。人一旦貧窮失勢，也會遭受小人之欺侮。人生在世，各有境遇，各見得失，所以不要勞神與人比長短，這才是真正人生大智慧。

　　四、懷古傷今：是以歷史事件，或人、或事、或物為對象，作為詠懷之題材，來抒發對自然、對社會、對政治、對歷史之感觸，內中蘊涵作者對社會人文之關懷。

　　如：

〈暮冬憶往〉　劉治慶

　　　衣食難溫世事哀，江山零落望春回，

　　　寒流碧海風旋浪，殘照荒林雪鬥梅；

　　　曾記凱歌揚鐵嶺，那堪揮淚別豐臺！

〔註41〕《楚騷吟刊》，雲林斗六：中華楚騷研究會，87 年 2 月 1 日，第 32 期，頁 73。

慨懷四十餘年事，白首題詩志不灰。

此詩乃作者回憶抗日勝利後，旋即因國共內戰，山河變色，揮淚離別東北之情景。鐵嶺屬遼寧，豐臺屬北京，均爲地名。頷聯「風旋浪」、「雪鬥梅」，暗示國共兩黨鬥爭之激烈；頸聯〔註42〕「那堪揮淚別豐臺」，沈鬱悲愴；結聯感慨無限，但又氣勢昂揚，究不失軍人本色。

又如：

〈漫詠〉　蔡秋金

　　史筆雄揮李杜壇，更須慧眼辨忠奸，

　　漢中不進愁雞肋，〔註43〕天下可欺誆馬肝；〔註44〕

　　釣譽休誇公望渭，〔註45〕埋名獨愛子陵灘，〔註46〕

　　商山四皓巢田外，〔註47〕甘棄榮華古所難。

此詩全在用典，作者用繁複之典故，顯示繽紛多樣之意向結合，其詩意匠心獨具，耐人尋味。

五、**麗澤酬唱**：「酬唱」，也稱作「唱酬」、「唱和」。中華楚騷研究會詩人，詩文唱酬之間，增進朋友麗澤風雅之情誼。

如：

〈賀滌非弟獲教育部特優狀〉　楊挺

　　薪傳藜火育英才，道德文章志業恢，

　　五度殊榮頒賀日，欣看奪錦屬詩魁。〔註48〕

此詩乃恭賀蔣滌非〔註49〕於民國83年，獲教育部頒績優教學獎。

〔註42〕頷聯，律詩之三、四句，頸聯律詩之五、六句。

〔註43〕劉備與曹操爭奪漢中，曹操想撤退，便用「雞肋」作口令，官員都不知何解。主簿楊修明白雞肋「棄之可惜，食之無所得」之道理，知道曹操想撤退，便自行執收拾行裝。後來，劉備果然佔領漢中。

〔註44〕典出北宋楊億〈漢武〉詩句中：「死諱文成食馬肝」，此爲諷詠漢武帝求仙詩，漢武帝爲了求仙，拜方士少翁爲文成將軍，後因故殺之，卻謊報文成因吃了馬肝中毒而死。

〔註45〕姜尚，字子牙，世稱姜太公。爲避商紂王在渭水隱居垂釣，後於此遇周文王。

〔註46〕子陵灘，又名嚴灘、七裏灘……等。爲東漢著名隱士嚴光（字子陵）拒絕漢光武帝片召隱居垂釣處。

〔註47〕商山四皓，秦末隱士東園公、夏黃公、綺里季、用里四人，因避秦亂世而隱居商山，采芝充飢。劉邦久聞四皓大名，請他們出山爲官，爲之所拒。還寫了一首《紫芝歌》以明志。

〔註48〕《楚騷吟刊》，雲林斗六：中華楚騷研究會，84年2月1日，第20期，頁77。

又如：

〈恭賀鵬奇鄉長九秩大壽誌慶〉　　吳統禹率全體同仁

芒鞋鐵甲御征輪，百戰河山血染身，

重視倫常如瑰寶，提攜才彥若親人；

操兵海嶠軍威壯，縱筆騷壇韻律新，

九秩松齡齊慶賀，壽人壽國壽長春。

此為鄒鵬奇〔註50〕將軍九秩大壽，楚騷研究會會長吳統禹率全體同仁酬唱詩。詩題「鄉長」，是指原籍均為湖南同鄉。

六、移民心緒：「移民」，顧名思義是背井離鄉，另覓安身立命之所在。民國38年（1949），國民黨失去大陸，撤退來臺。當時，保守估計，約有一百五十萬軍民追隨而來。這群人在大陸背景並不同，來臺之因素也各異，然而，各有傷心之故事，是一支龐大移民隊伍。他們初到臺灣，濃濃之思鄉情懷，不少人寄情於筆下，大陸學者黎湘萍對此時期臺灣知識分子之文學敘事與理論想像，以「新遺民情結」名之。黎湘萍認為，四九之後來到臺灣之中國人，他們透過美學或文學理論之建構，尋找安身立命之道。〔註51〕中華楚騷研究會這群新移民之詩作，充滿濃濃之鄉愁。及至七〇年代開放探親以後，當初來臺之青年，已垂垂老矣。他們從未想到要長留於此。無奈地被切斷聯繫，歸鄉的期盼，只在午夜夢迴間，白髮父母倚門而望之身影，讓多少遊子黯然神傷。民國76年（1987），遊子終得返鄉，或有家園破落、親人離散，連墳塋也無從祭弔。那刻骨銘心之離散，斷裂之創傷是講不清，寫不盡的。於是，一篇又一篇之探親詩作，訴說著大歷史之傷痕血淚，這些詩作也成為臺灣詩壇現象獨特之表徵。

〔註49〕 蔣滌非，字雨辰，湖南耒陽人，先後在臺灣陸軍官校、鳳山高中任教，為臺灣中華楚騷研究會常務理事暨副會長，為著名書法家、名詩人、教育家。著有《湘風詩文集》、《寶島旅遊雜詠》、《故國山河紀遊》、《國文教學的正確途徑》等。

〔註50〕 鄒鵬奇，號嵐峰，1909年生，湖南省隆回縣人。1928年入黃埔軍校，長沙會戰戍守湘北，與日軍鏖戰五年，逼敵退出常德。1944年6月，在草尾赤山戰敗被俘，寧死不屈。最後破械脫逃。1945年，晉升少將副司令。1948年，升任九十九軍中將軍長。1949年來臺，任八十七軍軍長、第一、二軍團副司令、金門防衛副司令、總統府戰略顧問等職。

〔註51〕 黎湘萍，《文學臺灣：臺灣知識者的文學敘事與理論想像》，北京：人民文學出版社，2003，頁292。

如：

〈遷居仁愛之家有感〉　　馮祥鷺

　　老我遷居仁愛家，重門鎖斷市聲譁，

　　閒來採菊東籬下，把酒吟詩學種瓜；

　　晚年多病我常嗟，偶有疏虞痛苦加，

　　市井喧騰心意亂，從今不再亂如麻。〔註52〕

　　這個孤寂的老詩人，曾將臺灣的房產變賣，回大陸探親，然經過 40 年之阻隔，高堂已歿，手足失散，感覺已經不是回到家鄉，猶如進入「異鄉」。失望傷心之餘，又回到臺灣遷居仁愛之家。這種情況，普遍存在於仁愛之家、榮民之家。

　　又如：

〈哀老榮民〉　　廖叔軒

　　鰥居老榮民，憂病復憂貧，生前甘陋室，死後臭芳鄰；

　　有會收遺產，無人弔忌辰，功高曾抗日，忠藎〔註53〕向誰陳。〔註54〕

　　老榮民當年隨國軍「轉進」來臺，他們有的是滿腔熱血從軍報國，有的則是無奈被「抓兵」，就這樣離開了家鄉，在戰火中倖存，孤身在臺灣這個陌生之島嶼。他們念茲在茲是「光復大陸」。從青壯年盼到老年，得到的卻是無法實現的遺憾。他們多數孑然一身在臺灣，沒有後代、沒有恆產，貧病交迫，看不到未來。此乃實情實景，是時代之悲劇。

第三節　從龍吟詩社轉型為中華楚騷研究會

　　自民國 81 年吳統禹當選「楚騷研究會」會長後，他兼具「龍吟詩社」社長，便積極推動兩會社之交流，民國 85 年春，吳統禹去世，谷翼麟繼任會長後，積極促成兩會社之合併案。民國 85 年 9 月 15 日，谷翼麟主持南投埔里秋季詩會，會議中決定向內政部申請立案，由副會長姚植、理事王鎮華、監事王鐵錚籌辦。民國 87 年，內政部 87 年 1 月 15 日（87）內社字第 8702494

〔註52〕《楚騷吟刊》，雲林斗六：中華楚騷研究會，86 年 8 月 1 日，第 30 期，頁 65。
〔註53〕「藎」，《詩經・大雅・文王》「王之藎臣，無念爾祖。」《疏》藎，忠愛之篤，進進無巳也。
〔註54〕同註459，87 年 5 月 1 日，第 33 期，頁 45。

號正式核准立案通過。〔註55〕

「中華楚騷研究會」（通稱楚騷吟社）立案時組織成員：

「會長：谷翼麟

　榮譽會長：梅可望

　顧問：蔡秋金、鄺靖、張夢機

　副會長：楊挺、李新元、黃志翔、姚植、蔣滌非

　理事：楊挺、李新元、黃志翔、姚植、蔣滌非、李春初、馮嘉格、
　　　　陳恕忠、王鐵錚、王鎮華、劉漢光、田浪萍、陳无藉、劉
　　　　治慶

　監事：曾文捷、蘇心絃、焦志遠、陳楚賢、陳友儀

　詩刊編輯：

　編輯委員會主任：李春初

　副主任：劉治慶

　委員：陳无藉、王鐵錚、蔣滌非、劉漢光

　責任編輯：陳无藉」

依據人民團體法之規定，社會團體理事、監事不得兼任會務工作人員，故原定正副秘書長馮嘉格、劉治慶之庶務工作，由黃英擔任。谷翼麟就任後積極拓展會員，並向全臺、大陸、港、澳……等海外地區召募，廣納騷朋，幅員遼闊，其位階由地方社團躍升為全國性文化團體之法人社團。

谷翼麟「談楚騷命名與楚騷吟刊的特色」一文中提到：

回溯本會創立時，以「楚騷」為名，頗有其特定意義，且為通俗而雅緻。因為「楚辭」是由「詩經」發展而來，而詩經是我國最古老的詩詞總集，而後演變出離騷、漢賦、唐詩、宋詞、元曲，可說是歷代詩詞歌賦的源頭。……，離騷至今已兩仟三百多年，而能流傳後世，歷久不衰，主要是感情豐富，內容詳實，更充滿憂時憤世和堅貞不移的愛國情懷，可說是情文並茂的偉大詩篇。……，楚辭和離騷為歷代詩詞創作者奉為圭臬，我們的詩會和吟刊均以楚騷為名，可見當年創會的真知灼見和遠大的抱負。今天我們更要發揚光大，繼續開展。……本刊將自（34）期起開

〔註55〕《楚騷吟刊·詩訊》，雲林斗六：中華楚騷研究會，87年2月1日，第32期，頁119。

闢專欄，首先選刊朱熹註《離騷》原文，爾後，並逐期陸續刊載
有關楚騷論述、闡釋與欣賞的作品，以發揮本會與本刊的特色，
達成名副其實的目標。〔註56〕

　　民國91年，谷翼麟移居美國，同年6月，由易蘇民繼任會長。民國92
年6月，易蘇民因病休養，由常務理事李春初代理會長職務。民國92年春，
在臺中舉辦十三週年紀念大會，因易蘇民身體欠安，於會中改選會長，由常
務理事李春初高票當選，然程序不合內政部規定，未予批准，會長一職仍由
李春初代理。民國93年4月24日，中華楚騷研究會於臺中國軍英雄館召開
年度大會，李春初當選理事長（歷來都稱會長），為擴大兩岸交流，議決通過
在大陸設置辦事處，位於湖南長沙菲榮園106號13棟101號，聘王承渭為主
任、陸大猷為副主任。其組織架構更趨於完整。其組織架構如下：

　　「中華楚騷研究會：內政部臺（87）內社字第8702494號正式核准
　　立案

　　楚騷吟刊：行政院新聞局局版臺省誌字第1181號

　　會址：南投縣草屯鎮僑光街29巷4弄8號電話：

　　發行所：南投縣草屯鎮僑光街29巷4弄8號電話：

　　榮譽會長：梅可望

　　顧問：張夢機、劉榮生、張鐵民、陳恕忠、馮嘉格、黃英

　　理事長：李春初

　　秘書長：劉清福

　　常務理事：李春初、劉治慶、黃志翔、姚植、蔣滌非、郭振民

　　理事：程道遠、姚植、王鐵錚、李新元、蘇心絃、雷祥、饒漢濱、

　　　　　白景滄、范煥昌、王鎮華

　　常務監事：張微波

　　監事：黃東北、孫志雄」

　　民國95年6月姚植當選會長，會址設在花蓮市。「中華楚騷研究會」成
為全國性之社團，所以會址常因會長而有所變更。

〔註56〕《楚騷吟刊》,〈談楚騷命名與楚騷吟刊的特色〉,雲林斗六：中華楚騷研究會,
　　　　87年8月1日,第34期,頁93～94。

表 4-3-1　龍吟詩社、楚騷研究會、中華楚騷研究會歷任社長一覽表

社（會）長	龍吟詩社	楚騷研究會	中華楚騷研究會	備　　註
第一任任期	游金華	劉詠堯	谷翼麟	87 年（1998）1 月龍吟詩社與楚騷研究會合併爲中華楚騷研究會，谷翼麟成爲立案後第一任理事長。
	1982～1986	1990～1992	1998～2002	
第二任任期	吳統禹	吳統禹	易蘇民	
	1986～1996	1992～1996	2002～2004	
第三任任期	谷翼麟	谷翼麟	李春初	
	1996～1998	1996～1998	2004～2006	
第四任任期			姚植	
			2006～	

資料來源：筆者整理

第四節　重要詩人作品探微

　　龍吟詩社、楚騷研究會、中華楚騷研究會，創社雖晚在八〇年代，然而，從他們之作品中，抒寫人生、抒寫愛情、抒寫友誼、抒寫社會、抒寫大自然，抒寫國共戰爭及對父母、妻兒、兄弟手足掛念之情。他們生活閱歷豐富，將現實、歷史、生命本體之洞察融進詩裏，使得詩作裡閃耀著光芒。

　　龍吟詩社創社初期超過半數是龍潭本土詩人，然而，與楚騷研究會合併後，龍潭本土老詩人逐漸凋零，年輕一代也漸次淡出，反而是外省詩家爭相奔放，佳作燦若星河。本章節針對歷任社長、總幹事、秘書、及特殊人物，略作分析與探討。

壹、歷任社長

　　一、游金華，龍吟詩社第一任社長、中華楚騷研究會榮譽顧問。字澹園，號劍書閣老人。生於大正元年（1912），世居龍潭三角林，識字讀書皆爲父親游炳坤啓蒙。十歲進入三坑子公學校就讀，受到漢文老師高兆棠之教導，奠定深厚之漢學基礎。游金華之父因用功過度，導致眼睛過勞幾近失明，沒有能力治理生產，家庭負擔日益沉重。小學畢業後，因生活困頓，未再升學。深知失學之苦，所以，戰後於家中開班免費授讀《三字經》、《百家姓》、《千字文》、《千家詩》、《幼學瓊林》等識字課程；也教書法和算盤，前後約十餘

年。曾從事土地代書、耕作茶園、經營煤礦公司，也擔任過龍潭鄉鄉民代表。

圖 4-3-1　游金華，時年 101 歲

筆者攝，2011 年 04 月 17 日

　　游金華個性淡泊無欲，清靜自守，其書桌有毛筆以「澹園」爲聯首，自書「澹飯有恆知自足，園蔬無缺應堪珍。」時刻惕勵自己。平日讀書習劍，淡泊名利，因此，將書房命名爲「劍書閣」。民國 63 年（1974），加入「陶社」；民國 67 年，加入「以文吟社」；民國 71 年，與龍華醫院院長吳統禹在龍潭成立「龍吟詩社」，並擔任創社社長，民國 74 年，加入中華民國傳統詩學會，一生致力於傳統文學之播種。也是騷壇健將，曾於桃園聯吟會上獨掄雙元。楚騷吟社黃志翔有詩爲證：「雙元佳話詩壇美，羨煞澹園一散仙。」〔註57〕民國 87 年，中華楚騷研究會成立後聘游金華爲榮譽顧問，其接獲聘書時賦詩謙辭，詩曰：「謬蒙顧問許相邀，可惜斜暉晚樹搖，有意豪吟隨驥展，無如壯氣化煙消；楚騷儘是瓊梅艷，學會奚需敗絮飄，讓我林泉聊憩息，留些餘喘醉殘瓢。」〔註58〕然而，中華楚騷研究會爲表誠意，楚騷吟刊詩課均以游金華作品刊登於首頁，顯示對詩老游金華之敬重。

〔註57〕《楚騷吟刊》，雲林斗六：中華楚騷研究會，84 年 2 月 1 日，第 20 期，頁 62。
〔註58〕同上註，87 年 8 月 1 日，第 34 期，頁 37。

圖 4-3-2 游金華手稿

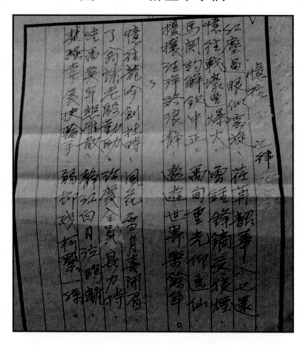

「憶往」兩首，登載於楚騷吟刊 36 期首頁（游日光提供）

民國 80 年 11 月，由游日正編輯出版《澹園詩草》，收錄詩作 600 餘首。民國 89 年 12 月，桃園縣文化局出版《游金華詩文集》，收錄慶賀、哀輓、酬唱、隨筆、行旅、雜詠、對聯，哀奠章、誄弔詞範作及處世格言等，凡 400 餘頁。民國 96 年 11 月，由筆者主編，其長子游日光出版《澹園拾穗》，收錄詩作近 500 首。

寒門家風，書香滿盈，其長子游日光，濡染仁風，紹承父志展雄才，加入中壢以文吟社，繼領風騷。民國 83 年，參加臺南縣鯤瀛詩社及臺南縣國學會舉辦之全國詩人聯吟大會，游日光於次唱詩題〈民選省市長〉中一舉掄元。民國 88 年，龍潭鄉徵選「鄉徽設計」，首獎由游日光得到。其次女游雅晴喜作詩也善於吟誦。其三子游日正，在詩、文及政治領域，均有精彩表現。惜天不假年，民國 91 年（2002）5 月 25 日，於華航澎湖空難中遽殂。

〈承各位詞長弔詩致唁，賦此鳴謝〉　游金華叩謝

　　金言玉語慰予懷，痛惜吾兒墜海涯，

　　自嘆歉修憐命薄，更逢缺德遇時乖；

　　滿腔幽怨哀難訴，萬縷愁煩淚莫揩，

厚意深思容叩謝，啣環結草記心階。〔註59〕

此爲游金華銘謝各方詞長弔唁其子游日正空難之答謝詩。失去親人之傷慟，是人世間悲苦事，尤以白髮人送黑髮人，更令爲人父母者更傷心逾恆、悲痛難熬！

游日正，民國 36 年生（1947），畢業於國立臺灣大學中文系及革命實踐研究院。北區房屋仲介股份有限公司（其後易名爲臺灣房屋仲介股份有限公司）創辦人，曾任兩屆龍潭鄉鄉長、立法委員（1993～1996），由於游日正生前對傳統文學及客家文化之推展不遺餘力，騷壇痛失擎旗手，詩人紛紛賦詩悼念。

〈繼楚揚風〉　游金華

群英薈萃聚台中，載筆蓮園藻思雄，
周易精探揚雅頌，楚騷研究繼文風；
決決翰苑篇生錦，侃侃詞鋒句吐虹，
屈子餘徽垂萬古，三湘爪跡永留鴻。〔註60〕

此爲「中華楚騷研究會」申請立案聯吟大會，游金華掄元之作。在臺中蓮園餐廳舉行，會中以「繼楚揚風」爲題賦詩，左詞宗莊幼岳，右詞宗蔡秋金。

二、**吳統禹**，龍吟詩社第二任社長、楚騷研究會第二任會長。湖南宜章人，生於民國 12 年（1923），卒於民國 85 年（1996）。少敏多智，弱冠從戎，其後考入國防醫學院，畢業後從事軍醫工作。大陸局勢逆轉後來臺，與龍潭望族古阿金長女古靜江結褵，成爲客家女婿。婚後夫妻協力同心，創辦龍華醫院。後來又至新加坡職業醫學專科進修，獲得職業病醫學博士學位。

吳統禹熱心公益，服務行醫，全力奉獻，不僅得到醫界之認同，社會各界也給予高度之肯定與讚譽。民國 76 年，獲頒全國十大傑出醫師獎。〔註61〕民國 75 年，繼游金華之後接任龍吟詩社社長。同年，出任梅社〔註62〕（臺北石牌）副社長，因專心治理龍吟詩社，心無旁騖，故辭去梅社副社長職務。〔註63〕民國 81 年，接任楚騷研究會會長。

〔註59〕詩作資料來源：游日光提供。
〔註60〕《楚騷吟刊》，雲林斗六：中華楚騷研究會，87 年 2 月 1 日，第 32 期，頁 7。
〔註61〕同上註，85 年 3 月 1 日，第 24 期，頁 1～2。
〔註62〕梅社，由新生詩苑輔導於民國 74 年 1 月 3 日成立。社長吳梅魂、副社長吳統禹，社員 18 人。
〔註63〕《臺灣新生報・新生詩苑》，第 1724 期，「梅社社長吳梅魂同意副社長吳統禹

圖 4-3-3　吳統禹

古靜江提供，筆者翻攝

　　吳統禹交遊對象廣闊，活躍於軍、政、文社之間。與網溪詩社社長丁潤如、〔註64〕社友彭鴻、伏嘉謨等過從甚密。龍吟詩社週年慶，丁潤如賦五言排律詩爲賀：「我聞龍潭曲，群龍潛在淵，日日發清響，聲聲籟自天。結爲龍吟社，意在光龍傳，龍光射牛斗，雲從遍臺灣。久矣仰龍德，今更結吟緣，以此寒虫唱，相賀一週年。」〔註65〕

　　吳統禹與臺灣新生報歷任主編，曾文新、傅紫眞、劉榮生交誼頗深。《臺灣新生報・新生詩苑》，常報導與吳統禹相關之詩訊。如：

　　　　「詩盟楚騷會會長、龍吟詩社社長吳統禹前日假臺北信義聯勤俱樂
　　　　部宴請鄉親張夢機教授、應邀作陪者有名教授方子丹、詩老莊幼
　　　　岳、周植夫、詩盟王勉、萬正仕、蔡秋金及本苑主編傅紫眞。席間
　　　　吳會長懇切冀望諸大吟壇給予鞭策指導，以宏揚詩教，美化人生。
　　　　〔註66〕」

　　吳統禹曾寫下「甘作詩囚終不悔」，詩云：「紫眞導我作詩囚，筆自勤耕

離職。」

〔註64〕丁潤如，民國 2 年（1913）生，湖北麻城人。著名詩人、文學家。曾任臺北網溪詩社社長。後移居美國，任紐約四海詩社等名譽社長、顧問。出版有《潤如詩文全集》、《潤如說道》等二十餘種）。

〔註65〕丁潤如，《潤如繫年詩稿》，臺北；華新文化事業出版社，1987，頁218。

〔註66〕《臺灣新生報・新生詩苑・詩訊》，第 3820 期。

汗自流，歷盡十年辛苦境，未臻火候豈甘休。」〔註67〕自從新生詩苑主編傅紫眞，〔註68〕教導他學會作詩之後，醫餘之際，熱衷詩詞吟韻，致力於傳統文學之推廣與發揚，並積極促成兩岸文化交流，聲名遠播，士林敬重。吳統禹去世後，其夫人古靜江擔任中華楚騷研究會榮譽顧問，積極爲組織籌措經費，楚騷吟刊36期詩訊爲證：「經本會榮譽顧問古靜江女士幫忙，洽請龍潭鄉公所，自八十八年度起，每年補助龍吟詩社新台幣貳萬元，八十八年度該款已撥下，準備印刊之用。」〔註69〕民國91年，因古靜江遷離龍潭，經費就沒下文了。古靜江，曾任龍潭鄉婦女會理事長、龍潭鄉婦聯會主任委員、桃園縣工商聯誼會會長、桃園縣環保福利促進會總幹事。

〈秋興〉調寄〈採桑子〉　　吳統禹

漫尋勝蹟輕移杖。野外斜陽。湖上波光。陣陣秋風送曉涼。

孰知羈旅今猶昔。仰望遐方。何處家鄉。遙憶蓴鱸欲斷腸。〔註70〕

採桑子，詞牌名，又稱「羅敷媚」、「醜奴兒令」等。雙調四十四字，上下闋各四句。「秋興」，詞作上片著重寫景，描述策杖尋勝，斜陽殘照映著波光粼粼，陣陣秋風送來涼意。下片由寫景轉爲抒情，訴說長久寄留臺灣，撫今追昔，遙望遠方，何處是家鄉？家鄉，回不去。這愁，斷腸。結句「蓴鱸」，典出《晉書·張翰傳》：「翰因見秋風起，乃思吳中菰菜、蓴羹、鱸魚膾。」原詩云：「秋分起兮佳景時，吳江水兮鱸正肥，三千里兮家未歸，恨難得兮仰天悲。」海峽分隔，蘊含了多少苦難與鄉愁。

〈龍潭早春〉　吳統禹

乍至東風料峭寒，天涯萍梗感難安，

一潭煙柳江南似，春色無邊怕倚欄；

百花鬥豔翠成團，煙景名潭壯大觀，

頓覺今年春訊早，梅開姑嶺樂衝寒。〔註71〕

龍潭是吳統禹之第二故鄉，雖說「年深外境猶吾境，日久他鄉即故鄉。」龍潭景色再美，也斷不了詩筆下原鄉之親情與思念。

〔註67〕《楚騷吟刊》，雲林斗六：中華楚騷研究會，84年9月1日，第22期，頁64。
〔註68〕傅紫眞，字蘊盧，1924年生，福建南安市人。曾任：臺北網溪詩社秘書、副社長，漢詩學會常務理事，《臺灣新生報·新生詩苑》主編。
〔註69〕同註67，88年2月1日，第36期，頁119。
〔註70〕同上註，82年3月31日，第11期，頁40。
〔註71〕《楚騷吟刊》，雲林斗六：中華楚騷研究會，83年3月1日，第16期，頁42。

三、谷翼麟，龍吟詩社第三任社長、楚騷研究會第三任會長、正式向內政部申請立案後，更名爲中華楚騷研究會，爲第一任會長。號若谷，生於民國 13 年（1924），湖南湘潭人，海軍中將退役。曾任國防部參謀總長辦公室少將副主任，詩文書法俱佳。

圖4-3-4　谷翼麟，國防部參謀總長辦公室少將副主任

圖片來源：ash29 的博客

曾任行政院國軍退除役官兵輔導委員會魚殖管理處副處長、基隆港務局局長。曾因膽疾醫療時將膽割去，友人戲稱「無膽將軍」，毫不以爲忤。〔註72〕民國91年，移居美國。

〈七十戲吟〉十首之一　谷翼麟

　　狼煙遍地劫餘身，共度慈雲應有因，
　　卅載姻緣玄鬢老，一生恩愛白頭新。
　　虛榮不羨甘恬淡，中饋難爲仰薄薪，
　　臨老彌堅情更篤，兒孫繞膝闔家春。〔註73〕

此詩爲谷翼麟「七十戲吟」開詠詩十首之一，憶民國38年初，國共內戰，遍地狼煙，谷翼麟與其妻分別自青島及上海登慈雲輪渡海來臺，婚後夫婦倆提及往事始知此事。解甲歸田後，終日臨池吟句，每戲琴棋樂未央，與妻子

〔註72〕同上註，87 年 11 月 1 日，第 35 期，頁 72。
〔註73〕同註71，83 年 3 月 1 日，第 16 期，頁 43～44。

臨老彌堅情更篤，享受兒孫繞膝，澹泊樂餘年之寫意生活。

〈一路高歌到岳陽〉　　谷翼麟

一路高歌到岳陽，登樓攬勝感蒼茫，

少陵絕唱傳千古，老范宏文播萬芳；

霧鎖江流迷眾眼，雲開巴郡會群芳，

長沙際會風雷動，筆走龍蛇作楚狂。

此詩為民國 84 年 5 月，楚騷研究會與龍吟詩社江南之旅，乘汽車經岳陽時，領隊谷翼麟提議以「一路高歌到岳陽」為題，每人做詩一首。谷翼麟之女谷季柔，時任華府記者，特請假回國陪父母訪問大陸，她也賦詩曰：「漢土秦疆是故鄉，浮雲遊子夢牽腸，關山縱遠輕飛渡，一路高歌到岳陽。」初試啼聲，即展不凡。

四、**劉詠堯**，楚騷研究會第一任會長。字則之，湖南省醴陵縣人，生於清宣統元年（1909），[註74] 卒於民國 87 年（1998）。民國 34 年（1945）6 月 28 日敘任陸軍中將，民國 38 年（1949）12 月來臺。曾任中華民國國防部次長、代理部長兼全國人事部部長等。劉詠堯素有「儒將」之稱，著有大量文集。

圖 4-3-5　劉詠堯，民國 36 年率團慰問東北將士

圖片來源：維基百科

〔註74〕劉詠堯出生時間，有兩種說法，一為光緒 33 年，一為宣統元年，以其 15 歲入黃埔軍校推算，應為宣統元年（1909）。

　　劉詠堯主要著作有《中國國民黨黨史》、《政治學概論》、《世界各國革命史》、《人事行政論叢》、《人生哲學論》、《經濟學概論》，也是新生活運動發起人之一。知名歌手劉若英爲其孫女。

〈回憶廣東陸軍軍官學校〉　　劉詠堯

　　黃埔江潮怒吼聲，洪鑪當日鍊群英，

　　馬蹄踏碎關山月，劍氣凌虛海畔城；

　　北伐雄師彰勝績，南侵倭寇泣殘兵，

　　而今救國謀團結，殷望辭臺返舊京。

　　陸軍軍官學校，位於廣州市區東南 20 多公里處，是一座方圓 6 平方公里之黃埔長洲島。清朝末年，在這裡創辦了廣東陸軍學校和廣東海軍學校。民國 13 年（1924），孫中山在這兩所學校之原址上，創辦了「黃埔軍校」，它的全稱是「陸軍軍官學校」，民國 15 年，改名爲「中央軍事政治學校」，校名雖多次變更，然校址不變，通稱「黃埔軍校」。爲中國近代史上第一所培養革命軍隊幹部之軍事學校。〔註75〕劉詠堯於民國 13 年（1924）8 月，進入黃埔陸軍軍官學校第一期第六隊受訓，爲同期最小之學員（15 歲），自此戎馬半生，生平最大願望，終究是希望團結一致，返回舊京城。

〈兩岸文化交流〉　　劉詠堯

　　兩岸同根本弟兄，雲天喜見雁群橫，

　　中興鼓舞推詩筆，華夏揚眉起共鳴。〔註76〕

　　促進海峽兩岸文化交流，是楚騷研究會會務發展項目之一。兩岸詩詞文化交流聯誼活動，藉此吸取優秀會員及推展詩學文化。

　　五、易蘇民，中華楚騷研究會第二任會長。生於民國 14 年（1925），湖南省湘潭人氏。譜名世俊，字溥霖，號利生（此其所創太易利生堂，命名之由來。）別署三湘老人。歷任臺灣師範大學國文研究所、美國加州大學國際社工研究所研究員、葡萄牙花藍大學法律哲學博士、日本特許大學藝術學博士、中國劍光書畫院顧問、中國書畫名家網藝術顧問、中國書畫印研究院專家委員、臺灣美協主席等。1947 年秋來臺，定居臺北市。出版有《三蘇年譜》、《中國文化史》、《中國文學史》、《中國文藝史》、《韓柳文評注》、《太易利生

〔註75〕《陸軍軍官學校（黃埔軍校）》，互動百科，http://www.baike.com/wiki/。檢索日期：2014/5/18。
〔註76〕《楚騷吟刊》，雲林斗六：中華楚騷研究會，83 年 8 月 1 日，第 18 期，頁 1。

堂詩聯》、《易蘇民畫竹作品集》、《易蘇民書毛澤東詩詞選》等。〔註77〕

　　易蘇民之妻李瓊貞曾在《楚騷吟刊》〈太易利生堂詩聯序〉一文中，對其夫易蘇民作詳盡之介紹，茲摘錄片段：

> 「外子易蘇民先生，碩學鴻才，世稱三湘才子；神聰聖德，人尊當
> 代賢達；博古通今，至道不惑，講學上庠，傳承道業；等身著述，
> 利國福民；吟哦風雅，俊逸清新；創作書畫，功奪造化。晚歲養病，
> 致力公益，應丙手澤……。
>
> 詩以言志，詞以抒情，文以弘道，聯以彰德，書以潤身，畫以怡性，
> 此六者中國文人之風操，……先生集六德於一身，含弘光大，華國
> 利世，……斯豈天之作育人傑之道歟！……。」〔註78〕

〈秋月〉　　易蘇民

> 涼夜凝清冷，太空不染塵，素光流海宇，幽景轉鴻鈞；
>
> 天籟順生息，騷人獨集神，華輝如可贈，持與意中人。〔註79〕

　　這首詩是楚騷吟社之課題詩，易蘇民用白描之手法，簡簡單單寫涼夜清冷、太空不染塵、素光流海宇，透過秋月之點染，作品呈現詩人沉醉於美好月色中之情景。「華輝如可贈，持與意中人」，這兩句表現了詩人多情真率之餘蘊，直灌全篇。

〈旅憤〉　　易蘇民

> 困頓塵氛久，羈遲海隅鄉，衣冠迷本土，襤褸盡乖張；
>
> 遍野嘯狐鼠，滿街奔虎狼，夜郎猶自大，何處覓真常。〔註80〕

　　這首詩開詠詩，乃易蘇民憤世嫉俗之作，筆鋒直指海島臺灣社會亂象，言語中透露出沉痛與無奈。

　　六、李春初，中華楚騷研究會第三任會長。原籍湖南臨湘，號野叟，原為軍職，後轉入教職，曾任教於大湖農校、南投草屯商工（今之國立草屯高級商工職業學校）。楚騷研究會創會之初，擬定章程、印製會員名冊、均由李春初負責，其女李瑩從旁協助。舉凡打字、印刷、紙張、乃至郵票、電話費，

〔註77〕中國書畫名家網，http://www.chinabpn.com/ysm/201433215302.html。檢索日期：2014/5/18。

〔註78〕《楚騷吟刊》，〈太易利生堂詩聯序〉，雲林斗六：中華楚騷研究會，91 年 9 月 1 日，第 50 期，頁 102。

〔註79〕《楚騷吟刊》，91 年 9 月 1 日，第 50 期，頁 1。

〔註80〕《楚騷吟刊》，雲林斗六：中華楚騷研究會，91 年 12 月 1 日，第 51 期，頁 59。

從未報銷分文。厥功甚偉。亦曾任中社詩社副社長。對社會現象及生命議題十分關懷，因此其創作出許多不同風格之鄉土與社會議題作品。

〈奶爸頌〉　李春初

奶爸張阿義，處世性情真，博愛仁懷見，深慈雅意陳；

訪查千百户，收養十三人，夫婦同茹苦，楂梨各守貧，

孤兒皆成器，老父獨藏身，不欲名聲播，但求魚鳥親；

隱居重嶺外，垂釣小溪濱，騷客齊歌頌，潔操冠群倫。〔註81〕

此詩爲李春初依據巴黎歐洲日報，1998 年 12 月 12 日～14 日專欄報導，報導主題：「領養傳奇張阿義，十六個孩子的爸」所作之排律。報導內容稱：「張阿義原就讀於臺中市一中，因八七水災家產和夢想全泡湯。來臺北市某公司當三輪車夫及工友，民國 47 年（1958）中秋，（時爲十九歲），撿到一個棄嬰送至派出所，沒人認領，員警要他領回，從此他就當起小爸爸。繼之，服兵役，由於對小生命之責任感，在部隊中努力自學，退伍後，參加書記官檢定考試、普考、高考，進入法院工作，幾年後辭職與友人合組法律顧問事務所，爲日本來臺企業擔任法律、市場諮詢工作。這期間又收養多位嬰兒，包括女學生未婚子、風塵女郎生兒未能養，及臺灣女子與美國非洲裔大兵之混血兒，總共十三人，連同自己結婚生三個孩子，合計十六個。每個孩子存款新台幣六十萬元爲教育基金底數，要念多少書就隨孩子意，到高中或更早些，就讓孩子與生母見面。他們可以選擇回去或留下，但沒人離去。當他經濟情況好時，辦了幾次「親子旅遊團」，帶著十多個孩子和十多個媽媽，乘遊覽車出遊去。現在孩子大了，張阿義爲打破「養兒防老」之陳舊觀念，於五十歲壯年時引退，到日本東京學園藝，回臺後歸隱山林，後半生專心寫書法，落款署名「無我」，過著淡泊之生活。甚至不讓孩子們知道他隱居處。張阿義苦學奮發圖強及愛心撫養，讓孩子們領會身教，各個學業有成，爲社會造就專業人才。計老大在義大利任會計師、老二臺大畢業後留學日本，在日本商社任職，老三在日商公司任職，老四在美國，老五在會計師事務所任職，老六任職日本法務省，老七任職私人企業，老八在律師事務所，老九在航空公司，老十在臺北外商公司，十一、十二均服務於銀行界，老么任職於經濟部。在美國之老四爲非裔混血兒，當年爲免膚色不同受歧視，張阿義跪求蔣夫人創辦之華興育幼院附設學校收容，透過種種關係進入士林之「美國學校」，最

終很自然的回到美國。張阿義偉大不凡之愛，實堪爲典範。

〈舟山老兵故事〉　李春初

舟山陣地移，百姓有餘悲，部隊抓兵急，漁郎補缺時；
隨軍來寶島，遊子滯天涯，行動常遭困，潛逃暫解危；
浙江腔調重，河洛語音奇，謀職千般苦，求生萬世宜；
圓山鄉長會，飯店役夫爲，勤儉錙銖積，艱辛歲月馳；
嬌妻縈旅夢，慈母盼歸期，一旦仙楂發，全身鈔票持；
愛人曾改嫁，故宅已無遺，重娶中年婦，又添雛鳳兒；
明珠娛晚景，老父展雙眉。〔註82〕

李春初這首排律詩，述寫浙江舟山老兵之故事，其實也是很多臺灣老兵之故事，他們是歷史之親歷者和見證者，舟山群島因地理位置，因緣際會成爲國軍撤守到臺灣之最後一站。

民國38年（1949），舟山大撤退是一部不堪回首之戰爭史。年僅十餘歲，連槍桿子都沒拿過之舟山孩子都成爲部隊抓兵之對象。一海之隔，硬是分隔近四十年。舟山老兵到了寶島，濃重鄉音成爲謀職之障礙。幸能得同鄉會之協助，在飯店謀得一職。百般勤儉，略有積蓄。時隔四十年，終於盼到回鄉與親人團聚。然而，戰火紛飛與飄零歲月交織的「家」，也都沒有了，元配也早改嫁。幸得耳順之年娶了中年婦，並生個小女兒娛晚景。

故事中之老兵，還算是幸運者，不知有多少老兵來臺，孑然一身，只能從事社會最下層之工作，只爲能求溫飽而已。最溫暖的只是與榮民之家或同鄉沒有血緣之家人，湊合著聊慰對家鄉之思念而已。

七、姚植，中華楚騷研究會第四任會長。原籍湖北來鳳，現住臺灣花蓮市。姚植民國14年生，字化龍，號孤松，乳名培成，譜名紹補。因家門前有條「芭蕉溪」，因此又稱蕉溪山人。民國37年，入青年軍206，並隨軍來臺。民國44年，在高雄解甲來到了花蓮玉里。曾任教於花蓮縣宜昌國民小學等，擔任教職35年。

民國76年（1987）10月15日，臺灣開放大陸探親。同年，10月16日，經大陸國務院批准《關於臺灣同胞來祖國大陸探親旅遊接待辦法》。至此，兩岸打破了自民國38年（1949），長達38年之冰封期。隨著時間流逝，這群當年跟隨蔣介石退守臺灣之外省人，已漸入垂暮之年，開放次年，姚植也回大

〔註82〕《楚騷吟刊》，雲林斗六：中華楚騷研究會，85年9月1日，第26期，頁62。

陸探親，其寫下之三首組詩，頗令人動容。

1.〈哭雙親〉　姚植

　　一別雙親卅九年，那堪回首故園煙，

　　當時教子堂何在？此日還鄉馬不前；

　　掃墓焚香風未息，呼爹哭母淚猶漣，

　　囑兒且待吾身後，務傍公婆〔註83〕築墓田。

　　姚植與大陸隔絕了三十九年，再回到家鄉時，人事全非。看到的是父母雙親之兩座墳頭，跪在父母墳前，呼爹哭母地崩潰大哭，想起往日爹娘交代身後事，囑其要在祖父母旁築墓，以便時刻傍著老人家。離家時少不更事之少年，如今已兩鬢斑白；倚門眺望之父母，早已離開人世；多少回家之遊子長跪不起，淚灑墳前；記憶中那溫暖之身軀，已化作黃土一坏。子欲養而親不待，生不能菽水承歡，歿無法歸鄉奔喪，這是為人子最大之傷痛。

2.〈哭兄嫂〉　姚植

　　扶筇掃墓夕陽天，往事連番幻似煙，

　　嫂賜蘭芽接弟裔，兄承菽水代吾肩；

　　從戎名未登凌閣，返梓囊空愧俸錢，

　　棣萼聯輝情不已，南山買地窆同眠。

　　民國37年，姚植隨軍來臺，時已婚，然膝下無嗣。其嫂顧及姚妻寂寞，賜予蘭芽，將親生兒過繼給姚植，以娛其妻。如今回大陸，不見兄嫂只見墳塋，兄弟情誼，往事歷歷，人卻千古，能不唏噓！

3.〈哭雲卿〉　姚植

　　投筆從戎賦別離，年經卅九斷腸詩，

　　憐卿盼我春閨夢，苦我懷卿戰地思；

　　甚感飛天難比翼，長嘆同樹不連枝，

　　琴弦祇待來生續，最痛斜陽哭墓時。〔註84〕

　　雲卿，為姚植結髮妻子易癸雲。想當年，姚植投筆從戎，原以為是暫別，未料斗煥星移，世事滄桑，卻是分隔卅九年才回到家鄉。更讓姚植痛徹心扉的是日日思念的妻子已不在世間，怎不叫他肝腸寸斷，哀哀欲絕。這種傷痛，

〔註83〕姚植註：公婆，依風俗祖父曰公公，呼祖母曰婆婆。

〔註84〕《楚騷吟刊》，雲林斗六：中華楚騷研究會，85年9月1日，第26期，頁78
　　　　～79。

難以言喻，只盼來生再續琴弦。

　　姚植，也是花蓮洄瀾詩社理事兼文化組長，民國 99 年（2010），與洄瀾詩社理事長王鎮華，總幹事王鼎三人榮獲省政府績優詩社及個人獎項，同年 12 月 29 日，榮獲「花蓮縣推廣文化藝術有功團體及人員」，縣長傅崐其頒予個人績優獎。

貳、重要幹部及吟刊主編

　　一、**劉治慶**，楚騷研究會常務理事、秘書兼吟刊主編，號祥華。民國 13 年（1924），生於湖南湘鄉，居桃園縣平鎮市，後遷居中壢，早年擔任軍職。

圖 4-3-6　劉治慶及其詩稿

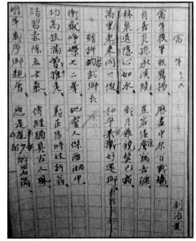

筆者攝

　　民國 38 年（1949）冬，隨黃杰兵團轉進越南，羈留南越富國島四年，艱苦備嘗。民國 42 年（1953）來臺後，始致力於詩詞。曾任古典詩研究會常務理事、以文吟社顧問、澹寧書會顧問等。著有瀛海吟草集、瀛海吟草八十續集，瀛海吟草選集⋯⋯等。

　　〈臺灣竹枝詞〉十二首之二　　劉治慶

　　　郎君外省本鄉姑，攜手興家闖坦途，

　　　二代成婚三代繼，連綿不斷串葫蘆。〔註85〕

〔註85〕劉治慶，《瀛海吟草米壽續集》，桃園平鎮劉治慶：自刊本，2011，頁69。

　　劉治慶告知筆者，他原籍湖南，堂號彭城，與臺灣劉姓相同。妻子爲苗栗苑裡學老人，媳婦爲客家人，他們熱愛臺灣，願意擁抱本土、但本省人還是叫他們「老芋仔」；回到大陸探親，大陸又說他們是臺胞。他的第二代已成家立業，現在，也有了第三代，接下來，還會一代一代的繁衍下去，除了臺灣，哪裡還有故鄉？其〈平鎮鄉居〉「平鎮鄉居未計年，妻良子孝樂陶然，彭城堂上雙飛燕，似與湘翁有舊緣。」由詩中可見作者表現出陶陶然，滿足現狀之寫意生活。

〈憶秦娥〉　　劉治慶

　　春意留，綠柳深處鶯梭織。鶯梭織，園遊北海，款情如蜜。

　　烽煙傷別常相憶，征衫曾染櫻花跡。櫻花跡，夢回腸斷，子規啼急。

〔註86〕

　　《憶秦娥》，詞牌名。雙調，仄韻格，四十六字。該詞牌最早出自李白《憶秦娥·簫聲咽》詞。早年，作者劉治慶在東北長春，與一櫻花姑娘相戀，後以大陸局勢逆轉而賦分離。因此，填詞記其此一段情，見證年少風流韻事！

　　二、**馮嘉格**，楚騷研究會總幹事、常務理事、顧問等職。民國 15 年（1926），生於湖南衡陽縣書香世家，其祖父馮石泉，滿腹經綸，清末應兵部尚書彭玉麟之聘，講學於船山書院。馮嘉格，號尚志。民國 35 年（1946）仲秋，探視母病途中被抓兵入伍。隨國民政府來臺後，金門炮戰期間（民國 47 年），擔任電臺臺長，一次炮戰中他被炮彈掀起之泥土埋住，大難未死。退役後，創設「東馬電業行」，任負責人兼工程師，經營電業生意十六年，民國 68 年，考任事務官取得公務員資格，任職於臺北市內湖區區公所。楚騷研究會甫成立即擔任副祕書長，楚騷吟刊之校對、印刷、寄發及財務收支等業務，親力親爲、任勞任怨。兩岸開放探親後，資助經濟困難之親友，慷慨解囊修建故鄉西渡保安大橋。〔註87〕

〈兄弟話別九里渡河岸〉六首之一　　馮嘉格

　　泥印飛鴻惜爪痕，離愁飲泣負親恩，

　　依依話別三兄弟，健在重逢樂故園。〔註88〕

〔註86〕《楚騷吟刊》，雲林斗六：中華楚騷研究會，86 年 2 月 1 日，第 28 期，頁 99。

〔註87〕轉引自馮時傑部落格，http://blog.sina.com.cn/s/blog_5dcd3d7f0100dlcj.html。檢索日期：2014/04/22。

〔註88〕《楚騷吟刊》，雲林斗六：中華楚騷研究會，81 年 6 月，第 08 期，頁 37。

　　民國 81 年（1992）4 月，馮嘉格返鄉探親時，與兄長馮嘉梧、馮嘉梁依依話別之心靈寫照。在兩岸未開放探親前，馮嘉格就曾經委託朋友從日本投遞家書。某日，大陸兩位哥哥從斗米街上揀回一信，寫著「馮嘉梧、馮嘉梁先生收」，還加註「探交」二字，信封上貼著一張異國郵票，兩兄弟小心地拆開一看，正是小弟嘉格寫來的。兄弟倆的欣喜無法言喻，但千言萬語只凝煉出四個字「嘉格還在！」然而，信中沒有說他在何處？信發自何地？他們捧著信來找堂叔馮時傑，堂叔細看郵票上是一隻展翅欲飛之鳥，清楚看得出是日文。為了謹慎起見，他們送到縣一中，請外文老師再鑒定，並翻譯有關英文部分，由此，確定小弟馮嘉格是在臺灣，信是請人到日本投遞的，自此書信不斷。〔註89〕

　　由於馮嘉格是在毫無防備下突然被抓去當兵，頓時，風雲變色，霎時與親人別離，再也回不了溫暖的家，這心靈之傷痛，永難撫平。馮嘉格曾以「抱恨」為題，記錄這段錐心之痛。詩曰：「楊家坳上恨抓兵，舊地重經恨恨縈，一恨關連千古恨，終身抱恨恨難平。」〔註90〕字字泣血，句句涕淚。

〈探親〉調寄《清平樂》　馮嘉格

　　身羈臺處，海峽無行路。轉瞬韶光今老去，苦憾歸旋猶豫。

　　故鄉情結難消，河山一統期遙。兄弟蒸河揮淚，別離誰不心焦。

　　　〔註91〕

　　清平樂，詞牌名。亦稱《清平樂令》、《醉東風》，雙調四十六字。「探親」，圓了作者多年思念故鄉之夢。年少離開故鄉，如今兩鬢已染星霜，垂垂老矣！留在故鄉？還是回到臺灣？陷入兩難。河山要統一，遙遙無期。天涯遊子思念故鄉之情結，歷久彌堅。詞句蘊有一股濃得化不開之愁。

　　三、黃英，楚騷研究會理事、楚騷吟刊主編等職。楚騷吟刊發行所地址即為其宅第。民國 13 年（1924），生於湖南零陵縣（今之永州市）。黃英，字仲民。號無能。臺灣師範大學畢業，中學教師退休。中國詩經研究會會員、亞洲孔子學會會員、中華文教交流協會會員兼理事、世界楹聯學會加拿大總會永久成員，並獲世界藝術家協會授予名譽博士。編有先賢詩文集，著有塵餘吟草。

〈詠蟹〉　黃英

　　公子無腸苦，來回淺水渠，溪邊趑步走，穴裏把身居；

〔註89〕轉引自馮時傑部落格，http://blog.sina.com.cn/s/blog_5dcd3d7f0100dlcj.html。檢索日期：2014/04/22。

〔註90〕《楚騷吟刊》，82 年 6 月 1 日，第 12 期，頁 60。

〔註91〕《楚騷吟刊》，82 年 3 月 31 日，第 11 期，頁 43。

八足如戈戟，二螯若劍狙，橫行無忌憚，帶甲傲群魚。〔註92〕

詩人借詠蟹，含蓄地寄寓在蟹之形象中，爲此詩顯著之藝術特色。前半段重在描寫蟹之外形。蟹本無心腸，無所顧忌地來回於溪邊。八足、雙螯如劍戟，仗著一身之裝甲衣，橫行作霸。影射握有權力者，仗著權勢作威作福。詩人以蟹之形體，賦之於人之品格，含義頗深。

〈寄意〉調寄《醉落魄》　黃英

連朝爭吵，元元生活無能照。惟求表象貽人笑。徒託空言，幾許心情到。逢人只說將來好，思來卻有思惟調，驚惶失措常相繞。萬禱千祈，天恩總難造。〔註93〕

《醉落魄》，詞牌名。南唐李煜有此詞調，又名《一斛珠》、《怨春風》、《章台月》等。雙調五十七字，前後段各五句。此詞名曰「寄意」，乃運用諷喻手法，影射政治人物前後不一、表裡不實，眞可謂寓意深遠。

四、**陳无藉**，中華楚騷研究會理事、楚騷吟刊主編。本名陳藩，湖北人。民國 12 年（1923）生。民國 38 年（1949）隨國民政府來臺。民國 100 年（2011），榮膺平鎮市模範爺爺代表。寓居平鎮金陵路一幢四層樓宇，上下之間，轉彎抹角過程有七處之多，因此命名爲「七曲樓」，著有七曲樓詩集。

圖 4-3-7　陳无藉

筆者攝

〔註92〕鄭自修主編，《荊楚詩詞大觀‧續集》，湖北：武漢出版社，1998，頁 870。
〔註93〕《楚騷吟刊》，雲林斗六：中華楚騷研究會，91 年 6 月 1 日，第 49 期，頁 88。

〈北望〉　陳无藉

　　北望千回不厭奢，今愁人老眼偏花，

　　分明身在雲山外，卻怪山雲擋故家。〔註94〕

　　此詩為陳无藉思鄉之作。對於羈旅在臺灣的外省人而言，在臺灣，他們是過客；在大陸故鄉，他們是遊子。天地之大，似乎沒有一個真正屬於他們的地方。字裡行間流露詩人漂泊孤寂之心境，以及對家鄉濃濃之思念。

〈賦謝夢機博士評詩〉　陳无藉

　　斗柄高挑玉尺量，頓開茅塞脫條韁，

　　承平未克鑽蘇李，遇急難逃誤宋唐；

　　且喜蕉章經法眼，寧忘甘露潤枯腸，

　　碧潭桃地千程隔，遙對幽居壽一觴。

　　此詩為陳无藉為感謝張夢機評詩酬唱之作。張夢機為楚騷吟刊顧問，編者特函請張夢機為中華楚騷研究會詩友評詩，會員如願意送評，提前將作品寄給編輯，以五律、七絕、七律為準，一人最多兩首。作者陳无藉住在桃園平鎮，而張夢機居碧潭，故有「碧潭桃地千程隔」之說。

　　五、**張微波**，中華楚騷研究會常務監事筆名張癡，自署庸夫。生於 1923年，廣東省大埔縣人。廣東大埔省立師專畢業，曾任國小校長、高中教師。也是中社、中華古典詩研究社、南投縣國學研究會等成員。

〈拒閱新生報〉　張微波

　　詩刊減量實堪哀，往日風光不復來，

　　豈是有司無卓識，祇緣輔佐妒雄才；

　　騷壇從此暗無光，古典詩篇抑發揚，

　　拒看新生凝眾志，蕭郎陌路又何妨。〔註95〕

　　張微波註：報社重利妒才，曾有詩苑停刊之議。經當時宋主席仁心護苑乃能維持原狀。詎以日久生變，司馬昭之企圖，又日漸露骨。

　　民國65年（1976），《臺灣新生報》開闢「新生詩苑」與「臺灣詩壇」。「新生詩苑」每週二、四、日出刊，臺灣詩壇每週六登出。兩專欄除了刊載詩作，也刊登詩人動態，是戰後傳統文人聯絡及作品發表之重要平臺。然臺灣古典詩因時代變遷，沒有受到當局重視，終究無以為繼。「新生詩苑」與

〔註94〕陳无藉，《七曲樓詩集》，桃園平鎮陳无藉：自刊本，1999，頁2。

〔註95〕《楚騷吟刊》，雲林斗六：中華楚騷研究會，85年3月1日，第24期，頁87。

「臺灣詩壇」均吹起熄燈號，為此，楚騷吟社社員紛紛發表詩作，表達抗議之聲。

　　如：陳无藉〈呈新生詩苑諸吟長〉「一自愁聽隔日聲，最驚摧折是詩情，斬腰不問蕭曹律，續命惟偷屈宋生；卻嘆吟儔同受弄，未防權貴倒施行，有心無力終何補，且向台前苦水傾。」作者希望此詩能引起共鳴，提醒當局重視傳統文學，以達復興中華文化之目的。

　　〈夢親〉調寄〈烏夜啼〉　　張微波

　　　山莊夢裡重遠，淚斑斑，相見唏吁，愁對說艱難。

　　　鄉關月，因何缺，幾時樂，世載如今淒苦客中歎。〔註96〕

　　烏夜啼，此調原為唐教坊曲，又名《相見歡》、《秋夜月》、《上西樓》，三十六字。作者原籍廣東大埔，故居環山，韓江洶流，碧域千頃。水闊天長，山川阻隔，相見難，只能寄以夢中，這反映出詞人漂泊他鄉孤淒悲涼之心境。

參、顧　問

　　楚騷研究會自吳統禹接任第二任會長時，即敦聘伏嘉謨與馮宗毅〔註97〕為顧問。之後續聘蔡秋金、酈靖〔註98〕、張夢機為顧問。中華楚騷研究會立案後，谷翼麟又增聘羅海賢、劉榮生、周彭高、楊年耀等為顧問。這些顧問長期在楚騷吟刊提供學術論著，並指導會員傳統詩、詞、歌賦、楹聯，理論之學習、創作與實踐，為文化傳播而努力。雖然分屬不同領域，然其等論述頗為多見，引領楚騷會員，深入堂奧，得其神髓，為楚騷園地開闢新格局。例舉：

　　一、**伏嘉謨**，中華楚騷研究會顧問。字壯猷，一字嘉禾，民國元年（1912）

〔註96〕《楚騷吟刊》，雲林斗六：中華楚騷研究會，83 年 5 月 1 日，第 17 期，頁 68。

〔註97〕馮宗毅，又名飛龍，字運南，光緒 30 年（1904），出生於湖南省湘鄉。民國 18 年（1929）畢業於黃埔軍校第六期步兵前三大隊，後入中央軍官訓練團將校班第二期受訓結業。民國 37 年（1948）晉升陸軍少將。民國 38 年來臺灣，任少將軍長、臺灣中部防守司令、澎湖防衛司令部副司令等職。2002 年病逝，葬於蘇州。

〔註98〕酈靖，名廷玢，號阜民，民國 8 年（1919）出生，原籍湖南嘉禾。民國 38 年，隨軍來臺。歷任國防部預算局主計長、辦公室主任等職，其後，入美軍財校特別班、陸軍指揮參謀大學正規班深造。民國 61 年，晉升陸軍少將。民國 70 年，晉升陸軍中將。民國 72 年退役，任欣南瓦斯公司董事長。2002 年，84 歲病逝於臺北三軍總醫院，葬於五指山國軍示範公墓。

出生，湖南湘陰縣人（今之汨羅市），民國 26 年（1937），畢業於湖南大學政治系，獲法學士學位。民國 39 年至臺灣，同年 9 月，《大道》半月刊創刊，發行人爲李愼之，主編徐聖展，社長伏嘉謨擔任。民國 59 年、60 年，曾榮獲文化局徵春聯首獎。民國 78 年，獲全國優秀詩人獎狀。〔註 99〕後任考試院考選部主任秘書、參事兼發言人、高等考試委員。退休後，受聘國史館纂修、兼任政治大學、中興大學、中國文化大學、銘傳學院（今之銘傳大學）教授。著有《大道論文集》、《神鼎山房駢散文存》、《橫貫公路名勝聯粹》、《聯語選集》等。〔註 100〕伏嘉謨工古文、駢文〔註 101〕及詩詞書法，尤長聯語。最爲人稱道者，乃民國 63 年（1974），題於臺北市湖南同鄉會大廈「克強堂」之〈千字長聯贊湖南〉，後贈《湖南文獻》社。

〈千字長聯贊湖南〉　伏嘉謨

「南來吾道總源長，前賢雖已邈，何妨話楚產多才。試看蔡侯造紙，蔣琬經邦，破荒劉蛻，創格歐陽。懷素則筆勢龍蛇，才翁則吾儒羽翼。群玉擅風騷逸致，李唐之冠冕誰膺？濂溪開性理儒宗，太極之天人一理。至若圭齋著元代詞流，東陽炳朱明相業，原吉本雍容理政，船山乃孤詣窮經。諸公立德立言，巍巍不朽，已形成湘學先河。迄近代三百年間，尤喜雲龍鳳虎，蔚起英豪；幾番整頓乾坤，大開氣運。則推愼齋講席，文照名儒，鵬年治水，蝯叟工書，湘皋考獻，禦史焚車，鏡海正學，潤帥匡時。高足羅山，印心陶澍，求闕弓裘，默深圖志，剛直梅花，左公柳樹，玉池行人，壽卿壯士，湘綺高詠，葵園博古。學如延鑒，詩若磵東，大廷船政，宗植天文。星沅翰藻，天嶽才情，忠源殉國，沅甫收京，梓湖淡雅，順鼎狂吟，篁仙名句，培敬循聲，育才文達，善政長齡，校雙葉氏，駢儷苻農，虛雲法慧，白石丹青。如芷蓀抗疏，如坤一持危，如譚唐並烈，如皮伏承師，如八指頭陀，如十發手筆，如焦晳犧牲，如鄒君輿地。如文正家書，作人生之寶筏；如星垣大火，吊替死之冤魂。更有湯翁壽異，鉅嚴聖門。周鼎殷盤，精季虞之小學；秦文漢賦，博星笠於西京。疇若鳳凰內閣，延轂外交。據理力爭，紀澤擴封疆之境；理財原富，肯

〔註 99〕《長沙晚報》，1993 年 1 月 3 日，第 4 版。

〔註 100〕《當代中華詩詞家大辭典》，http://art.tze.cn/Refbook/Apabi_USP/entry.aspx，檢索日期：2014/5/3。

〔註 101〕駢文特色辭藻華美、典故繁富、音律和諧、對偶工整，又名「四六文」。

南究經濟之源。野心洪憲，文成罵帝制獨夫；健筆凌雲，大凝壯鬚眉節概。倘論鼎革開元，猶著黃謀蔡略，宋血譚襟；數典氣如虹，文事武功，豈惟盛業一時，千秋震撼人事間。

七澤地靈何處是？起陸此其時，容指點堯封依舊。猶憶茶水一陵，永州八記，靖港軍聲，熊山禦跡。莆田則天落星辰，富國則地生錦錫。安化以煮茗清心，品質更稱雄天下；瀏陽以績麻成絹，炎夏疑避暑仙家。他如湘繡之名馳遐邇，澧蘭則芬溢湖湘，白沙之井漢無沙，雪嶺之秀峰如雪。勝地好山好水，寸寸皆金，信美是神州吾土。況南服七十邑中，共誇天寶物華，雅宜觴詠；招致高賢名宦，點綴湖山。又如清代疆分，明初血徒，日夜江聲，西南雲氣，望母有台，問天飛檄，鄴架無塵，荊州文借。白蓮香遠，斑竹愁多，荊南杞梓，嶽麓弦歌。芋熟僧來，曲終人渺，神禹豐碑；老杜墓表，昭潭帝魄，汨水騷魂。八州都督，三醉仙蹤，漁尋桃洞，雁唳衡峰，楓林愛晚，盧桔爭春，朱張渡老，屈賈祠荒，氣蒸雲夢，波撼岳陽，瀟湘八景，魚米千倉，九渡流長，二喬跡古，花落黃陵，香埋紅拂，一界洞天，五溪衣服。或樓記先憂，或刀姑小試，或鼓浪平麼，或鑄錢致富，或巾幗解圍，或傷寒濟世，或衡嶽開雲，或長沙抗日。或榜書太學，勒忠孝之箴言；或碑著浯溪，頌中興之盛業。永懷降受芷江，險依萌渚。吳頭楚尾，苦塵戰于洪楊；夏雪晴雷，愛風光于衡嶽。漫吟五嶺棲遑，三湘惟悴。牆頭梁上，湘江留燕語之情；麗句驚人，杜陵送岸花之客。民康物阜，歲時紀荊楚風情；滄海白雲，日暮動鄉關愁思。忍對山川形勝，久煎其豆蕭牆，紅羊赤馬；感時花濺淚，同倫一軌，誓把英風重振，三楚爭為天下雄。」〔註102〕

此長聯計九百九十六字，注釋131條，對典故淵源，條分縷析，甚為詳細。上聯記湖南歷史人物，湘賢七十有七、宦遊二十有五，共計百零二人；下聯寫湖南各地山川勝跡、典章人物蓁祥，對湖南大加讚頌，世稱「聯聖」。〔註103〕中央研究院歷史語言研究所所長屈萬里為之作序，推崇備至，謂：「此聯屬對貼切，氣勢渾成，如無縫天衣。而篇幅之巨，前無古人，即起孫

〔註102〕《長沙晚報》，〈長聯欣賞：伏嘉謨千字長聯贊湖南〉，1993年1月3日，第4版。
〔註103〕《大道》，〈民國期刊・社長簡介〉，互動百科，http://www.baike.com/wiki/，檢索日期：2014/5/3。

髯翁於地下，亦不能不俯首稱臣。」

　　二、**張夢機**，中華楚騷研究會顧問。祖籍湖南永綏縣，民國 30 年（1941），出生於四川成都市。出生時，外祖母夢見飛機在天之景象，爲他取名爲夢機。民國 37 年（1948），張夢機舉家遷至臺灣，入住高雄縣岡山空軍眷村勵志村。臺灣師範大學體育系畢業，後來考入師大國文研究所後，再繼續攻研師大國文研究所博士班。

　　民國 56 年，獲得臺北市聯吟大會第一名，次年（1968），又獲臺灣省全省聯吟大會銀牌獎，在臺灣古典詩壇展露頭角。民國 68 年，以《師橘堂詩》獲中興文藝獎章，又以《西鄉詩稿》獲得中山文藝獎。民國 70 年，以《詞律探原》獲得國家文學博士學位。曾任教於國立臺灣師範大學、文化大學、淡江大學、東吳大學、國立高雄師範大學、國立成功大學、國立中興大學等校，在國立中央大學任教二十餘年。

　　張夢機原有高血壓宿疾，民國 80 年（1991），於醫院探視兄長時中風，因養病而遷居臺北縣新店市安坑玫瑰中國城，居所名爲「藥樓」。經過調養，仍繼續任教於中央大學中文系，選課的學生前往新店居所上課。民國 88 年 7 月退休，仍持續於中央大學中文系兼任課程。民國 95 年至 96 年（2006～2007）間，張夢機與張大春共撰「兩張詩譚」專欄，於《中時部落格》與《印刻文學生活誌》發表。民國 99 年（2010）8 月去世，由中央大學中文系辦理治喪事宜，9 月 2 日於臺北市立第二殯儀館舉辦追思會，並出版《歌哭紅塵間──詩人張夢機教授紀念文集》。

　　張夢機自幼受母親教導，背誦古典詩詞，開啓學習古典詩途徑。後來又受鄒滌暄啓蒙，李漁叔、吳萬谷之指導，作品極爲突出。從鯤南移居北臺後，曾參加過很多詩社，諸如：明夷、網溪、停雲、弧觴、春人等。除創作之外，更指導許多青年學子學習古典詩詞、研究理論。民國 59 年，擔任臺灣省立臺北師範專科學校，青鳥詩社指導老師。後來，文化大學詩學研究所推動成立臺北大專青年詩社，便由張夢機擔任社長，連年舉辦北部大專青年聯吟大會。除學院詩人之外，張夢機與臺灣民間傳統詩社亦常往來，曾擔任中華楚騷研究會、瀛社等顧問，並在許多古典詩詞比賽中擔任詞宗。

　　張夢機中風之後，雙足幾殘，口瘖難言，除復健外，惟以撰文賦詩自娛，病後，累積篇章達千餘首，大部分爲閒詠詩，也有酬唱詩。楚騷詩刊登載最多者爲其論述及評詩，偶爾也見散文發表。

圖 4-3-8　張夢機詩稿

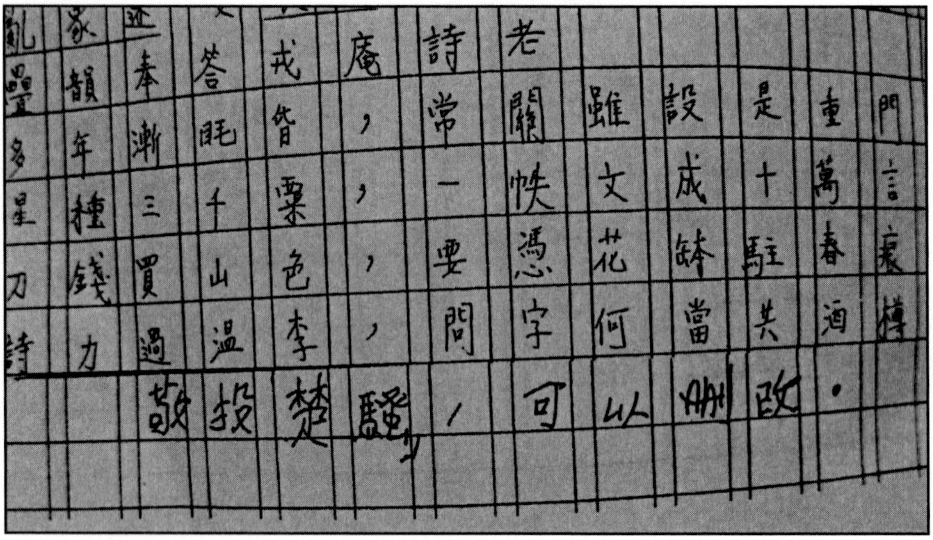

張夢機中風後，詩稿由看護謄寫，然「敬投楚騷，可以刪改」
八個字仍親筆寫出。筆者翻攝於楚騷吟刊第 62 期。

張夢機一篇藥樓雜文：

〈被毀容的詩〉　張夢機

「這幾天秋老虎肆虐，呆在屋裡，哪兒也不願走動，無聊之餘，向
鄰居借了一本《唐詩選譯》，原打算清腦爽神之用，誰知道讀後血脈
賁張，險些沒得高血壓。

《唐詩選譯》是某大的兩位教授合編，XX 出版社印行，全書共收
選唐詩九十四首，以英漢譯為主，對喜愛古典詩的外國朋友，可能
有點幫助。個人對於英文，一向視如雨傘節，連碰都不敢碰，自然
談不上什麼研究。至於唐詩，因為幼時頑皮，被家母罰背過幾首，
自問尚有『置喙』的能力，因此不揣淺陋，直接指出該書這一部份
的幾點嚴重缺失：

第一是誤植文字。詩的語言比其他文字來得精錬，何況詩中的每一
個字都與全詩的聲調、對偶及意境有關，因此一個字都錯不得。不
幸該書在這方面訛誤累累，慘不忍睹。如杜甫『林華著雨臙脂濕』，
書中把『著』字誤植為『春』；杜甫的下句是『嬴得青樓薄倖名』，
『名』字被誤植為『者』，試問如何押韻？這種誤植的情況，據個

人粗略統計，竟有十五處之多，相當嚇人！該書凡例上說：『本書中文全用照像打字，由 XX 教授親自校勘。』自供如此，總不好把責任推給手民吧？

第二是竄移詩句。這個錯誤比較前面一項更為嚴重，近體詩的聲調，原有一定的黏對方式，而且詩的起結照應，也自有其脈絡在。任意竄移詩句，只有造成混亂。譬如書中將張旭的桃花谿寫成『隱隱飛橋隔野煙，洞在青溪何處邊？桃花盡日隨流水，石磯東畔問漁船。』任意顛倒原詩的第二、第四句，使得聲調章法都顯得錯亂不堪，張氏九泉有知，怕不猛睜『張飛的眼睛』？另外像對李商隱的落花詩，徐安貞的畫襄陽圖，編者也犯了同樣的錯誤。

第三是割裂詩篇。書中時常將古人原本完整的詩篇，任意肢解。如高適送李少府貶峽中王少府貶長沙詩，編者僅迻錄六句，而將腹聯『青楓浦上秋帆遠，白帝城邊古木疏』漏列。又如王維桃源行，凡三十二句，但編者只錄『漁舟逐水愛山春』至『競引還家問都邑』等十六句，『平明閭巷掃花開』以下十六句，則全部付諸化骨散。其他像韓愈的山石詩，也同樣遭到腰斬的命運，十分恐怖。

根據上述證據，本書的編者，實在應該以錳水毀容案甚至分屍案定刑。因為他們的書，把古人平時努力的成績，弄得亂七八糟，面目全非，而又硬要冠上古人的姓名，輕蔑栽贓，莫此為甚，真不知是何居心？我總覺得，現代的讀者對待劣書，不該再像以往鄉下人對待蒼蠅那樣，鄉下人對飯桌上的蒼蠅，很能容忍，向無滅此朝食之意。如今站在衛生的立場，我們應該改變態度，努力撲殺蒼蠅，消除公害，同樣的道理，對於不負責任的劣書，我們也應該口誅筆伐。」〔註104〕

張夢機披露學術界之亂象，秉筆批判教授率爾為之踐踏古人詩魂，所學不足又急於求名之習氣，深感痛心。因此，呼籲抵制劣書，作者悍衛傳統文學之情溢於言表。

三、**劉棨生**，中華楚騷研究會顧問。民國 19 年（1930）生，原籍湖南省邵東縣。服務軍職，駐防馬祖多年，功在史冊，出類拔萃，得掌空軍總部行

〔註104〕《楚騷吟刊》，雲林斗六：中華楚騷研究會，85 年 11 月 1 日，第 27 期，頁 91。

政主管凡十年，軍書傍午之餘，致力詩學，兼社區大學講座，歷有年所，重視社教，培育後進，誨人不倦。後轉任《臺灣新生報》新生詩苑主編。成「詩訊」九十六章，納入《東橋說詩》及續集近百萬言，才情卓著，著作等身，是傑出詩人，被選入二十世紀名家詩詞鈔，名列：「世界名人辭典」及「當代詩詞家大辭典」。民國 84 年（1995）內政部頒發「優秀詩人」表揚狀，為當代傑出詩評家，名列邵陽歷史名人，名響海內外。民國 100 年（2011），病逝臺大醫院。曾任：中華古典詩研究社理事兼任臺北區主任。著有《東橋說詩》、《東橋說詩續集》。〔註105〕

劉榮生涉獵廣泛，探索精深。在楚騷吟刊論述《東橋說詩》，使臺海文風遠播，兩岸互為響應。「橋」，使兩岸之人相互往來，是愛之使者，真善美化身。詩人在橋畔說詩，古樹奇葩，大放異彩，劉榮生劃時代精心著述，已成詩壇瑰寶，也擁有卓越詩評家之歷史地位。

〈詩苑探勝〉　劉榮生

「▲唐李商隱詠『淚』詩：『永巷長年怨綺羅，離情終日思風波，湘江竹上痕無限，峴首碑前灑幾多；人去紫台秋入塞，兵殘楚帳夜聞歌，朝來灞水橋邊問，未抵青袍送玉珂。』第一句是寫宮女幽怨之淚，第二句是少婦思夫之淚，第三句是妻子悼夫之淚，第四句是民眾懷德之淚，第五句是昭君去國之淚，第六句是英雄末路之淚，最後兩句是僚屬送上官之淚，全篇都是淚，但沒有一個淚字，確是高手。唐朝另外一位詩人李嶠，他的詠物詩特別多，凡日、月、星、雲、煙、霧等，無所不寫，其中最好的是詠『風』一首：『解落三秋葉，能開二月花，過江千尺浪，入竹萬竿斜。』這四句將秋風、春風的特性，以及風勢，都巧妙地表現出來，全篇都是風，但沒有一個風字，亦是高手。

▲宋徽宗當年曾以：『萬綠枝頭紅一點，動人春色不須多』為題，令眾畫工試畫。眾畫工皆於花卉中妝點，惟有一畫工於層樓縹緲綠楊隱映中，畫一美人憑欄凝眺，眾工大服，徽宗亦讚其意境高遠不落冗俗，繪畫如此，詩文亦復如此。

▲胡適博士提倡新文學運動，……但胡先生的絕句確寫得非常好，

〔註105〕劉漢屏，〈悼念傑出詩人劉榮生仁棣〉，http://tw.myblog.yahoo.com/chscda/article?mid=1114。2011 年 5 月 4 日，芝加哥。檢索日期：2014/5/24。

如『但見蕭颺萬木摧，尚餘垂柳拂人來，西風莫笑長條弱，也向西風舞一回。』又如他的一闋詞〈臨江仙〉：『隔樹溪聲細碎，迎人鳥唱紛譁。共穿幽徑趁溪斜。我為君拾葚，君替我簪花。更向水濱同坐，驕陽有樹相遮。語深渾不管昏鴉。此時君與我，何處更容他？』這寫的是一對青年情侶，以女主角的語氣，說明他們在一片綠樹陰濃、水聲潺潺、鳥語輕柔的溪邊暢遊談心的情景。詞句淺鮮推陳出新，意境優美深遠，這可看出胡適博士對舊文學的造詣。

▲詩文也許人人可為，所異者，意境高下而已。王國維認為好的文學作品，必須有境界，所謂境界，即作者必須對他所寫的對象，具有深切的體認與感受，並將他的感受，在作品中鮮明真實的表現出來，讓讀者也可以得到同樣的感受，此即為有境界的作品。杜甫所謂：『尋常一樣窗前月，才有梅花便不同』。由月想到梅花，便是意境的高遠處。』」〔註106〕

劉榮生宏揚詩教，以其獨特之視野，解析原作之時空背景與內容意蘊。輕鬆引領讀者進入浩瀚之古典文學世界中。「詩苑探勝」，不失為窺探傳統文學殿堂之捷徑。

肆、風雅儒將

中華楚騷研究會人才濟濟，將星如雲，除劉詠堯、谷翼麟之外，尚有：客家儒將李則芬、羅海賢，老虎將軍鄒鵬奇〔註107〕、何志浩〔註108〕、范叔寒〔註109〕、馮宗毅〔註110〕等，皆為文武兼備，智勇雙全，上馬可殺敵、下馬筆

〔註106〕節錄《楚騷吟刊》，雲林斗六：中華楚騷研究會，85 年 11 月 1 日，第 27 期，頁 93～98。

〔註107〕鄒鵬奇，湖南隆回人，生於宣統元年（1909）。黃埔六期畢業，身經北伐、抗日、戡亂，無役不與，共參加二百多場戰役，是有名的常勝將軍。民國 29 年（1940），時任團長，與日軍第三次長沙大會戰，殲滅日第十三騎兵聯隊。因此，被尊為「老虎團長」。來臺後，因戰功升任中將，任第 87 軍軍長、第二軍團副司令、第一軍團副司令、陸軍預備部隊訓練司令部司令。卒於民國 94 年，享壽九十有八。

〔註108〕何志浩，浙江寧波人，生於光緒 31 年（1905），黃埔軍校第四期畢業，曾任國民政府軍事訓練委員會主席、浙江綏靖總部副司令等軍職，中將退役後曾擔任文化大學教授等職務。陸軍軍歌「風雲起，山河動，黃埔建軍聲勢雄，革命壯士矢精忠。……」即為其作詞。2007 年去世。

〔註109〕范叔寒，曾任政戰部副主任。著有《中國的對聯》，1982 年，由臺灣省政府

如椽之軍中儒將。

一、**客家儒將羅海賢**，中華楚騷研究會顧問。民國 14 年（1928），出生於福建永定，幼年在村內小學就讀，後到毗鄰之廣東大埔中學讀書，民國 36 年（1947）大埔中學高中畢業後，考進青島之海軍軍官學校，不久，隨國民政府遷臺繼續學業。畢業後，以少尉軍階分發部隊，再以上尉軍官公費保送留學美國，獲電子學碩士學位，回臺灣後昇任少校，後來他又考上臺灣海軍參謀大學和戰爭學院。〔註 111〕歷任美字號、中字號、太字號、陽字號艦長、戰隊長、小型艇隊長、戰爭學院海軍戰略組主任、海軍總部少將海洋局長。著有《名將傳贊》、《東坡與孫子》、《學教道貫》等書。退役後，與其妻李慕如合著《比翼歐遊》、《關山飛渡萬里遊》、《在海的那一邊》、《南斗之旅》、《北斗之旅》、《萬島國探旅》、《鄭和與媽祖——海權與海神》等書。〔註 112〕

羅海賢在楚騷吟刊中自署「退不休將軍」，他不僅是學養俱佳之儒將，更是兩岸文化交流之積極參與者，他給楚騷吟社社長等信中可見一斑：

春初理事長、治慶、滌非兄道右：

欣聞楚會改選，會務更新，楚刊改進，謹表慶賀。

楚刊推展大陸，揚名兩岸，眾口皆碑，無不讚譽。

弟近年往返兩岸參加文化活動，身爲楚社一份子，與有榮焉。余退休後，初習詩賦，興趣昂然，幸獲滌非兄之鼓勵，治慶兄之輔弼，敢於大陸各地發表論文之餘，賦詩爲樂。喜以參加大會及道友爲對象，撰詩以贈，以促進兩岸文化交流及增加情誼而盡棉薄之力。

前以『東坡軍事思想』爲題論，今以「鄭和研究」爲主旨。目前，兩岸掀起熱烈鄭和風，甚盼楚社先進詞長能共襄盛舉，發揚鄭和航海精神，拓展中華海洋光輝，以「詩詞」領風騷，開創新交流。

此請勛安問候全體理監事健康。〔註 113〕

新聞處出版。

〔註 110〕馮宗毅，又名飛龍，字運南，1904 年出生於湖南省湘鄉。黃埔軍校第六期畢業。曾任第五十五軍少將軍長、臺灣中部防守司令、澎湖防衛司令部副司令。

〔註 111〕戰爭學院，1969 年 12 月 01 日，「三軍大學戰爭學院」成立於臺北市大直。1997 年 08 月，遷校至桃園縣龍潭鄉（國軍桃園總醫院旁，武漢營區。）2007 年 07 月，隨國防大學遷至桃園八德。

〔註 112〕羅福初，《土樓春秋：悠悠青史話永定》，〈兩岸文化交流的積極參與者：儒將羅海賢〉，香港：中國評論學術出版社，2015，頁 433。

〔註 113〕《楚騷吟刊》，雲林斗六：中華楚騷研究會，93 年 8 月 1 日，第 58 期，頁 58。

　　民國 87 年（1998）8 月 24 日，羅海賢參加山東諸城召開的中國蘇軾學術研究學會第十屆學術研討會。會上，他以《從古文析論蘇軾的軍事思想》發言，他跳出蘇軾詩詞文賦之傳統研究，以翔實之史料和堅實之論據對蘇東坡一生軍事經歷、思想、行動、實效做充分而深入之論析，展示蘇東坡鮮為人知之軍事才能，使人耳目一新。自此羅海賢即經常到大陸從事學術研究工作，參加各種學術交流會議，他的學術著作和論文，觀點新穎、見解獨特、論據充分；不僅有很高的學術價值，還拓寬了學術研究領域，廣受大陸學術界之關注和讚譽，為兩岸文化交流作出了貢獻。

　　二、**客家儒將李則芬**，中華楚騷吟刊論著作者。字虞夫，光緒 33 年（1907），出生於廣東興寧。黃埔軍校第五期、陸軍大學特別班第五期畢業。抗戰時，率部隊參加滇西戰役，人稱常勝將軍。歷任：軍委會總務處處長，陸軍大學兵學教官，第五師副師長、師長，第五軍副軍長，整編第 93 旅旅長。1950 年在雲南被解放軍俘虜。1951 年釋放後，進入緬甸擔任「雲南反共救國軍」副總司令之職。撤回臺灣後退役，專心治史，為當代臺灣著名史學大家。著有《元史新講》（五冊）、《中外戰爭全史》（十冊）、《中日關係史》、《成吉思汗新傳》、《戰爭史話》、《泛論司馬光資治通鑒》、《文史雜考》、《先秦及兩漢歷史論文集》、《三國歷史論文集》、《兩晉南北朝歷史論文集》、《虞夫詩集》、《哀樂平生詞集》、《八十自選詩詞》等書。〔註 114〕

圖 4-3-9　李則芬論著書影

劉治慶提供

〔註 114〕　《民國時期來雲南的客家人》，〈雲南客家研究〉，梅州網 www.meizhou.cn，檢索日期：2014/4/24。

李則芬，在八十八歲時，寫下「平生三部」三首七言律詩：

（一）〈從軍〉　李則芬

涉世時當大亂紛，中原板蕩徧煙雲，

揮戈躍馬投行伍，破浪乘風漸逸群；

十載征塵累戰績，八年抗日建功勳，

盈虛消息終參透，脫下戎衣轉學文。

（二）〈治史〉　李則芬

亂世讀書更適宜，選將班馬作吾師，

焚膏繼晷心堅定，廢寢忘餐志不移；

剞劂無休余益奮，文章有價世人知，

輕狂欲竟千秋業，耄耋高齡不恨遲。

（李註）：在臺有文史著作三十冊，都一千一百餘萬言，半已再版。

（三）〈學詩〉　李則芬

老至匆匆歲月遷，未完餘稿忍心躅，

初無正業身飄逸，轉覺閒愁況黯然；

幸有高明相唱和，附庸風雅結鷗緣，

如今朝夕勤吟詠，人笑癡翁學少年。〔註115〕

李則芬，能文工詩，文武全才，詩宗李唐，力主自然，盡量避免雕琢用典，〈平生三部〉，爲其一生之寫照。

伍、小　結

綜述中華楚騷研究會會史，前身爲龍潭「龍吟詩社」與臺北「楚騷研究會」合併之社群，龍吟詩社在龍潭之時間由民國 71 年（1982）冬創社，迄民國 87 年（1998）1 月正式立案，在龍潭有 15 年，但在游金華任內，由於總幹事曹橋水之離世，詩社組織、活動及詩家作品只能從少數報章中取得。到了吳統禹接任龍吟詩社社長暨楚騷研究會會長後，兩個社群組織作品共同以「楚騷吟刊」爲發表園地，詩家作品才被完整保存下來。

楚騷吟社之外省籍詩人，懷鄉文學佔比雖多，但其中亦可見許多富含客家元素之詩句。如：〈奉茶〉，「關西劉姓篤農家，飲水思源德可誇，三代皆

〔註115〕《楚騷吟刊》，雲林斗六：中華楚騷研究會，84 年 5 月 1 日，第 21 期，頁 56。

遵田主命，百年常奉路人茶；晨興急就燃爐火，夜寐難忘煎玉芽，環顧當今榮祿者，爭權奪利眾悲嗟。」此詩乃李春初敘述關西客家庄，有個篤實之劉姓農家，在其先祖年代，貧苦難以渡日，為了一家生計，靦腆地懇求地主將農地租給他耕作。宅心仁厚之地主不忍收租，也不忍傷了佃農之自尊，於是開出一個皆大歡喜之條件，以「奉茶」代替租金。就這樣，這戶農家，百餘年來歷經三代仍信守著當年對地主之承諾，在每個清晨燒水奉茶，從未間斷。相較現今之人，媚世求名、爭權奪利，令人感慨悲嗟。

「奉茶」這首詩，充份顯示客家庄墾拓時期茶亭奉茶之溫馨。早年先民拓墾時，由於交通不便，農作物與生活物資都須靠人力挑擔運送，行走於蜿蜒之路上非常辛苦。地方上常有善心之民眾，會在山路途中設置奉茶亭，內置茶桶，茶桶外寫著「奉茶」，旁邊置上水瓢，提供往來之過客喝茶解渴。這些茶水裏通常會灑上一層稻殼，行人喝茶之前必須吹開浮在茶水表面之稻殼，主要目的是為了避免趕路之行人，在氣喘吁吁之際，猛然灌進茶水，岔到氣、傷了身。

民國 84 年 2 月，龍吟詩社暨楚騷研究會，聯袂參加在龍潭舉辦之客家文化大展，也以〈龍潭客家文化大展〉為題賦詩。有閒詠詩、有擊鉢詩，體例包括了五律、七絕、七律、聯對、詞等，洋洋大觀。擊鉢詩左詞宗為傅紫真、右詞宗為蔡秋金。王鎮華獲左元（即左詞宗傅紫真評選為第一名狀元），其詩作曰：「客家文化溯中原，寶炬千光輝上元，射覆謎燈如火市，採茶戲劇勝梨園；繡球拋織鴛鴦夢，大鼓擂開民族魂，最是牧童吟一曲，山歌和響萬家春。」〔註116〕黃仁蚪獲右元（即右詞宗蔡秋金評選為第一名），其詩云：「文化般般展示紛，客家兒女學超群，有聲有色菁英萃，多采多姿遠近聞；一脈民風頻創造，千秋才藝賴耕耘，龍潭盛會逢三屆，繼往開來不世勳。」〔註117〕劉漢光獲左、右眼（即左詞宗傅紫真、右詞宗蔡秋金均評選為第二名榜眼），「中原民俗客家珍，源遠流長善保真，文苑奇花饒韻味，藝廊書畫富精神；山歌清麗培賢士，禮教綿延毓哲人，戲曲酬神慶盛世，龍潭鑼鼓慶芳春。」詩人筆觸中之客家文化，主要溯自中原漢文化，客家族群迭經變亂，不斷遷移，先民渡海來臺，胼手胝足開墾建設，篳路藍縷耕田又耕埔，養成刻苦耐勞之美德。龍潭客家文化大展，琳琅滿目，客家山歌、戲曲酬神、客

〔註116〕《楚騷吟刊》，雲林斗六：中華楚騷研究會，86 年 11 月 1 日，第 31 期，頁 84。
〔註117〕同上註，84 年 5 月 1 日，第 21 期，頁 4。

家美食等，見證龍潭客庄文風質樸、人文薈萃、內涵深厚之歷史積澱，是客家傳統藝術文化之寶藏。

國民政府遷臺，大量之外省籍軍民移居龍潭轄區內。因龍潭轄區設置眾多部隊與軍事研究機構，如：屬國防部行政法人機構之「國家中山科學研究院」，主要業務爲國防科技及主要武器裝備之研究發展，建構自主國防力量，爲國內最重要之軍事科研機構；如：專責臺灣核安、核設施、輻射應用、新能源與再生能源及放射性廢棄物管理領域之研發，屬行政院原子能委員會之「行政院原子能委員會核能研究所」；又如：國防部陸軍司令部、輕航隊；再如：國軍桃園總醫院（過去名爲陸軍總醫院、804 醫院）、武漢部隊、凌雲部隊等等，他如：民國 51 年，由婦聯會籌建之「干城五村」，居住的全是過去在滇緬邊區實施「國雷演習」撤臺部隊之軍眷，也是抗戰時期政府調派援助緬甸抵抗日軍南進之遠征軍部隊，階段性任務完成後，其軍眷撤退到臺灣後，一部份安置到本地定居。

楚騷吟刊也登載客家山歌歌詞，有老山歌、山歌子、平板、新潮平板、西皮平板、下南調等。客家山歌，源遠流長，是客家文化之精萃，客家人大多傍山而居，丘陵地帶土地較爲貧瘠，先民多以種茶爲生。由於茶園之間都隔著小山丘，爲了要在山與山之間溝通，只好提高聲調大聲吆喝呼喊，自然而然就產生唱山歌之文化了。臺灣的老山歌是隨著客家人渡海而來，但因環境變遷，臺灣的客家山歌隨著時代演變，發生了很多變化。但老山歌等少數曲子仍和大陸原鄉保有相同風味。如：「摘茶愛摘兩三皮，三日毋摘老了哩；三日毋看情哥面，一身骨節痠了哩。」〔註 118〕客家山歌是客家民系在漫長歷史長河中由生活與勞動中積累下來之最原始和最古老之歌曲。隨國民政府來臺之外省人，經數十年與在地人互動之後，受到客家山歌之感染和薰陶，積澱而後產生客家文化之元素。

高德曼「發生論結構主義」認爲文學作品之現實，就是解構舊有結構，再重新創造出新平衡，以滿足社會環境及個人新要求。在這過程中，中華楚騷研究會不斷在新、舊對立結構中尋求平衡與和諧。他們的作品，大致以課題詩及閒詠詩爲主，課題詩每季以兩首到三首不等，由於不拘體韻，律詩、絕句、五言、七言都可。閒詠部分，涵蓋律詩、絕句、古體詩、排律、駢文、詞等，作品多樣化，堪稱燦然大觀。受限於人力和財力，少有徵詩之舉，擊

〔註 118〕《楚騷吟刊》，雲林斗六：中華楚騷研究會，95 年 8 月 1 日，第 66 期，頁 82。

鉢詩只在會員大會時偶而爲之。

　　高德曼之文學研究方法兼具了社會學和歷史觀，肯定所有之歷史研究都必須是社會學的基礎，才符合科學和實證。高德曼之研究方法奠基於馬克斯辯證理論與皮亞傑（Jean William Fritz Piaget，1896~1980）認知心理學之瞭解，因此，他把此一方法稱爲發生論結構主義。楚騷吟社會員作品，等同是一部近代史，主題範疇包含文學、藝術、歷史、社會、政治、哲學、地理等。在不同之歷史時期與社會脈絡中，他們重視文學創作，大膽和深具獨創性的開創兩岸詩聲、四海詩聲，世界觀是這個社會群體最獨特之地方，形成臺灣詩壇一道亮麗之風景線。

　　「發生論結構主義」（Structuralisme génétique），原來稱爲「文學的辯證社會學」（Sociologie dialectique de la littérature）。高德曼認爲每一部文學或文化作品都具有一個意涵結構。楚騷吟刊之詩中文本內容，許多流離意識，其意涵結構源自第二次國共內戰（1945～1949），民國38年（1949），這些隨國民黨撤退來臺之詩人。作品充滿「家鄉／異地」之糾葛，戰爭中遠離家鄉，間隔四十年後，原來的家鄉卻輾轉成了異地。高德曼「發生論結構主義」特別強調社會學與歷史觀密不可分的一元論，它不是個人現象，而是社會現象，是一群爲數眾多的個人，他們處身於相類似的狀況中，構成一個特殊之社會團體。

　　「詩」，向來是中華傳統文學之主流，詩歌和社會生活是十分密切的。「詩」，由於其獨特之文學形式，及言語精煉之要求，批評者通常只將注意力放在詩之藝術性而較少關注到其社會性。高德曼認爲，傳統的文學研究方法都有缺點，他強調「唯有從社會學的觀點去研究文學作品才是可行之途。把文學放進社會脈絡和歷史脈絡中來理解才能夠釐清整個文學、文化或思想產物是如何受到社會結構與過程的影響及其影響的程度。文學無法脫離社會單獨生存，文學家無可避免地要生活在社會裡，爲社會所制約和影響。」因此，在楚騷吟社社員詩作中，我們看到社會鮮明之樣貌。如：黃志翔，「天生母奶餵嬰兒，違反人倫牛代之，牧草毀林災害遍，地球從此泣餘悲。」〔註119〕再如：黃志翔，〈欣然捐大體予慈濟〉，「晚年環保用餘生，大體先捐利後英，衰老皮囊將火化，靈魂欣慰一身輕。」〔註120〕又如：孫志雄，〈九二一震災感賦〉，

〔註119〕《楚騷吟刊》，雲林斗六：中華楚騷研究會，86年11月1日，第31期，頁59。
〔註120〕《楚騷吟刊》，雲林斗六：中華楚騷研究會，97年3月10日，第72期，頁62。

調寄鷓鴣天：「震撼高樓似落英，萬方救難送溫情。殘垣斷壁艱難甚，冒險忘軀探死生；家已毀，月空明。鰥孤廢疾淚雙橫。災區重建無他路，物與民胞共此行。」〔註121〕大部分的詩都是關切人生、關懷社會、關心世界、關懷我們所居住之地球。現今社會充滿暴戾之氣，若每個人都能多做一些改變，社會就會往好的方向改變。詩人嘗試透過作品來改變社會一些弊病，透過詩家筆觸，在無聲無息中，扭轉了社會風氣，甚至改變文化價值觀。

〔註121〕同上註，89 年 2 月 1 日，第 40 期，頁 98。

第五章　結　論

壹、研究發現

一、陶社深耕本土

龍潭是文學之「沃土」，陶社與龍吟詩社，在不同時期創社於龍潭。陶社歷經日治與民國時期，成長茁壯於關西。研究發現，陶社自日治大正 13 年（1924）創社至今仍深耕本土，以客庄為關注對象，也積極參與各項社會議題。在詩學拓展上，積極宏揚詩教。如：陶社與客家音樂家羅紹麒合作，為陶社詩人之作品譜上樂曲，轉化為客家音樂，讓詩更有意境，進一步為詩教勾勒出願景，將詩詞吟唱推展到各級學校，讓學生用輕鬆吟唱方式，認識鄉土文學。並且透過詩詞與樂曲之對話，激起青年學子，熱愛本土文學，發揚客家文化。另外，陶社自社長以降，總幹事、社員均努力推動母語教學及客語詩詞吟唱，與當地社區居民建立良好互動關係，成為連結傳統文化和現代臺灣文化之臍帶。

二、龍吟詩社（楚騷吟社）積極拓展兩岸文化交流

龍吟詩社（楚騷吟社）雖創於 1980 年代，卻開枝散葉於世界各地。楚騷吟刊開關兩岸詩聲、四海詩聲，透過這個平臺，其社群網羅了全臺各階層及兩岸並擴及至港、澳、歐、美之漢詩精英。楚騷吟刊發表之作品，形同百家爭鳴，芬芳遠播。

研究發現，早年龍吟詩社創會時，每次例會均見龍潭客籍詩人積極參與，詩風熾熱，是活動力相當強之詩學組織。然而，與楚騷研究會合併為中華楚

騷研究會後，客籍詩人產生量變，年長者逐漸凋零，卻不見年輕人入會。再加上中華楚騷研究會已正式立案爲全國性社團組織，會長及核心幹部並無龍潭人士。又由於創會社長游金華加入中華民國傳統詩學會，並受聘於中壢以文吟社顧問，吳統禹之離世等因素，龍潭詩人無以爲繼，造成以外省籍詩人爲主體之現象。〔註1〕

　　民國38年，兩岸同胞被政治阻隔，但血緣是割不斷的。民國77年，兩岸開放後，吳統禹率先開始推動兩岸詩人交流，以詩代簡，聯絡鄉情，廣締詩緣。民國84年（1995）5月5日，谷翼麟領團至大陸進行兩岸文化交流。之後，中華楚騷研究會爲深化兩岸文化交流與合作，於大陸設置辦事處，爲提升傳統文學而努力。中華楚騷研究會會員也積極參加大陸近年來主辦之各種詩詞大賽，並屢獲佳績。

　　誠如文化部部長龍應台在「臺灣國際詩歌節」致詞時說：「詩就是冷泉，可以讓我們保持清明之一股力量，很沉默、很小聲，但長長久久」。龍應台也指出，兩岸現在充滿不定數，有彼此之不信任度，也許文字、詩是最好的看不見的橋。〔註2〕

三、陶社與楚騷吟社對擊鉢詩不同之看法

　　（一）研究發現，陶社雖固定有課題詩，但對擊鉢詩並不反對，畢竟擊鉢詩已成爲陶社發展過程中重要之一部份。連雅堂曾說：「擊鉢吟爲一種遊戲筆墨，朋簪聚首，選韻鬮題，鬥捷爭工，藉資消遣，可偶爲之，而不可數；數則其詩必滑，一遇大題，不能結構。而今人偏好爲之，亦時會之使然歟？」〔註3〕的確，擊鉢吟成爲臺灣本土詩社常規化之活動。主要在於培養興趣和鍛鍊技巧，也促成臺灣各地傳統文學愛好者之文化聯誼活動，陶社也不能免俗。

　　雖然如此，曾爲陶社社員之吳濁流個人是非常反對擊鉢吟的。他認爲臺灣擊鉢吟之風，對於提倡詩學訓練新人，不能不說是一個好的方法，但不能過份呆板，只注重詞麗而忘卻詩之靈魂。以臺灣各地盛開之擊鉢會而言，每

〔註1〕　相對於外省人，早於日治時期之前，便移居臺灣之學老與客家族群，稱爲本省人。

〔註2〕　龍應台，〈詩是清明力量〉，中央社，2014/11/13 http://wireless.cna.com.tw/。檢索日期：2014/12/1。

〔註3〕　連橫，《雅堂文集》，卷四，〈詩薈餘墨〉，南投：臺灣省文獻委員會，1992，頁273。

出一個題目，大家就引經據典，尋章摘句，脫胎換骨，苦湊成章。詞宗評定甲乙，頒布賞品，掄元得魁者得意揚揚，自認爲騷壇健將。可是，細觀其作品。眞是一把笑柄。記得一次詩人節，集全國詩人，開擊鉢吟大會，選出莫名其妙之名句「吊起詩魂萬丈長」，拿來掄元。試想，詩魂可以尺度，難怪當今青年不學舊詩，而趨向新詩了。〔註4〕

（二）楚騷吟社則以課題詩與閒詠詩爲主，不追求華麗之辭藻，但求意深、字淺、句圓。認爲擊鉢催詩之競技，過於追求形式、技巧，且限題限韻，脫離現實，越走越偏，以致於作成之詩，有時長得像孿生兄弟一般，且爲迎合詞宗喜好，漸失詩魂。

例舉楚騷吟社成員對臺灣擊鉢詩之批判：

〈臺灣擊鉢詩〉　李春初

　　文人雅事不調和，最是蓬萊走下坡，

　　有限精神虛耗損，漫長歲月枉蹉跎；

　　詞宗首選無新句，吟客全抄落舊窠，

　　關節互通狼狽倚，金牌獎品豈嫌多。

〈臺灣擊鉢詩〉　陳洒寒（和李春初之詩）

　　託詞雅唱暗私和，擊鉢聲名日下坡，

　　掠奪元魁空炫耀，枉將正義付蹉跎；

　　詩忘言志無風格，鳩不營巢佔鵲窠，

　　陳子閒吟傾壘塊，憂時感事屬題多。〔註5〕

〈哀擊鉢詩〉　王鐵錚

　　金牌淪口號，慧眼是詞宗，擊鉢詩無罪，我來敲警鐘。

楚騷吟社主張文學之境地，應是自由奔放不受任何束縛的，並舉名滿天下之湘鄉才子，北大高材生許君武，〔註6〕應臺灣詩壇大老之約，偶爾參加擊

〔註4〕 吳濁流，《濁流千草集》，臺北：龍文出版社，2006，頁6～8。

〔註5〕 《楚騷吟刊》，雲林斗六：中華楚騷研究會，83年8月1日，第18期，頁68。

〔註6〕 許君武，（1905～1988）學名昌威，別號筠廬，寶名雙青閣，湖南湘鄉人，許四歲時，由古文經學大家陳咏南啓蒙，受儒學教育，熟誦十三經及《資治通鑑》等史書，並讀楚辭、漢賦、唐宋詩詞。古今中外、歷朝勝事、名人典故、經史詞賦，無不盡儲腹中，是著名的詩人。他雖留學倫敦專攻英國文學，但他認爲中國詩歌是世界最優秀，無可比擬的。1949年來臺，任臺灣淡江大學、國立清華大學教授。著作可觀。代表作有《論中國之命運》、《中國新聞學大綱》、《雙清閣詩詞集》等。

鉢吟，從未得過獎，但並未損及他在詩壇之地位。擊鉢詩雖具詩之形式，卻失去了詩應有之內涵與精神。寫詩當如許君武，重感情，講意境，不做文字遊戲。近體詩到了今天，之所以後繼乏力，除了新文學革命之衝擊外，加之詩人爲了「語要驚人」，一味的在辭藻上下功夫，一在的推敲、彫琢，以致語多艱澀，不能雅俗共賞，而把一些嚮往近體詩，且想擠身近體詩界之人士，嚇得退避三舍。〔註7〕

四、新舊文學論戰

大正 13 年（1924），張我軍在「臺灣民報」發表「致臺灣青年的一封信」與「糟糕的臺灣文學界」。這兩篇文章對舊文學與舊詩人提出了批判，也引燃了新舊文學論戰。其後，於 1941 年以廖漢臣爲首之「臺灣文化」也以新文學之立場批判舊文人。此時，龍吟詩社（楚騷吟社）尚未成立，而陶社詩人在日治時期新舊文學論爭中並未引燃戰火。民國 87 年 11 月 1 日，彭瑞金在《臺灣日報・臺灣副刊》發表〈水泥地上種文藝〉一文，批判高雄市文藝獎設置古典詩類，語多諷刺，認爲是文化戀屍狂，古典詩是種在水泥地上的文藝。其文曰：

> 「……『舊體詩』有創作價值嗎？半個世紀前不是早已爭論過，早已有了結論了嗎？書法、篆刻……這些遠離一般民眾生活，躲在象牙塔裡過日子的人士的癖好，也是需要民脂民膏去鼓勵的創作嗎？……高雄市文藝獎荒謬的是，它不設『現代詩獎』，而設『舊體詩獎』。不設『現代美術創作獎』，卻設書法、漫畫、篆刻混稱『美術』。……顯然，這是一個頂著『創作』之名，卻侮辱創作精神的妖獎、怪獎。……相信不出十年，所有文藝都像被供養在花瓶裡的插花，像種在盆子裡的盆栽，吸不到高雄土地的水分、養分，沾不到高雄人的體臭汗味，這種無根的文藝，種在水泥地上的文藝，能在高雄的土地上存活、繁衍嗎？……。」〔註8〕

彭瑞金此文發表後，《臺灣新生報・臺灣詩壇》、《中華詩壇雙月刊》等報章雜誌，登出詩人之怒吼，如：吳登神（吳中）〔註9〕以「忍不住的怒吼

〔註7〕 《楚騷吟刊》，李海天，〈窮途非末路〉，84 年 2 月 1 日，第 20 期，頁 106。

〔註8〕 《臺灣日報》，〈彭瑞金：水泥地上種文藝〉，1998 年 11 月 1 日，27 版。

〔註9〕 吳登神（吳中），曾任臺南縣鯤瀛詩社社長、臺南縣國學會總幹事及會長、臺南縣政府文獻諮詢委員及文獻委員會顧問、中等。著作甚豐，曾獲內政部頒發宏揚詩教獎、教育部頒發閩南語研究著作獎，獲獎不勝枚舉。

——神聖的傳統詩壇不容無理的踐踏」；吳錦順〔註 10〕以「解讀彭生『水泥地上種文藝』一文的創作意義」；陳俊儒〔註 11〕以「對『水泥地上種文藝』偏激論之回應」；邱玉卿〔註 12〕以「做賊喊捉賊」……等不勝枚舉，楚騷吟社社員也不甘人後，寫詩、撰文抨擊。

　　楚騷吟社理事黃宏介，〔註 13〕也是南投草屯玉風樂府創辦人兼團長。看了彭瑞金所寫「水泥地上種文藝」一文後，感慨良多，於民國 87 年 12 月 6 日，以〈創作乎？實用乎？價值乎？兼談新舊體詩的何去何從？〉於臺灣詩壇發表，節錄如下：

　　　　「讀了臺灣日報所登，……傳統舊詩詞，從文學發展史的演變上，以
　　　　中國方塊文字表達，包括形、音、義的綜合之美。幾千年來，一脈遭
　　　　遞，而轉化成現代新詩形式，這是文學史發展所必經的途徑，我們從
　　　　不敢加以輕視，……以實際面來看，新詩的發展，也不過百年光景，
　　　　至今猶是意見紛歧，派門林立，還走不出一個主流大道來。……，只
　　　　因歷史衝擊磨練的時空還不夠廣而長，我們願意樂觀其成，早日分享
　　　　新詩圓滿成就的來臨。……。新文學也好，舊文學也好，同是以同樣
　　　　的中國文字，表達同樣人類、同樣時代的感情，只有方式的不同，無
　　　　論新舊各種文體，皆應一視同仁。……。你家每年貼春聯，是貼舊詩
　　　　體老掉牙式的對聯呢？還是貼新詩呢？……。你說這舊詩聯沒有實用
　　　　的價值呢？……。對於新詩的發展……。但別忘記，它必須吸取舊文
　　　　學文化的精華，做為營養成分，在舊文學文化的大地裏，吸取最豐富
　　　　的根源，來滋潤成長壯大。否則，真會變成名副其實的水泥地上種『新』
　　　　文藝，到時自然凋謝、枯萎，不堪風雨一擊，突然留下一片無法交代

〔註10〕　吳錦順，彰化縣詩學研究協會理事長，《臺灣新生報・臺灣詩壇》主編，1994
　　　　　年於彰化市創辦《臺灣擊鉢詩雙月刊》，知名熱處理工程師。創設「長青金屬
　　　　　熱處理工廠」。被譽為工程師詩人。

〔註11〕　陳俊儒，名漢傑，彰化人，久寓苗栗竹南。曾加入栗社。苗栗縣國學會理事
　　　　　長，中華民國傳統詩學會副理事長。

〔註12〕　邱玉卿，臺灣彰化人。大學主修人文學系。擔任中部五縣市青少年古典詩研
　　　　　習會講師。

〔註13〕　黃宏介，字百通，號開王。民國 30 年生，祖籍鹿港，現居南投縣草屯鎮。國
　　　　　立中興大學中國文學系及碩士班畢業。曾任國立南投高中國文科兼音樂科教
　　　　　師。草屯玉風樂府創辦人兼團長。曾任中興、空中、慈濟、朝陽等大學之漢學、
　　　　　詩學、中醫學講師。屢任全國詩人聯吟大會評審詞宗，並掄元多次。2007 年獲
　　　　　第 24 屆中興湖文學獎「古典文學」組首獎，2008 年獲中興大學頒傑出校友獎。

後世的『空白新詩史頁』。」〔註14〕

新舊文學的價值，前人論戰已多，迄今並無結論。作者撰文，捍衛古典詩作，乃基於對於多元文化之尊重和關懷。

又如：

〈爲彭瑞金教授痛批古典詩作〉　　李春初

　　一代大師彭瑞金，理應謙謹眾人欽，

　　未明何故雌黃口，竟發狂言居黑心；

　　古賦詞妍功效廣，新詩語雜病根深，

　　忘宗數典違倫理，正本清源守士箴；

　　有據文章登史冊，無稽翰墨恥儒林，

　　水泥地可供遊戲，石腦筋難辨誨淫；

　　多讀經書增智慧，勤研格律振元音，

　　如能下筆先思考，君可騷壇獨步今。〔註15〕

任何時期之文學，都必定具有其歷史之意義與價值，本研究第四章劉榮生〈詩苑探勝〉論著中，提到胡適提倡新文學運動，乃建立在其厚實之古典文學根基上。胡適少年時期，不僅學習中國古典詩詞，也寫過不少古典詩詞。只是，他反傳統文學之鮮明立場，掩蓋了他受傳統教育之影響。林柏燕在《陶社詩集》提到臺灣文學之父賴和，文學泰斗吳濁流，漢詩都寫得非常好，但最後都跳脫漢詩，而投入新文學的行列。〔註16〕然而，筆者檢索賴和去世前一年（昭和17年，1942）49歲，在獄中寫〈獄中日記〉外，並寫下不少獄中詩。如：〈曉來〉、〈聞道〉、〈長夜〉、〈竪壘〉、〈欲渡〉、〈自是〉、〈吩咐〉、〈人世〉。〈只因〉、〈忽聞〉。〈翹首〉、〈昨宵〉、〈風凄雨冷〉等古典詩作。〔註17〕吳濁流，跨越了新舊文學之鴻溝，他創辦《臺灣文藝》，也特闢「漢詩壇」專欄，給予漢詩作家有一發表園地，並設立獎學金，鼓勵優秀漢詩創作。〔註18〕

〔註14〕《臺灣新生報・臺灣詩壇》，黃宏介，〈創作乎？實用乎？價值乎？兼談新舊體詩的何去何從？〉87年12月6日。

〔註15〕《楚騷吟刊》，雲林斗六：中華楚騷研究會，88年2月1日，第36期，頁47。

〔註16〕林柏燕，《陶社詩集》，新竹：新竹縣文化局，2001，頁13。

〔註17〕引自1、陳建忠著，《書寫臺灣・臺灣書寫：賴和的文學與思想研究》，高雄：春暉出版社，2004。2、陳淑娟，《賴和漢詩的主題思想研究》，〈賴和先生生平年表及作品繫年〉，臺中：沙鹿，靜宜大學中國文學研究所碩士論文，2000。3、林瑞明編，《賴和全集》，臺北：前衛出版社，2000。

〔註18〕《臺灣文藝》，吳濁流，〈設新詩獎及漢詩獎的動機〉，第8卷第32期，1971

吳濁流雖然從事新文學創作，但終身以漢詩作者為榮。正如張良澤所言：「詩是他的生命，小說是他的手段。」〔註19〕最終，他希望在其墓誌銘上以「鐵血詩人」稱之，這顯現了賴和及吳濁流對傳統文化之眷戀，也看出其等文化思想具有開放納新、兼容並蓄之精神。

貳、研究建議

一、對公部門相關單位的建議

1、籲請當局重視詩人手稿價值

詩人游金華於民國 101 年（2012）去世後，其哲嗣游日光想將手稿捐贈政府有關單位，透過筆者徵詢主管客家事務之地方政府機關意願，然而被以「名氣不大」為由悍然拒絕，此種唯以世俗名聲斷定其作品價值之市儈作風，豈是文化部門應有之格局和尺度？筆者在龍潭從事田野調查工作已逾十年，鄉間土地公廟、亭臺樓閣、祠堂對聯、廟聯、慶賀題辭、哀章輓詞等，都可看見詩人游金華之文采，其文學已深入庶民生活中。

民國 103 年 11 月 24 日，龍潭鄉志發表會上，主持人曾引用一段文章：「對老一輩的鄉民而言，游金華知名度甚至高於鍾肇政或鄧雨賢，主要乃因游金華深具草根性之緣故。也有些父老說：『家父務農一輩子，不識鍾、鄧為何人。』但對游老先生卻如老鄰居般熟識。初讀游老的詩句，總有一股熟悉的親切感。仔細想想，似與各牌樓或廟宇伯公之石柱楹聯，調性語法一樣。如石刻於龍潭大池邊的七言律詩〈龍吟潭底〉：『日時有象沛甘霖，澤潤全鄉自古今。翠谷雷鳴疑虎嘯，澄潭鯉躍化龍吟。月移蓮影波涵彩，水映星光浪漾金。載雨興雲鱗爪現，升天濟旱播佳音。』以客語來唸出，更能彰顯其力道與意境。例如『澄潭』二字，強調的是『很深』之水。所以整首詩讀起來，非常貼近小時常用的口語詞彙，相信這也是倍感親切的原因之一。」〔註20〕

詩人手稿之文學價值，等同是當代經典詩歌文本，裡面承載著作者之創作思維，傳達著作者之性情與品格，包括修改後之痕跡記錄著詩人創作之心路歷程。這些對研究中國當代文學具有重大幫助，是作者留給我們最重要之

年 7 月，頁 60。

〔註19〕鍾肇政編，《不滅的詩魂：對談評論集》，臺北：臺灣文藝出版社，1981 年 1 月，頁 25。

〔註20〕話我故鄉_龍潭大池的故事 http://blog.udn.com/article/article_print.jsp?uid=full win1&f_ART_ID=2263533。檢索日期：2015/04/12。

文化資產。試想，今日，已有許多詩人採用電腦寫作，他們是最後一代「親筆書寫」之詩人手稿墨跡，這是當代文化資產很重要的一部份，可爲即將消失之時代背景立下見證。

2、成立數位典藏資料庫，打造低碳之現代化教育及研究環境

詩人累積了許多珍貴之文獻資料，這些資料不但是臺灣重要之文化資產，更是人類之共同記憶與世代珍貴文化。藉由鼓勵民眾上網貢獻個人收藏或家族珍藏，成立數位內容、資料存取、轉換、資料分享等及雲端儲存服務，打造高度安全、穩定、高速之運算環境，並將藏品公開於網站，讓研究者享有免費公開之取用管道，打造低碳之現代化教育及研究環境，達成隨處學習之目標。

3、培植詩社，成為社區文化之一環

建議政府有關部門在文化政策執行上，宜長期編列經費，培植詩社成爲社區文化之一環，全面推廣與深耕客家文化。詩社是臺灣昔日重要之文化社團，然塵事遷變，時至今日，科學昌明，一般青年後生等，皆欲求實用之學術，對古典詩藝，漠視如過眼雲煙。正如谷翼麟於民國 84 年 5 月 5 日，在河南鄭州市舉行首屆中華青年詩詞研討會，談到詩詞方面，認爲臺灣的水準不錯，活動也不少，但參與者多已年事偏高，頗有後繼無人之感。尤其是舊詩詞的格律嚴謹，先不談內涵意境，僅是平仄聲韻和對仗等基本技巧，就不太易學易懂。何況詩詞又缺少發表園地，（報刊詩詞編輯難找）與發表空間（學校詩詞師資難求），更無市場價值。竭加鑽研，窮其一生，也每每只能孤芳自賞。如今科技發達，要學的東西太多，一般年輕人自不願以有限的時間作無限的投入，如此接棒無人而可能產生詩詞斷層或文化死角，這是無庸置疑的。這次大陸成立詩詞學會，發現年輕這一代仍然對詩詞具有濃厚興趣，而且在創作上對格律意境也有深切了解，基本上平仄聲韻更無問題。不過他們都是來自全國各地之代表人物，當然只是少數中的少數。但只要有種籽在，未來在中華文化的廣闊園地裡，仍然會開花結果。

目前大學之中文系，雖開設有古典詩、詞之課，教者多數只能講析，習者亦止於欣賞。但換個角度來看，詩社是否非要學作詩不可？古語云：「讀詩千首，不作自有。」又云：「不會作詩也會吟」。如能把詩社設立於社區內，先培植青少年「讀詩、賞詩」之能力，藉專家之口，朗讀出傳統漢詩獨特之韻味與節奏，從而彰顯古典文學之音樂性與藝術性，啓迪更多人對於傳統漢

詩之興趣，促進文學聲韻學之保存與文化傳承。這股力量需要民間與政府共同推動。

4、政府相關單位之倡導與獎勵

詩，是情感和意志之抒發，也是人際溝通之媒介，詩詞作品為藝術的結晶之一。倡導讀詩寫詩風氣，使社會風氣趨向於溫柔敦厚，這是文化部門之使命。至於詩詞欣賞與教學，以及師資的培養，教育部責無旁貸。此外，政府有關單位如能建立一套完善的獎勵機制，獎勵民間文化工作者，在詩詞的感動中，轉化為各種藝術創作，給予民眾多層次、多境界之領悟。詩人吟詩寫詩，是極其風雅的事，應予以高度肯定與重視。文化是國家的根本，族群的命脈，影響旁人也一樣能讀、愛讀，甚至也能吟詩、寫詩，藉以淨化人心，創造祥和社會，進而建構一個詩詞大國，培養社會溫柔敦厚之風氣，詩歌最貼近庶民生活與反映時代之背景，讓客庄傳統文化永續發展。

5、推行詩教，培養溫柔敦厚風氣，建構詩詞大國

詩教一詞出現在《禮記‧經解》篇，孔子曰：「入其國，其教可知也；其為人也溫柔敦厚，詩教也。」推行詩教之宗旨在於培育詩心，不在於培養詩人，主要是通過學詩，加強中國傳統文化溫柔敦厚之人文氣質，對現在教育有補偏救弊之功。孔子說：「詩，可以興，可以觀，可以群，可以怨；邇之事父，遠之事君，多識於鳥獸草木之名。」詩可以反映出時代背景，政治利弊、文化盛衰、社會動態，民情風俗之厚薄、具有歷史文化之價值。然而，新文學革命，白話文取代了文言文；國語注音符號，切斷了近體詩賴以生存之臍帶。現代文明正日益摧毀著數千年之歷史文化，當一個人身處物欲橫流、精神失落、價值觀扭曲之環境，最好的辦法便是多讀詩，腹有詩書氣自華，詩教不但是培養氣質完成人格的教育方法，也是培養藝術能力的必要手段。宋王令《庭草》詩：「獨有詩心在，時時一自哦。」詩教是國家重要之軟實力，是立國之本。

二、對陶社、楚騷吟社之建議

1、作品要創新

李海天在楚騷吟刊論著中指出，近體詩在我國詩壇，領了一千三百多年的風騷，不幸在民國初年，新文學革命，推行「國語注音符號」，揚棄沈約的「平、上、去、入」四聲，攪亂了近體詩獨具特色的聲韻。近體詩所以後繼

乏力，除了新文學革命之衝擊外，加之詩人爲了「語要驚人」，一味的在辭藻上下功夫，一再的推敲、彫琢，以致語多艱澀，不能雅俗共賞，而把一些嚮往近體詩，且想擠身近體詩界的人士，嚇得退避三舍。

藉由劉榮生在楚騷吟刊詩苑探勝中之一段話，提供詩人省思：「時代不斷進步，文學在繼續創新，對古人的作品，我們固然要加以研究、選擇、傳承；而對現在文學思潮、文法學、語意學等知識，亦是我們研究古典詩的人所需吸取的養份。我們不能僅在雕詞琢句上下功夫，甚至專事於僻典古字，以爲非如此，不足以炫其典雅淵博，那是少有俾益的。因爲那畢竟是詩的皮毛。必須從詩的內涵——意境上著力，從表現手法上創新，寫出含意深遠，藝術高超，有血有肉的作品。使人讀後，產生豐富的聯想，言盡而意卻無窮，進而掌握象外之意，韻外之旨，如此我們的古典詩，必能推陳出新，發揚光大，迎合時代。」

2、善用現代網路科技和行銷策略，使詩社與詩教得以永續長存

現今科技發達，年輕人要學的東西太多，一般年輕人自不願以有限的時間作無限的投入，如何讓青年學子走上傳統文學發展之路，找回中華民族傳統之精神？人性是崇尚美的，美在文學的詩裏，讀詩、作詩，是美的享受，讓詩的美滲透在生活裏，滲透在音樂、繪畫、文學、教育裏。唯有強化組織結構，積極吸收培養青年學子，創造新的生命力，並積極爭取民間企業之認同與贊助，也參與政府各項計畫案補助，並善用科技網路或雲端，與其他社團或機關學校合作，以多角度引導爲學習方向，以建立詩詞知識網路，推廣傳統詩學文化。

3、承繼發揚與深耕本土，錄製詩作吟唱，加速出版有聲詩歌之流傳

詩是無聲之歌，歌是有聲之詩，陶社已屹立近一世紀，除承繼先哲詩學思想、發揚傳統文化外，促請擅於吟唱之詩家，錄製詩作吟唱，傳揚客家文化，保存客語吟詩之文學價值。同時，建議「新竹縣陶社詩會」向中央及地方主管客家事務機關申請補助，有計畫地建構「客語吟詩網站」，善用網路尖端科技，透過雲端數位化永久典藏，將客語吟詩與傳統詩學，透過寓教於樂之線上教學傳播出去，讓其他族群都能聆聽鑑賞客語吟詩之美，進而引起共鳴，使得母語得以保存，並使詩教得以永續發展。

4、成立全國詩學研究中心，接軌世界之電子平臺

建議「中華楚騷研究會」，透過詩、書、畫，邀約兩岸之詩人和學生發表

專題講座，並甄選兩岸研究生參與詩學議題和專書之討論，重新激發青年學者對此議題之認識，重視詩歌優秀之文學價值。臺灣和大陸同屬中華文化，然長時間阻隔之後，需要相互觀摩、相互學習、相互借鑒，消除藩籬。建議中華楚騷研究會向中央爭取補助，成立全國詩學研究中心，並與院校合作，建構全國詩學教學資源中心，積極開展兩岸學術交流活動，甚至擴及國際之學術合作協議，接軌世界之電子平臺，散播傳統詩學之美好，讓詩歌與生活接軌、與社會接軌，甚而與世界接軌。

三、待研究之方向與未來展望

這個時代，傳統詩學都在艱難中跋涉，苦苦尋找出路。而陶社、龍吟詩社（楚騷吟社）仍孜孜矻矻，在世人眼力不逮、思維不及之處，為臺灣傳統文學拓展出豐富之視野。陶社創社迄今，已超過 90 年，近一世紀來，推廣詩教，不計報酬，默默地宣揚傳統文化，轉移社會風氣，培養後起菁英，未嘗稍懈。楚騷吟社詩人也創作不斷，詩詞適時反映生活、反映時代、貼近現實，為近代史之縮影。且敞開胸懷，廣結詩盟，除了臺灣各縣市之詩友，還擴及四海。

本研究概略從龍潭客庄傳統文學詩社組織運作、詩家背景、作品分析歷程出發，篇幅未能完整敘述龍潭詩社完整風貌，由於時間與篇幅之限制，遺珠之憾實在太多。期待與未來研究者能一起努力，挖掘不同時期、不同角度，豐富多樣之詩社內涵。陶社、龍吟詩社（楚騷吟社）每個詩人、每一篇作品，都是一個可以值得深究之題材，這些詩人遍佈社會各階層，在詩社發展過程中引起重要作用，當時書房老師及社會賢達幾乎精英盡出，作品琳瑯滿目，在傳統文學史上之地位，值得重視。

建議後續研究者，從更廣泛的研究角度出發，繼續搜羅詩家未被發掘之文獻，包括文獻之調查、徵集、採集、整理、保存、管理，為學術研究提供資材。這些資料記錄地區之發展軌跡和歷史演變，具有歷史文化價值。由於地方文獻最容易被忽略，且稍縱即逝，因此採集行動必須及時，這是我們從事學術文化研究工作者當務之急，也是刻不容緩、不可推卸之責。更期盼各級行政體系政府單位多方配合，彼此呼應，群策群力，合作無間，讓文化研究之火種代代傳承，讓區域文獻研究大鳴大放。

參考書目

壹、詩文集

一、已　刊

1. 丁潤如，《潤如繫年詩稿》，臺北：華新文化事業出版社，1987。

2. 《先嗇宮增建後殿徵聯集》，三重市：先嗇宮董事會，1978，邱清盛先生提供。

3. 吳濁流，《濁流千草集》，臺北：龍文出版社，2006。

4. 李傳亮，《大溪橋竣工紀念徵詩》，大溪街：崁津吟社，1934，詹煥章先生提供。

5. 林柏燕主編，《大新吟社詩集》，新竹：新竹縣文化局，2000。吳家勳校長提供。

6. 林柏燕主編，《陶社詩集》，新竹：新竹縣文化局，2001。游日光先生提供。

7. 林爾嘉，《林菽莊先生詩稿》，臺北：龍文出版社，1992。

8. 林荊南，《芥子樓詩稿》，彰化：中國詩文之友雜誌社，1989。

9. 林欽賜編輯，《瀛洲詩集》，臺北市：光明社，1933。

10. 施蟄存，《唐詩百話》，上海：古籍出版社，1987。

11. 洪寶昆主編，《臺灣擊鉢詩選》（第二集），彰化：詩文之友社，1969。

12. 《徐慶松全集》，關西徐慶松：自刊本，2011再版。徐玉鏡先生提供。

13. 徐家祥，《初苑吟草》，關西徐家祥：自刊本，1983。徐玉鏡先生提供。

14. 邱伯邨編，《以文吟社擊鉢吟錄》，中壢：以文吟社，1987。吳家勳校長提供。

15. 曾笑雲編，《東寧擊鉢吟前集》，臺北：陳鐓厚，1934。游日光先生提供。

16. 曾笑雲編，《東寧擊鉢吟後集》，臺北：吳永遠，1936。游日光先生提供。

17. 曾文新撰，《了齋詩鈔》，臺北：龍文出版社，2006。

18. 黃作仁，《愛吾園詩集》，自刊本，1972。徐玉鏡先生提供。

19. 黃美娥，〈日治時期新竹縣的詩社活動〉，新竹文獻：創刊號，1999。

20. 黃臥松編輯，《崇文社十五週年紀念圖附追懷武訓廖孝女合刊詩集》，彰化：崇文社，1931，吳家勳校長提供。

21. 黃臥松編，《鳴鼓集二集》，彰化：崇文社，1925。

22. 黃朱興，《紫藤吟草》，新竹：關西黃朱興自刊本，1981。徐玉鏡先生提供。

23. 黃洪炎（可軒）編，《瀛海詩集》，1940，臺北：臺灣詩人名鑑刊行會。吳錦順先生提供。

24. 游金華，《澹園吟草》，主編：游日正，1991。游日光先生提供。

25. 游金華，《游金華詩文集》，桃園：桃園縣文化局，2000。游日光先生提供。

26. 游金華，《澹園拾穗》，主編：劉金花，1997。游日光先生提供。

27. 連雅堂，《臺灣詩乘》，南投：臺灣省文獻會，1992。

28. 連雅堂，《人文薈萃》，臺北：遠藤寫眞館發行，1921。

29. 連橫，《雅堂文集‧卷四‧詩薈餘墨》，臺北：文海出版社有限公司印行，1973。

30. 劉治慶，《瀛海吟草米壽續集》，桃園平鎮劉治慶：自刊本，2011。劉治慶先生提供。

31. 賴子清編，《臺灣詩醇》，臺北：編者自印，1935。

32. 陳子波，《中國韻文學刊》，〈紀臺灣詩鐘源流（中）〉，湖南：湘潭，2001。

33. 陳昌宏，《蒼鞳吟草》，關西陳昌宏：自刊本，1976。徐玉鏡先生提供。

34. 陳无藉，《七曲樓詩集》，桃園平鎮陳无藉：自刊本，1999。陳无藉先生提供。

35. 魏雲欽，《陶社課題詩選》，新竹：關西陶社，1996。游日光先生提供。

36. 魏雲欽編校，《南廬紀集》，關西羅享彩：自刊本，1974。羅慶士先生提供。

37. 《關西陶社三十週年三縣聯吟大會紀念詩冊》，新竹：關西陶社，1954，詹煥章先生提供。

38. 關西陶社，《慶祝文昌祠重建落成詩集》，新竹：關西陶社，1993。徐玉鏡先生提供。

39. 鄭金柱輯，《臺灣新竹州、臺中州震災詩集》，臺北市：永樂町鄭金柱自印，1935。詹煥章先生提供。

40. 鄭自修主編，《荊楚詩詞大觀‧續集》，湖北：武漢出版社，1998。劉治慶先生提供。

41. 羅享彩，《金婚酬唱集》，新竹：關西羅享彩自刊本。1977。曾立德先生提供。

42. 龔顯宗主編《沈光文全集及其研究資料彙編‧東吟社序》，臺南：臺南縣立文化中心，1998。

二、未　刊

1. 文光社，昭和10年（1935）文光社重立之祀典簿，古雲添先生提供。

2. 古如華筆記，記載年間不詳，古雲添先生提供。

3. 〈桃園詩社選卷〉，1986。曾盛芳先生提供。

4. 梁盛文，《耐園隨筆》，未出版，吳家勳校長提供。

5. 陶社〈臥雲樓小集〉擊鉢詩油印稿，1940。詹煥章先生提供。

6. 關西陶社，民國40年（1951）陶社社員輪值表，徐玉鏡先生提供。

7. 關西陶社，〈昭和年間手抄本‧土曜吟錄〉，陶社關西支部，徐玉鏡先生提供。

8. 《寶島玉山石礦徵詩紀念》，關西：玉山石礦股份有限公司，1970，徐玉鏡先生提供。

9. 羅紹麒譜曲，〈桃竹苗詩人擊鉢徵詩及客語吟詩大會〉，2014。徐玉鏡先生提供。

貳、史　料

一、報紙期刊

1. 《長沙晚報》，〈長聯欣賞：伏嘉謨千字長聯贊湖南〉，1993年1月3日，第4版。

2. 《客家人月報》，臺北：自由時報副刊出版，1992年。

3. 桃園廳役所，《桃園廳報》，桃園：桃仔園廳編，1903～1920。

4. 黃永松，《搶救龍潭聖蹟亭》，漢聲雜誌78期，臺北市：漢聲雜誌社，1995。

5. 邱維垣，《丘（邱）氏會刊》第八期，〈先父創新公行述〉，第八期，臺北：臺北市丘（邱）氏宗親會，1978。

6. 傅寶玉，〈文教與社會力：敬字亭與客家社會意象的建構〉，《思與言》，人文與社會科學雜誌，第43卷第2期，2005年6月。

7. 《詩報》，〈日治時期台灣傳統文學大成（1930～1944）〉，影印版，臺北縣：龍文出版社，1930～1944。

8. 《楚騷吟刊（1991～2008）》，雲林斗六：中華楚騷研究會編印，劉治慶先生提供。

9. 《臺南新報》大正十年至昭和十二年（中有殘缺），（微縮資料）國立中央圖書館臺灣分館館藏。

10. 《臺灣新生報》剪報，1981～1987，劉治慶先生提供。

11. 《臺灣日日新報》，國立中央圖書館臺灣分館館藏，1898～1944。

12. 《臺灣日報》，〈彭瑞金：水泥地上種文藝〉，1998 年 11 月 1 日，27 版。

13. 《臺灣新生報·臺灣詩壇》，第 1 期至 246 期。吳錦順先生提供。

14. 《臺灣文藝》，吳濁流，〈設新詩獎及漢詩獎的動機〉，第 8 卷第 32 期，1971年 7 月。

15. 郭怡君、楊永彬編，《風月·風月報·南方·南方詩集》，1935～1944 影印版，臺北：南天書局，2001。

二、人物傳記

1. 林文月，《山水與古典》，〈連雅堂與王香禪〉，臺北：三民書局，1976。

2. 張子文，《臺灣歷史人物小傳：明清暨日據時期》，國家圖書館，2003 年。

3. 國史館編，《國史館現藏民國人物傳記史料彙編》，臺北：國史館，1995。

4. 邱奕松，《臺北文獻》，〈王香禪與詩〉，臺北：文獻會。直字 93 期，1990。

5. 臺灣新民報社編，《臺灣人士鑑》（日刊五週年紀念版），臺北：臺灣新民報社，1937。

6. 臺灣新聞社編，《臺灣實業名鑑》，臺中：臺灣新聞社，1934。

7. 《臺灣總督府府報》，〈臺灣公學校官制〉，臺北：臺灣總督府，1898。

8. 臺灣新民報社編，《臺灣人士鑑》（日刊五週年紀念版），臺北：臺灣新民報社，1937。

9. 興南新聞社編，《臺灣人士鑑》（日刊十週年紀念版），臺北：興南新聞社，1943。

10. 陳青松，《基隆第一·人物篇》基隆：基隆市立文化中心，2004。

三、志　書

1. 《三峽鎮志》，三峽鎮志編纂委員會，臺北：三峽鎮公所，1993。

2. 余文儀，《續修臺灣府志·東吟社序》，臺灣文獻叢刊第 121 輯，臺北：大通書局，1958。

3. 吳家勳，《平鎮市志》，桃園：平鎮市公所，2014。

4. 桃園市政府編,《桃園市志》,桃園:桃園市政府,1995。

5. 徐崇德監修,郭薰風主修,《桃園縣志》卷六人物志,桃園:桃園縣文獻委員會,1968。

6. 徐崇德監修,郭薰風主修,《桃園縣誌》卷五文教志,桃園:桃園縣政府,1988。

7. 《基隆市志》,基隆:基隆市文獻委員會,1956。

8. 黃國憲,關西鎮志(稿本),新竹:關西鎮公所,2000。吳家勳校長提供。

9. 新埔鎮誌編輯委員會,《新埔鎮志》,新竹:新埔鎮公所,1997。

10. 廈門文化藝術志編纂委員會,《廈門文化藝術志》,廈門:廈門大學出版社,1996。

11. 連橫,《臺灣通史・臺灣通史藝文志》,臺北:眾文圖書公司,1978。

12. 《臺灣總督府及所屬官署職員錄》,臺北:臺灣時報,1941。

13. 臺灣總督府編,《臺灣列紳傳》,臺北市:臺灣總督府,大正5年(1915),初版。

14. 臺灣省文獻委員會,《重修臺灣省通志・卷一・大事志》,南投:臺灣省文獻委員會,1984。

15. 葉發海發行,《龍潭鄉志・下卷・人物篇》,桃園:龍潭鄉公所,2014。

16. 陳長壽,《桃園縣志・卷五・文教志》,桃園:桃園縣文獻委員會編印,1967。

17. 賴澤涵總編纂,《新修桃園縣志・藝文志》,桃園:桃園縣政府,2010。

18. 陳培桂,《淡水廳志》,臺灣文獻叢刊第172種,臺北:臺灣銀行經濟研究室,1963。

19. 謝艾潔、劉明憲著,《新修桃園縣志・人物志》,桃園:桃園縣政府,2010。

四、族　譜

1. 古添丁重修,《古氏族譜・蓮塘埔遷臺祖二十八世康遜公派支譜》,2010。古雲添先生提供。

2. 《南陽鄧氏彥拔公派下源流表》,鄧氏雲閣塔管理委員會印行,出版時間不詳。鄧湘敦先生提供。

3. 《黃氏族譜・黃金彩手抄本》,2009年,黃文相提供。2014年,再獲黃文信先生提供。

4. 莊吳玉圖主編,《楊氏大族譜》,桃園中壢:楊氏大族譜編輯委員會,1983,楊正芳先生提供。

5. 魏廷應編修,《武平魏氏始祖侃夫公傳下・十八世祖標芳公派下族譜》,1999年。

五、其　他

1. 中華楚騷研究會、龍吟詩社秘書處編印,《中華楚騷研究會、龍吟詩社會員名冊》,1998,陳无藉先生提供。

2. 《新竹縣陶社詩會（陶社）組織章程手冊》,（附：理監事暨會員名冊）,徐玉鏡先生提供。

參、專　書

一、中文專書

1. 古秀如編撰,《鄧南光的影像故事》,新竹：春水文化工作室,2000。

2. 史新年,《榮光風華 20 年》,桃園：龍潭：榮光藝文聯誼會,2004。彭湘玲老師提供。

3. 何金蘭,《文學社會學》,臺北：桂冠出版,1989。

4. 何金蘭著,《文學創作的社會特性——高德曼理論之分析》,臺北市：文史哲出版社,1990。

5. 吳家勳,《我們住在水源頭》,桃園龍潭：德龍國民小學,1996。吳家勳校長提供。

6. 李嘉瑜編著,《日治時期臺灣漢詩人：邱筱園詩集》,臺北：秀威資訊科技,2013。吳家勳校長提供。

7. 宋建和譯,（島袋完義原著）,《北埔鄉土誌》,北埔公學校編,新竹縣文化局發行,2006。

8. 林瑞明編,《賴和全集》,臺北：前衛出版社,2000。

9. 施懿琳,《從沈光文到賴和——台灣古典文學的發展與特色》,高雄：春暉出版社,2000。

10. 翁廷銓,《翁廷銓八秩紀念書畫集》,2003,翁仁炫先生提供。

11. 張良澤編,吳濁流著,《黎明前的臺灣‧漫談文化沙漠的文化》,臺北：臺灣遠行出版社,1977。

12. 張素玢,〈龍潭十股寮蕭家——一個霄裡社家族的研究〉,收於潘英海、詹素娟主編,《平埔研究論文集》,臺北：中央研究院臺灣史研究所籌備處,1995。

13. 傅寶玉,《古圳‧南桃園水圳空間與文化》,臺北：日創社,2007。

14. 黃厚源,《我家鄉桃園縣》,桃園楊梅：桃園縣人與地鄉土文化研究學會,2005。

15. 黃美娥,〈日治時代臺灣詩社林立的社會考察〉,收錄於黃美娥,《古典臺灣：文學史‧詩社‧作家論》臺北：國立編譯館,2007。

16. 森宣雄、吳瑞雲著,《臺灣大地震——1935 年中部大震災紀實》,臺北市,遠流出版,1996。

17. 盛清沂,《新竹、桃園、苗栗三縣地區開闢史》,臺灣文獻,期刊文章,31 卷 1 期,南投:臺灣省文獻委員會,1980。

18. 游日正,《悠悠我心》,臺北:臺灣文藝出版社,1981。游日光先生提供。

19. 詹素娟、張素玢,《臺灣原住民史。平埔族史篇(北)——北臺灣平埔族群史》,南投:臺灣省文獻委員會,2001。

20. 廖漢臣,〈臺灣文學年表〉,《臺灣文獻》第十五卷第一期,1964。

21. 廖一瑾,《臺灣詩史》,臺北:文史哲出版社,1999。

22. 溫光秀,《龍潭聖蹟亭歷史初探》,桃園:龍潭鄉公所,2009。溫光秀先生提供。

23. 臺灣總督府內務局,《改正臺灣地方自治制度實概要》,臺北:臺灣總督府內務局,1936。臺灣大學館藏。

24. 劉勰,《文心雕龍・諧隱》,周振甫注,《文心雕龍注釋》,臺北:里仁書局,1984。

25. 黎湘萍,《文學臺灣:臺灣知識者的文學敘事與理論想像》,北京:人民文學出版社,2003。

26. 陳漢光,《臺灣抗日史》,臺北:海峽學術,2000 年。

27. 陳俐甫,《日治時期台灣政治運動之研究》,臺北:稻鄉出版社,1996 年。

28. 陳建忠著,《書寫台灣・台灣書寫:賴和的文學與思想研究》,高雄:春暉出版社,2004。

29. 陸尊梧、李志江、白維國等編,《古代詩詞典故辭典》,天津:天津人民出版社,1992。

30. 轟文明,《龍潭忠魂・七十三公傳》,龍潭:私立泉僑高中文藝社,1997。

31. 鄭喜夫,《清代臺灣番屯考》,(下),臺灣文獻,期刊文章,27 卷 3 期,南投:臺灣省文獻委員會,1976。

32. 龔顯宗主編《沈光文全集及其研究資料彙編》,台南:台南縣立文化中心,1998。

二、外文專書

(一)英　文

1. Goldmann,L．(1970).(Structures mentales et création culturelle),Paris：Editions Anthropos,Union Générale d'Editions。

(二)日　文

1. 大園市藏,《臺灣人物誌》,臺北:穀澤書店,1916。

2. 林進發編，《臺灣官紳年鑑》，臺北：民眾公論社，1934。

3. 幹次郎（幹洲）編，《臺灣自治制度改正十週年紀念人物史》，臺北：勤勞と富源社，1931。

4. 菅武雄，《新竹州の情勢と人物》，臺北：臺北印刷株式會社，1938。

5. 鷹取田一郎編，《臺灣列紳傳》，臺北：臺灣總督府，1916。

（三）譯　本

1. Robert Escarpit 著、葉淑燕譯，《文學社會學》，臺北：遠流，1990。

2. 安東尼・紀登斯（Anthony Giddens）著，李康譯，《社會的構成》，臺北：左岸文化出版，2007。

肆、論　文

一、單篇論文

（一）中　文

1. 黃美娥，〈日治時代臺灣詩社林立的社會考察〉，《臺灣風物》第四十七卷三期，臺北：臺灣風物雜誌社，1997。

2. 廖漢臣，《臺灣文獻・臺灣文學年表》第 15 卷第 1 期，1964 年 3 月。

3. 劉金花，〈客家詩人的結社與活動——以陶社爲例〉，收錄於第五屆《客家文化傳承與發展學術研討會論文集》，桃園：新生醫護管理專科學校，2014。

4. 賴子清，《古今臺灣詩文社（一）》，《臺灣文獻》第十卷第三期，臺北：臺北文獻委員會，1959。

5. 賴子清，《古今臺灣詩文社（二）》，《臺灣文獻》第十一卷第三期，臺北：臺北文獻委員會，1960。

6. 鍾肇政編，《不滅的詩魂：對談評論集》，臺北：臺灣文藝出版社，1981。

二、學位論文

1. 王文顏，《臺灣詩社之研究》，臺北：政治大學中國文學研究所碩士論文，1979。

2. 吳昭英，《乙未戰役中桃竹苗客家人抗日運動之研究》，國立政治大學日本語文學系碩士論，2009。

3. 高麗敏，《桃園縣文學史料之分析與研究》，東吳大學中國文學研究所碩士論文，2003。

4. 許俊雅，《臺灣寫實詩作之抗日精神研究》，臺北：國立臺灣師範大學國文學系碩士論文，1986。

5. 黃美娥，《清代台灣竹塹地區傳統文學研究》，臺北：輔仁大學中國文學研究所博士論文，1998。

6. 楊毓雯，《「平埔客」之歷史探究：以道卡斯竹塹社廖姓爲對象》，中央大學客家社會研究所碩士論文，2007。

7. 陳欣慧，《詩的權力網絡：日治時期桃園吟社、以文吟社的文學／文化／社會考察》，中央大學客家社會文化研究所碩士論文，2008。

8. 陳淑娟，《賴和漢詩的主題思想研究》，〈賴和先生生平年表及作品繫年〉，臺中：沙鹿，靜宜大學中國文學研究所碩士論文，2000。

伍、線上參考資料

（一）

1. 互動百科，《大道》，〈民國期刊・社長簡介〉，互動百科，
http://www.baike.com/wiki/。

2. 互動百科，《陸軍軍官學校（黃埔軍校)》，
http://www.baike.com/wiki/。

3. 中央研究院，臺灣史研究所，〈數位典藏資料〉，
http://c.ianthro.tw/162778。

4. 中國書畫名家網，
http://www.chinabpn.com/ysm/201433215302.html。

5. 中華辭賦網，李竹深，辭賦餘韻話詩鐘，
http://www.zhcfw.net/index.asp?xAction。

6. 平埔文化資訊網，張素玢，〈龍潭十股寮蕭家——一個霄裡社家族的研究〉，
http://www.ianthro.tw/p/96。

7. 佛學數位圖書館暨博物館，國立臺灣大學文學院。
http://buddhism.lib.ntu.edu.tw/search/default.jsp?q。

8. 亞洲水泥新竹製造廠玉山礦場簡介，
http://163.19.49.66/www.school/yses20/。

9. 百度百科，http://baike.baidu.com/view。

10. 客家委員會臺灣客庄文化資產普查資料庫，
http://archives.hakka.gov.tw/。

11. 桃園縣文化局，歷史建築登錄網站：
http://www2.tyccc.gov.tw/。

12. 桃園生活入口
http://www.taoyuan-life.net.tw/cgi-bin。

13. 國立武陵高級中學，

http://www.wlsh.tyc.edu.tw/ezfiles。

14. 國立臺灣文學館知識平臺，小事典，《詩報》檢索系統。
    http://www.nmtl.gov.tw/ikm/index.php?option=com_klg&task=245&Itemid=238。

15. 國史館臺灣文獻館，臺灣總督府，《臺灣總督府公文類纂》，財務門，1909。
    http://db1n.th.gov.tw/~textdb/sotokufu/。

16. 梅州網，《民國時期來雲南的客家人》，〈雲南客家研究〉，梅州網
    www.meizhou.cn。

17. 〈張大春部落格・淹沒與沉吟〉，
    http://istory.pixnet.net/blog/post/。

18. 馮時傑部落格，
    http://blog.sina.com.cn/s/blog_5dcd3d7f0100dlcj.html。

19. 智慧型全臺詩知識庫：
    http://cls.hs.yzu.edu.tw/TWP/b/b01.htm。

20. 博客來，《春實樓詩文集》，
    http://findbook.tw/book//basic。

21. 新竹市文化局，人物誌，
    http://www.hcccb.gov.tw/chinese/05tour/tour_f02.asp?titleId=224。

22. 新竹縣文化局，藝文推廣科新聞稿，
    http://www.hchcc.gov.tw/ch/01news。

23. 新竹縣文化局全球資訊網——文化資產／縣內法定文化資產，
    http://www.hchcc.gov.tw/ch/10other/rss12.asp。

24. 《當代中華詩詞家大辭典》，
    http://art.tze.cn/Refbook/Apabi_USP/entry.aspx。

25. 〈話我故鄉：龍潭大池的故事〉，
    http://blog.udn.com/article/ID=2263533。

26. 經濟部水利署防災資訊服務網，
    http://fhy.wra.gov.tw/PUB_WEB。

27. 楊建成，《日治時期臺灣人士紳圖文鑑》稿本，
    http://blog.xuite.net/wu。

28. 臺灣大百科全書，
    http://taiwanpedia.culture.tw/web/content?ID=4543。

29. 臺灣歷史辭典：
    http://tkb.nmth.gov.tw/Doth/Default.aspx?2。

30. 華視新聞網，
    http://news.cts.com.tw/cts/general/201101/201101030644323.html。

31. 《維基百科》：
    http://zh.wikipedia.org/wiki。

32. 維基智庫百科，
    http://wiki.mbalib.com/zh-tw/。

33. 《臺灣總督府職員錄系統》，
    http://who.ith.sinica.edu.tw/s2s.action?v=1933。

34. 臺北縣文化資產手冊，新北市政府：文化局。
    http://www.boch.gov.tw/。

35. 臺灣省政府行政組新聞科，
    http://www.tpg.gov.tw/Caff/people.php?ID=1817&PG=24。

36. 《臺灣通史・卷三十六》「國學寶庫」檢索系統。
    http://www.confucianism.com.cn/detail.asp?id=19800（2014/02/28）

37. 漢珍數位圖書，「臺灣人物誌」：
    http://192.192.58.96:8080/whos2app/servlet/whois?simplegenso。

38. 漢珍數位圖書，「漢文臺灣日日新報」檢索系統。
    http://tkb.nmth.gov.tw/twhannews/。

39. 漢珍數位圖書，「臺灣日日新報」檢索系統。
    http://tkb.nmth.gov.tw:8008/LiboPub.dll。

40. 劉漢屏，〈悼念傑出詩人劉榮生仁棣〉，
    http://tw.myblog.yahoo.com/chscda/article?mid=1114。

41. 龍潭鄉戶政事務所，
    http://www.lungtanhr.gov.tw/cht/profile/fullarea.html。

42. 龍潭鄉公所
    http://www.longtan.tycg.gov.tw/home.jsp?id=10&parentpath=0,1,7。

43. 龍應台，〈詩是清明力量〉，中央社，
    2014/11/13 http://wireless.cna.com.tw/。

（二）口述訪問錄音資料：

1. 2007 年 2 月 10 日，游金華耆老口述資料，龍潭游宅，筆者親訪。

2. 2009 年 11 月 3 日，魏新端先生口述資料，聖德村魏宅，筆者親訪。

3. 2011 年 12 月 6 日，曾盛芳老師口述資料，中壢曾宅，筆者親訪。

4. 2013 年 10 月 15 日，邱逢幹老師口述資料，銅鑼圈，筆者親訪。

5. 2013 年 10 月 15 日，蕭培墩先生口述資料，銅鑼圈十股寮蕭家，筆者親訪。

6. 2013 年 11 月 20 日，蕭培墩先生口述資料，銅鑼圈十股寮蕭家，筆者親訪。

7. 2013 年 11 月 20 日，曾水棠老師、曾水鯨先生口述資料，烏樹林曾宅，筆者親訪。

8. 2013 年 12 月 11 日，黃文信老師口述資料，高原村江夏科文祖堂，筆者親訪。

9. 2014 年 1 月 12 日，魏新林老師口述資料，龍潭魏宅，筆者親訪。

10. 2014 年 1 月 20 日，詹煥章先生口述資料，龍潭詹宅，筆者親訪。

11. 2014 年 1 月 29 日，曾立德先生口述資料，龍潭曾宅，筆者親訪。

12. 2014 年 1 月 29 日，邱清盛先生口述資料，平鎮邱宅，吳家勳提供。

13. 2014 年 3 月 19 日，古靜江女士口述資料，湖口古宅，筆者親訪。

14. 2014 年 7 月 5 日，鍾肇政耆老口述資料，龍潭鍾宅，筆者親訪。

15. 2014 年 7 月 11 日，羅慶士常務董事口述資料，關西臺灣紅茶公司，筆者親訪，羅慶堂、徐玉鏡陪同。

16. 2014 年 12 月 6 日，徐玉鏡先生口述資料，關西徐宅，筆者親訪。

附　錄

附錄一　〈中華楚騷研究會奉准立案後的展望〉
——谷翼麟

　　楚騷已有八年歷史，在詩壇上也有相當的聲望。爲了爾後的壯大和發展，向政府申請立案，自是首要而必由的途徑。經過一年從構想、策劃、協調到籌備等多方面的努力，終於在今年年初奉內政部八十七年一月十五日台（87）內社字第八七○二四九四號函准予立案，正式成立，並取得全國性文化團體的法人地位。今後無論在會務發展、會員擴增、會籍管理、詩刊出版、詩會舉行與詩友聯誼等工作上，都將較以往順利而便捷。而且在財務和場地運用方面，亦可經由協調申請，獲得適當的支援。只要大家儘力而爲，當能使楚騷可大可久、衣缽相傳、生生不息。我有下面幾點理念和想法，提供參考，並願竭盡棉薄，鼓其餘勇和多位會員吟長，黽勉以赴，謀求會務的改進和發展。

一、會員擴增

　　（一）會員的年輕化——目前我們的會員多爲退休人員，年事偏高，平均年齡已在七十上下，一定要設法吸收中生代尤其是青年的詩詞愛好者入會，並以此爲重點工作中的重點，以增加新血輪，產生新的活力。一九九三年五月大陸全國詩詞協會在鄭州舉行青年詩詞協會成立大會，與會者均爲各省青年詩人代表，並有資深詩人蒞場輔導，交換作品，我曾應邀參加，發現

很多年輕人對詩詞有了很深的根底，令我感觸良多，在這方面，台灣也應該急起直追，做到世代交替，才不致使最精緻的中華文化（詩詞）產生斷層，而後繼無人。

（二）一般會員的吸收——本會立案後，會員的擴增應較以往方便，我們現有的會員相信都會有三五同好，最好能訂下一個「一人介紹一人入會」的目標，努力以赴，則對會務的擴展，當大有助益。

（三）失聯會員的回歸——根據統計我們約有三十多位資深會員，近年來失去聯繫，可能由於住址、電話異動，也可能由於健康因素，未能及時開會或參加活動，甚至遺忘會費的繳納，我們應加強會籍清查校正，續寄吟刊，爭取復會。

（四）團體會員的徵收——臺灣各地現有詩會不少，但因立案手續繁複，限制嚴格，多未取得法人地位，其中只有部份詩會及重要負責人，甚或領導人爲本會會員者，似可促使其加入楚騷成爲團體會員，即可自然取得合法地位，不但原有會務、人事不變，業務推行，當爲便利。目前的龍吟詩社即已自然成爲楚騷的第一個團體會員，希望我們的相關會員、吟友多盡心力，作出貢獻。

二、「楚騷吟刊」的改進

「楚騷吟刊」的發行，可以說是本會當前唯一的、僅有的工作。爲儘量求其完美，在內涵和外型上仍有不少得大力改進之處：

（一）綜合刊登詩評、詩詞欣賞、詩學探源，楹聯研析等多類小品，以擴大寫作範圍，提高寫作品質，適用讀者興趣。

（二）應於吟刊中開闢專欄，刊登楚辭離騷相關的研究作品，以切合本會的宗旨，使能名副其實。如研究成果豐碩，日久成爲全國性類此的學術諮詢機構，亦未可知。

（三）爲顧及許多對詩詞有興趣但不得其門而入者的需要，每期亦可酌量刊出「詩詞入門」之類似作品，在詩詞結構、格律、平仄聲韻、遣詞用句、用典作譬，甚至感觸意境等基本技巧及所謂「遊戲規則」上，詳加闡釋推敲，並以古人名作或就本刊發表的作品中，舉例對照說明，如此不但可使吟刊趣味化，增加其可讀性，適合大眾口味，久而久之亦不無進入市場收回成本的可能。

（四）楚騷除刊登古體及絕律等詩作外，亦應增加詞賦與楹聯的作品，並發動「妙句徵詩」、「妙聯徵對」的活動，使吟刊生動活潑，激發作者讀者的興趣與參與感，相互打成一片，產生「先睹為快」的期盼。（當然表揚優良應徵作品是必需的）

（五）不定期增闢「會務報導」及「會員動態」專欄，提供會務大措施、重要活動及會員或親屬在會內會外、國內國外的傑出成就，如獲獎、中選以及參與社會活動的卓越貢獻等消息，使「楚騷吟刊」不但是吟風弄月的園地，也將是我們互通音問的園地，因而產生強而有力的歸屬感和親切感，增加「以會作家」的向心力。

（六）要加強校對和校勘，儘量減少錯誤，以往由於人手不足，截稿時間太遲，做得不甚理想，影響吟刊品質。以後在人員編組上要妥為調整改善，加強出刊前置時間，細加勘校，至少做到四校後，始可付印，如發現印妥後仍有錯誤，應即印製勘誤表當期附發。以往事隔三月再行印發上期勘誤表的作法，事實上已失去效用，助益不大。

（七）吟刊外型的變化——詩刊自以較嚴肅的面貌呈現為宜，但為配合時代需求，適應讀者心理反應，仍應在封底面及版面（包括字體變化）上力求精新活潑、生動美觀，以新的形象，產生新的吸引力，這對未來新的讀者，尤其是年輕的讀者而言，更為重要。又為利於查考，便於閱讀，應即增印目錄，至少先做到要目的編製與改良。

（八）逐步擴增發行量——目前「楚騷吟刊」的發行不多，以後應在財力許可範圍內逐步擴增，印贈各縣市圖書館、文（社）教館等文化單位，以及各大專院校之中文科系與各地詩社等，以擴增讀者，壯大本刊聲譽，提高寫作等興趣，充裕稿源，並因此而增加吸收新會員的可能性。一般言之，書刊印製的主要費用在於排版製版，增加份數只在紙張開支，份數愈多，每本平均成本反可降低，當然郵資負擔增多，自無法避免。但本會現已正式立案，可即向新聞局作出版品登記並向郵政主管單位作新聞類登記，當能撙節部份郵資。

三、經常業務費用的籌措

本會現已正式奉准立案，可即備文向會址所在地桃園地方法院申請團體法人登記，同時試向鄉鎮市文化單位暨中央文建會、教育部等處申請部份業

務費用補助，再配合會費收入及「楚騷發展基金」贊助款項。若能集資數十萬元，撙節運用，除常年必要開支外，餘款可定存孳息，開源節流，使財務穩定，不虞匱乏，對爾後會務推展，當有裨益。

日後「楚騷吟刊」每期均將公佈財務帳目，並附加本會郵政劃撥單、入會申請表等，以立業務的處理。

四、加強會友的聯誼活動

我們以往雖辦過詩會和大陸詩旅，但參加人數有限，效果不彰，平日會員之間極少晤談聯誼的機會，唯一代表會務活動的象徵，只是一本三個月一見的「楚騷吟刊」而已。現在我們已都是全國性合法文化團體的成員，除廣結鷗盟，吟詩作對之外，亦不妨就體力之所及，分區（南、中、北、東）展開各種聯誼活動，如煮酒論詩、聊天交談、專題演講、郊遊踏青、國是論壇，甚至橋棋書畫、卡拉 OK 演唱等各種節目，均無不可。主要在於以詩會友，擴大生活範圍，增加生活情趣，提高生活品質，俾益身心，延年益壽。費用力求節約，不講排場，活動可分區舉行，亦可近區互訪。財力許可時，每年並舉辦全會大型詩會一至二次。上述各項活動，並歡迎各會員邀請諸親友參加，對詩詞愛好者，相機介紹入會，使楚騷能日益壯大發展。

以上是我在正式奉准立案伊始的一些感觸和想法，從現在起，我們已因立案而奠定了穩固的基礎，也因立案而創造了今後會務發展的有利條件。只要大家齊心協辦，一定可使楚騷成為我們的共同事業，每一會員也將是未來國家統一的文化尖兵。

敬祝

諸位吟長虎年如意會務虎虎生風！

（中華民國八十七元旦於臺灣中華楚騷研究會）

附錄二　中華楚騷研究會、龍吟詩社會員名冊
（中華民國 87 年 1 月）

序號	姓　名	居住地	序號	姓　名	居住地	序號	姓　名	居住地
1	谷翼麟	臺北縣	2	陳定元	新竹市	3	楊挺	宜蘭縣
4	劉治慶	桃園縣	5	李春初	南投縣	6	馮嘉格	臺北市
7	黃志翔	雲林縣	8	黃英	雲林縣	9	馮祥鷺	臺中市
10	李新元	臺南縣	11	蔣滌非	高雄縣	12	陶鼎尼	臺南市
13	姚植	花蓮縣	14	張微波	南投縣	15	岑旭球	臺中縣
16	田浪萍	新竹縣	17	陳友儀	桃園縣	18	毛希堯	桃園縣
19	李振湘	基隆市	21	王鎮華	花蓮市	21	黃仁虯	南投縣
22	胡恩全	新竹市	23	游金華	桃園縣	24	袁增	桃園縣
25	李縠摩	南投縣	26	徐教五	花蓮縣	27	魏深煌	南投縣
28	蘇心絃	臺北市	27	陳恕忠	臺北市	30	謝炳源	南投縣
31	潘忠豪	南投縣	32	陳煌格	南投縣	33	黃政秋	南投縣
34	潘基洲	南投縣	35	陳旡藉	桃園縣	36	張秋成	臺南縣
37	黃宏介	南投縣	38	劉漢光	臺中市	39	蔡卓然	花蓮市
40	曾文捷	花蓮市	41	伍仲俊	花蓮市	42	焦志遠	花蓮市
43	孫志雄	高雄市	44	李繩武	嘉義市	45	高亨才	雲林縣
46	顧碧山	湖北省	47	曾德培	上海市	48	聞仲芬	中壢市
49	張達旦	臺中市	50	曾效	花蓮市	51	鄧志平	雲林縣
52	蕭德侯	臺北縣	53	程道遠	臺中縣	54	廖叔軒	板橋市
55	張堂明	湖南省	56	許希麟	新店市	57	孫紹誠	中和市
58	陳楚賢	鳳山市	59	劉學圃	臺北市	60	朱樸	臺中市
61	張興華	臺中縣	62	任茂林	臺南縣	63	楊翰苑	中和市

資料來源：陳旡藉提供

附錄三　新竹縣陶社詩會（陶社）組織章程

章　程

第一章　總則

　　第一條：本會名稱為（新竹縣陶社詩會）

　　第二條：本會為依法設立，非以營利為目的之社會團體，以傳承客家文化為宗旨。

　　第三條：本會之任務如下

　　　　一、研究客家詩詞，傳承客家文化。

　　　　二、弘揚中華文化，啟發民眾研究客家詩詞之興趣。

　　　　三、促進會員親睦合作，敦品勵學。

　　第四條：本會以新竹縣為組織區域。

　　第五條：本會會址設於主管機關所在地區。

第二章　會員

　　第六條：會員資格如下：

　　　　一、個人會員：凡贊同本會宗旨，並設籍本縣年滿二十歲以上，填具入會申請書，經理事會審定通過，並繳納會費後，為個人會員。

　　　　二、贊助會員：贊助本會之團體或個人，設籍本縣會員以外，且年滿二十歲以上者，經理事會審定通過，並繳納會費後，為贊助會員。

　　第七條：會員有表決權、選舉權、被選舉權和罷免權，每一會員為一權，但贊助會員無上項權利。

　　第八條：會員有遵守本會章程決議及繳納會費之義務。

　　第九條：會員有違反法令章程或不遵守會員大會決議時，得經理事會決議予以警告或停權處分，其危害團體情節重大者，得經會員大會決議，予以除名。

　　第十條：會員喪失會員資格，或經會員大會決議除名者，即為出會。

　　第十一條：會員得以書面敘明理由，向本會聲明退會，並於會計年度結束時生效。

第三章　組織及職權

第十二條：本會以會員大會最為高權力機構，會員大會開會期間，由理事會代行職權，監事會為監察機構。

第十三條：會員大會之職權：

一、定訂與變更章程。

二、選舉或罷免理監事。

三、議決入會費、常年會費、事業費及會員捐款之數額及方式。

四、議決年度工作報計畫報告，及經費收支決〔預〕算。

五、議決會員之除名處分。

六、議決財產之處分。

七、議決團體之解散。

八、議決與會員權利義務有關等其他重大事項。

第十四條：本會置理事九人、候補理事三人、監事三人、候補監事一人，由會員選舉之。分別成立理事會、監事會。遇理監事出缺時，由候補理監事依序遞補之。

第十五條：理事會之職權：

一、議決會員大會之召開有關事宜。

二、審定會員之資格。

三、選舉或罷免常務理事、理事長。

四、聘免工作人員。

五、擬定年度工作計畫報告，及經費收支決〔預〕算。

六、其他應執行事項。

第十六條：理事會置常務理事三人，由理事互選之。並由理事就常務理事中選一人為理事長。

第十七條：理事長對內綜理督導會務之遂行，對外代表本會行使各項職權，並在會員大會、理事會中擔任主席。理事長因事不能執行職務時，應由順位元元常務理事代理，如常務理事出缺時，應於一個月內辦理補選。

第十八條：監事會之職權：

一、監察理事會工作之執行。

二、審核年度經費收支決〔預〕算。

三、選舉或罷免常務監事。

四、議決監事及常務監事之辭職。

五、其他應監察事項。

第十九條：監事會置常務監事一人，由監事互選之。除監察會務外，並擔任監事會主席。如常務監事因事不能執行職務時，應由順位元監事一人代理。如常務監事出缺時，應於一個月內辦理補選。

第二十條：理事、監事均為無給職，任期四年，得連選連任。理事長之連任，以一次為限。理事、監事之任期，自召開本屆第一次理事會之日起計算。

第二十一條：理事、監事有下列情事之一者，應即解任：

一、喪失會員資格者。

二、因故辭職，經理、監事會決議通過者。

三、被罷免或撤免者。

四、受停權處分期間逾任期二分之一者。

第二十二條：本會置總幹事一人，承理事長之命，處理會務。其他工作人員若干人，其聘任由理事長提名，經理事會通過，並報主管機關備查。惟解聘時，應先報請主管機關核備。前項工作人員不得由現任理監事擔任。

第二十三條：本會得由理事會聘請榮譽理事長一人，榮譽理事及顧問各若干人，其聘期與理事、監事之任期相同。

第四章　會議

第二十四條：會員大會分定期與臨時會議二種，由理事長召集，定期大會召集應於十五日前，報請主管機關核准。惟臨時會議開會前一日不在此限。

第二十五條：定期會員大會每年召開一次，臨時會議於理事會認為必要，或經會員五分之一以上之請求，或監事會函請召集時召開之。

第二十六條：會員不能親自出席會員大會時，得以書面委託其他會員代理，每一會員以代理一人為限。

第二十七條：會員大會之決議，以會員過半數之出席，出席人數超過半

　　　　　數以上同意始具效力。如為下列情事，應以出席人數三分
　　　　　之二以上同意行之。

一、章程之訂定與變更。

二、會員之除名。

三、理監事之罷免。

四、財產之處分。

五、團體之解散。

六、其他與會員權利義務有關之重大事項。

第二十八條：理事會每六個月召開一次，監事會每六個月召開一次，必
　　　　　要時得召開聯席會議或臨時會議。除臨時會議外，應於七
　　　　　日前以書面通知，會議之決議，各以理事、監事過半數之
　　　　　出席，出席人數較多數之同意行之。召開理監事會議時，
　　　　　要報決算、審查財務及工作計畫，臨時會不在此限。

第二十九條：理事、監事應出席理監事會議，理事、監事不得委託出席；
　　　　　理事、監事連續二次沒有請假，無故缺席，視同辭職。請
　　　　　假二次以缺席一次計算。

第三十條：本會應於召開會員大會十五日前，或召開理事會議、監事會
　　　　　議、理監事聯席會議七日前，將會議種類、時間、地點連同
　　　　　議程報請主管機關及目的事業主管機關備查。會議紀錄應載
　　　　　明出席、缺席、請假者之人數，於開會後三十天內請主管機
　　　　　關及目的事業主管機關備查。

第五章　經費及會計

第三十一條：本會經費來源：

一、入會費：新台幣壹仟元，於會員入會時繳納。

二、常年會費：新台幣五百元

三、會員捐款。

四、委託收益。

五、基金及其孳息。

六、其他收入。

第三十二條：本會會計年度以國曆為準，自每年一月一日起至十二月三
　　　　　十一日止。

第三十三條：本會於年度開始前二個月，由理事會編造工作計畫、經費
收支預算等，提交會員大會通過，會員大會如因故未能如
期召開時，則先提理監事聯席會議通過，報請主管機關核
備。年度終了時，由理事會編造年度工作報告、經費收支
決算表、現金出納表、財產目錄等，送監事會審核。

第三十四條：本會解散後，剩餘財產歸屬所在地之地方自治團體，或主
管機關指定之機關團體所有。

第六章　附則

第三十五條：本章程未規定事項，悉依有關法令規定辦理。

第三十六條：本章程經會員大會通過，報經主管機關核備後實施，變更
時亦同。

第三十七條：訂定及變更本章程，經本會○○年○○月○○日第一屆第
一次會員大會通過。報經新竹縣政府○○年○○月○○日
府社字行第○○○○○○號函：准予備查。

附錄四　羅紹麒譜曲之一〈南安橋玩月〉羅享彩詩

　　羅紹麒，民國 27 年生（1938），國立師範大學中等教師音樂研習中心第一期第一名畢業，曾任新竹縣新埔國民中學音樂教師，退休後，致力於客家詩詞、童謠之音樂創作。羅紹麒在客家漢詩與詩曲中提到：「談起客家文化，人們首先會想到的不外是古蹟文物、茶香美食、山歌戲曲，卻很少人會提到客家漢詩。其實，客家漢詩才是精神層次最高，內含最深的文化之一。」羅紹麒之創作特色，所有旋律皆根據正統客家音韻，再結合歌詞本身意境，創造出別有韻味之客家歌曲。

〈南安橋玩月〉羅享彩詩　　羅紹麒曲

附錄五　羅紹麒譜曲之二〈好山好水還子孫〉徐慶松詩

附錄六　羅紹麒譜曲之三〈關西仙草〉江穎川詩

附錄七　羅紹麒譜曲之四〈關西月〉吳濁流詩

附錄八　羅紹麒譜曲之五〈秋容〉沈梅岩詩

附錄九　羅紹麒譜曲之六〈枕頭絃〉游金華詩

左：游金華

右：羅紹麒

附錄十　黃宏介譜曲〈澹園期頤壽〉黃宏介、劉金花詩

澹園期頤壽

黃宏介 詩
劉金花 詩
　　　　　　　　　　　　　　　　　　　黃宏介 曲

1·2 3 5 ｜6̂1 6̂35 － ｜5·6 31 23 ｜5 － － － ｜

靈潭秀毓　魯鄒鄉　　社創龍吟大纛揚
鶴髮童顏　不老仙　　錚錚鐵骨作中堅

1·2 3 5 ｜6̂1 7̂56 － ｜5·3 23 26 ｜1 － － － ｜

繡口錦心　傳道士　　雕蟲倚馬狀元郎
龍吟翰苑　傳鄒魯　　虎嘯騷壇繼聖賢

1̇·1̇ 1̇ 3 ｜5̂5 6̂76 － ｜5·6 53 21 ｜3 － － － ｜

書魂化俗　詩聲壯　　劍氣凌空筆陣強
翠柏凌霜　根得地　　蒼松傲雪幹參天

1̇·1̇ 1̇ 3 ｜35 356 － ｜5·6 53 326 ｜1 － － － ‖

喜共期頤　參盛會　　儒門獨仰舊宮牆
期頤煥彩　賡詩祝　　嶽降靈潭樂忘年

　　此詩曲為祝賀百歲詩人游金華（字澹園）頤壽頌，中華民國 100 年 10 月 16 日，於龍潭舉辦全國詩人聯吟大會。大會由以文吟社社長陳國威主持，會場眾多詩社團體及詩人賡詩吟唱，祝賀頤壽，可說是臺灣四百年來第一次慶祝百歲詩壇耆宿之聯吟盛事。